Phaedrus

Liber Fabularum
Fabelbuch

Lateinisch / Deutsch

Übersetzt von Friedrich Fr. Rückert
und Otto Schönberger

Herausgegeben und erläutert
von Otto Schönberger

Philipp Reclam jun. Stuttgart

Der lateinische Text der vorliegenden Ausgabe basiert auf der Edition von L. Müller, Leipzig 1909, wurde aber mit den neuesten kritischen Ausgaben verglichen und besonders nach einer Photokopie der Handschrift P revidiert.

Umschlagabbildung: Holzschnitt von Steinhöwel aus der Ulmer Äsop-Ausgabe (1476)

RECLAMS UNIVERSAL-BIBLIOTHEK Nr. 1144
Alle Rechte vorbehalten
© 1975 Philipp Reclam jun. GmbH & Co., Stuttgart
Gesamtherstellung: Reclam, Ditzingen. Printed in Germany 2009
RECLAM, UNIVERSAL-BIBLIOTHEK und
RECLAMS UNIVERSAL-BIBLIOTHEK sind eingetragene
Marken der Philipp Reclam jun. GmbH & Co., Stuttgart
ISBN 978-3-15-001144-7

www.reclam.de

Phaedri Augusti liberti
Liber Fabularum

Des Phaedrus, eines Freigelassenen
des Augustus, Fabelbuch

[PROLOGUS]

Aesopus auctor quam materiam repperit,
Hanc ego polivi versibus senariis.
Duplex libelli dos est: quod risum movet
Et quod prudentis vitam consilio monet.
Calumniari si quis autem voluerit,   5
Quod arbores loquantur, non tantum ferae,
Fictis iocari nos meminerit fabulis.

1. LUPUS ET AGNUS

Ad rivum eundem lupus et agnus venerant
Siti compulsi; superior stabat lupus
Longeque inferior agnus. Tunc fauce improba
Latro incitatus iurgii causam intulit.
»Cur« inquit »turbulentam fecisti mihi   5
Aquam bibenti?« Laniger contra timens:
»Qui possum, quaeso, facere, quod quereris, lupe?
A te decurrit ad meos haustus liquor.«
Repulsus ille veritatis viribus:
»Ante hos sex menses male« ait »dixisti mihi.«   10
Respondit agnus: »Equidem natus non eram.«
»Pater hercle tuus« ille inquit »male dixit mihi.«
Atque ita correptum lacerat iniusta nece.
    Haec propter illos scripta est homines fabula,
Qui fictis causis innocentes opprimunt.   15

2. RANAE REGEM PETIERUNT

Athenae cum florerent aequis legibus,
Procax libertas civitatem miscuit

ERSTES BUCH

[VORREDE]

Gedanken, die Aesop zuerst verzeichnet hat,
Will ich mit meiner Hand zu Jamben künstlich feilen.
Und zwiefach ist des Buches Zweck. Es reizt zum Lachen
Und gibt fürs künft'ge Leben gute, weise Lehren.
Verspüret aber jemand Lust, es zu bekritteln,
Daß hier sogar die Bäume und die Tiere reden,
Der denke dran, daß wir ja nur in Märchen scherzen.

1. DER WOLF UND DAS LAMM

Zum selben Bache waren Wolf und Lamm gekommen,
Von Durst getrieben. Weiter oben stand der Wolf,
Das Lämmchen mehr nach unten. Lechzend nach der Beute,
Begann sogleich der freche Räuber einen Streit.
»Warum«, so red'te er es an, »hast du das Wasser
Getrübet, das ich trinke?« Zitternd sprach das Wolltier:
»Bitt um Vergebung, Wolf, wie wäre dieses möglich?
Von dir kommt ja der Strom zu meinem Trunk herunter.«
Beschämet und erzürnt ob dieser Worte Wahrheit
Rief er: »Du schmähtest mich vor einem halben Jahre.«
Es sprach das Lamm: »Da war ich ja noch nicht geboren.«
»Beim Herkules!« fuhr jener auf, »so tat's dein Vater« –
Ergreift das Lamm – zerreißt's in ungerechtem Morde.
  Geschrieben wurden diese Wort' für jene Menschen,
Die wegen falscher Gründe gute Menschen plagen.

2. DIE FRÖSCHE FORDERTEN EINEN KÖNIG

Als die Athener noch die gleichen Rechte hatten,
Verwirrte ihren Staat politische Empörung,

Frenumque solvit pristinum licentia.
Hic conspiratis factionum partibus
Arcem tyrannus occupat Pisistratus.   5
Cum tristem servitutem flerent Attici
(Non quia crudelis ille, sed quoniam gravis
Omnino insuetis), onus et coepissent queri,
Aesopus talem tum fabellam rettulit.
  Ranae vagantes liberis paludibus   10
Clamore magno regem petiere a Iove,
Qui dissolutos mores vi compesceret.
Pater deorum risit atque illis dedit
Parvum tigillum, missum quod subito vadi
Motu sonoque terruit pavidum genus.   15
Hoc mersum limo cum iaceret diutius,
Forte una tacite profert e stagno caput
Et explorato rege cunctas evocat.
Illae timore posito certatim annatant
Lignumque supera turba petulans insilit.   20
Quod cum inquinassent omni contumelia,
Alium rogantes regem misere ad Iovem,
Inutilis quoniam esset qui fuerat datus.
Tum misit illis hydrum, qui dente aspero
Corripere coepit singulas. Frustra necem   25
Fugitant inertes, vocem praecludit metus.
Furtim igitur dant Mercurio mandata ad Iovem,
Afflictis ut succurrat. Tunc contra deus:
»Quia noluistis vestrum ferre« inquit »bonum,
Malum perferte.« – »Vos quoque, o cives« ait   30
»Hoc sustinete, maius ne veniat malum.«

Und Zügellosigkeit war an der Tagesordnung.
Parteien, die sich feindlich waren, traten auf,
Und als Gebieter nahm Pisistratus die Burg.
Als nun die Attiker die Knechtschaft sehr beweinten –
Nicht weil der Herrscher grausam war, nein, weil die Bürde,
Die ihnen ungewohnt, sie drückte – und sie klagten,
Verkündigte Aesop ein solches kleines Märchen.

  Die Frösche, die noch keinen König hatten, hüpften
Im Sumpf und schrieen laut zum Zeus um einen König,
Daß er mit kräft'gem Arme der Verwild'rung steure.
Das Oberhaupt der Götter lacht' und sandte jenen
Vom Himmel einen Balken; dieser machte fallend
Ein groß Geräusch; die bange Fröscheschar erschrak.
Als dieser lange Zeit im Sumpf gelegen hatte,
Erhebt ein kleiner Frosch das Köpfchen aus dem Teiche
Und ruft, als er den König hat erforscht, die andern.
Alsbald auch hüpften diese, ihre Furcht besiegend,
Heran und springen kühn, verwegen auf den Balken.
Als sie ihn nun mit jeder Schmach besudelt hatten,
Da sandten sie zum Zeus und ließen flehend bitten
Um einen andern König, da der erste schlecht sei.
Drauf sandt' er eine Hyder, die mit scharfem Zahne
Den einen nach dem andern würgte. Und vergebens
Versuchen sie zu fliehn. Die Furcht erstickt die Stimme.
Sie senden den Merkur geheim zu Jupiter,
Damit er ihnen helfe, doch der Gott erwidert:
»Weil ihr nicht in Geduld das Gute tragen wolltet,
Ertragt das Schlechte.« – Tragt auch ihr die Herrschaft,
                                 Bürger,
Damit euch nicht ein größres Unheil treffen möge.

3. GRACULUS SUPERBUS ET PAVO

Ne gloriari libeat alienis bonis
Suoque potius habitu vitam degere,
Aesopus nobis hoc exemplum prodidit.
   Tumens inani graculus superbia,
Pennas pavoni quae deciderant sustulit   5
Seque exornavit. Deinde contemnens suos
Se immiscuit pavonum formoso gregi.
Illi impudenti pennas eripiunt avi
Fugantque rostris. Male mulcatus graculus
Redire maerens coepit ad proprium genus;   10
A quo repulsus tristem sustinuit notam.
Tum quidam ex illis, quos prius despexerat:
»Contentus nostris si fuisses sedibus
Et quod natura dederat voluisses pati,
Nec illam expertus esses contumeliam   15
Nec hanc repulsam tua sentiret calamitas.«

4. CANIS PER FLUVIUM CARNEM FERENS

Amittit merito proprium qui alienum appetit.
Canis per flumen carnem dum ferret natans,
Lympharum in speculo vidit simulacrum suum,
Aliamque praedam ab altero ferri putans
Eripere voluit: verum decepta aviditas   5
Et quem tenebat ore dimisit cibum,
Nec quem petebat potuit adeo attingere.

5. VACCA ET CAPELLA, OVIS ET LEO

Numquam est fidelis cum potente societas:
Testatur haec fabella propositum meum.
   Vacca et capella et patiens ovis iniuriae
Socii fuere cum leone in saltibus.

3. DIE STOLZE KRÄHE UND DER PFAU

Daß man nicht Lust bekommt, mit fremdem Gut zu
prahlen,
Vielmehr, daß man sich gern mit seiner Lag' begnüge,
Hat diese kleine Fabel uns Aesop gegeben.
   Von eitlem Stolz geblendet, sucht eine Krähe
Die Federn auf, die einem Pfau entfallen waren,
Und schmückte sich mit ihnen. Ihresgleichen höhnend,
Vermischte sie sich mit der stolzen Schar der Pfaue.
Doch diese reißen ihr die Federn wieder aus
Und jagen sie zurück. So übel zugerichtet
Wend't sie mit traur'ger Miene sich zu ihresgleichen;
Doch auch von diesen mußte sie Beschimpfung dulden,
Und eine von denselben, die vorher geschmähet,
Rief aus: »Wenn du mit uns dich hättst begnügen wollen,
Nicht hättst nach Höherem gestrebt, als dir beschieden,
So würdest du nicht diese Schmach erfahren haben.«

4. EIN HUND TRÄGT EIN STÜCK FLEISCH ZU EINEM FLUSS

Sein eignes Gut verlieret, der nach fremdem haschet.
Es kam ein Hund mit Fleisch zu einem Flusse hin,
Der sah sein Ebenbild im klaren Wasserspiegel.
Und glaubend, daß auch Fleisch von einem zweiten Hunde
Getragen würd', wollt' er es ihm entreißen. Aber
Der Gierige betrog sich und verlor die Speise,
Die er gehabt, und nicht erhielt er die ersehnte.

5. DIE KUH, DIE ZIEGE, DAS SCHAF UND DER LÖWE

Das Bündnis mit dem Starken ist kein festes Band.
Die Wahrheit dieses Satzes soll die Fabel lehren.
   Die Kuh, die Ziege und das still geduld'ge Schaf
Durchstreiften Felder als Verbündete des Löwen.

Hi cum cepissent cervum vasti corporis,   5
Sic est locutus partibus factis leo:
»Ego primam tollo, nominor quoniam leo;
Secundam, quia sum fortis, tribuetis mihi;
Tum, quia plus valeo, me sequetur tertia;
Malo afficietur, si quis quartam tetigerit.«   10
   Sic totam praedam sola improbitas abstulit.

6. RANAE AD SOLEM

Vicini furis celebres vidit nuptias
Aesopus et continuo narrare incipit:
   Uxorem quondam Sol cum vellet ducere,
Clamorem ranae sustulere ad sidera.
Convicio permotus quaerit Iuppiter   5
Causam querelae. Quaedam tum stagni incola:
»Nunc« inquit »omnes unus exurit lacus
Cogitque miseras arida sede emori.
Quidnam futurum est, si crearit liberos?«

7. VULPES AD PERSONAM TRAGICAM

Personam tragicam forte vulpes viderat:
»O quanta species« inquit »cerebrum non habet!«
   Hoc illis dictum est, quibus honorem et gloriam
Fortuna tribuit, sensum communem abstulit.

8. LUPUS ET GRUIS

Qui pretium meriti ab improbis desiderat,
Bis peccat: primum quoniam indignos adiuvat;
Impune abire deinde quia iam non potest.
   Os devoratum fauce cum haereret lupi,
Magno dolore victus coepit singulos   5

Als einen Hirsch mit feistem Körper sie gefangen,
Da sprach der Löwe so zu seinen schwachen Partnern:
»Mein ist der erste Teil, da ich der Löwe heiße,
Den zweiten gebt ihr mir, weil ich der Tapfre bin,
Und auch der dritt' gehört mir, weil ich stärker bin.
Schlecht soll es einem gehn, wenn er den vierten nimmt.«
   So nahm die böse Majestät die Beut' allein.

6. DIE FRÖSCHE AN DIE SONNE

Es sah die frohe Hochzeit eines dieb'schen Nachbars
Aesop, und alsobald begann er zu erzählen:
   Als einst der Gott der Sonne sich vermählen wollte,
Erhob der Frösche Schar ein groß Geschrei zum Himmel.
Und Jupiter, der dies Gequak vernommen hatte,
Fragt' nach der Ursach' ihrer Klag'n. Ein Sumpfbewohner
Erwidert: »Eine Sonn' schon legt die Sümpfe trocken
Und läßt uns arme Frösche ganz und gar verschmachten.
Was steht uns erst bevor, wenn sie auch Kinder zeugt.«

7. DER FUCHS AN DIE LARVE

Als eine Mask' der Fuchs durch Zufall hatt' gesehen,
Rief er: »Warum birgt nicht die schöne Hülle Geist?«
   Dies sei für die gesagt, die Ehr' und großen Ruhm
Erhalten haben, aber nicht Verstand besitzen.

8. DER WOLF UND DER KRANICH

Wer Dank von schlechten Menschen fordert, sündigt
                                        doppelt;
Denn erstens, weil er solchen hilft, die's nicht verdienen,
Und weil er nach der Hilf' nicht ohne Schaden sein kann.
   Als einst im Schlund des Wolfs ein Knochen steckenblieb,
Da bat er, von dem großen Schmerze überwältigt,

Illicere pretio, ut illud extraherent malum.
Tandem persuasa est iure iurando gruis,
Gulaeque credens colli longitudinem,
Periculosam fecit medicinam lupo.
Pro quo cum pactum flagitaret praemium: 10
»Ingrata es« inquit »ore quae e nostro caput
Incolume abstuleris et mercedem postules.«

9. PASSER AD LEPOREM CONSILIATOR

Sibi non cavere et aliis consilium dare
Stultum esse paucis ostendamus versibus.
   Oppressum ab aquila, fletus edentem graves
Leporem obiurgabat passer: »Ubi pernicitas
Nota« inquit »illa est? Quid ita cessarunt pedes?«   5
Dum loquitur, ipsum accipiter necopinum rapit
Questuque vano clamitantem interficit.
Lepus semianimus: »Mortis en solacium!
Qui modo securus nostra irridebas mala,
Simili querela fata deploras tua.«   10

10. LUPUS ET VULPES IUDICE SIMIO

Quicumque turpi fraude semel innotuit,
Etiam si verum dicit, amittit fidem.
Hoc attestatur brevis Aesopi fabula.
   Lupus arguebat vulpem furti crimine;
Negabat illa se esse culpae proximam.   5
Tunc iudex inter illos sedit simius.
Uterque causam cum perorassent suam,
Dixisse fertur simius sententiam:
»Tu non videris perdidisse quod petis;
Te credo surripuisse quod pulchre negas.«   10

Die Tiere, ihn für Lohn vom Übel zu befreien.
Ein Kranich schenkte endlich diesen Schwüren Glauben
Und übte an dem Wolfe seine Heilkunst aus,
Indem er seinen Hals in dessen Rachen schob.
Als er sich nun den Lohn vom Wolfe forderte,
Sprach er: »Obgleich du deinen Kopf aus meinem Schlunde
Ganz unversehrt herauszogst, willst du doch noch Lohn?«

9. DER SPERLING ALS TRÖSTER DES HASEN

Sich selbst nicht helfen, andern aber Rat erteilen,
Ist eines Toren wert. Dies lehret uns die Fabel.
    Zum Hasen, der vom Adler überwältigt worden
Und heftig weinte, sprach der Spatz: »Wo ist geblieben
Die allbekannte Schnelligkeit? Was ruhn die Füße?«
Und während er dies sprach, ergriff ihn selbst der Geier
Und töt'te ihn, des heft'gen Wehgeschreis nicht achtend.
Da rief der fast entseelte Has': »O Trost im Tode!
Du, der du eben noch mich meines Schicksals höhntest,
Mußt jetzt mit gleicher Klage dein Geschick beweinen.«

10. DER WOLF UND DER FUCHS AM RICHTERSTUHL DES AFFEN

Wer einmal des Betruges sich verdächtig macht,
Dem glaubt man nicht mehr, selbst wenn er die Wahrheit
                                    spricht.
Daß dies der Fall, bezeuget des Aesopus Fabel:
    Der Wolf beschuldigte den Fuchs des frechen Diebstahls,
Doch dieser sprach, daß er sich nicht daran beteiligt.
Als Richter sollt' der Affe über sie entscheiden.
Nachdem sie beide ihre Sache vorgetragen,
Da soll der Affe diesen Spruch gefället haben:
»Es scheint, du hast das nicht verloren, was du forderst;
Ich glaube, daß du's stahlst, obgleich du trefflich leugnest.«

11. ASINUS ET LEO VENANTES

Virtutis expers verbis iactans gloriam
Ignotos fallit, notis est derisui.
   Venari asello comite cum vellet leo,
Contexit illum frutice et admonuit simul,
Ut insueta voce terreret feras,   5
Fugientes ipse exciperet. Hic auritulus
Clamorem subito totis tollit viribus
Novoque turbat bestias miraculo.
Quae dum paventes exitus notos petunt,
Leonis affliguntur horrendo impetu.   10
Qui postquam caede fessus est, asinum evocat
Iubetque vocem premere. Tunc ille insolens:
»Qualis videtur opera tibi vocis meae?«
»Insignis« inquit »sic ut, nisi nossem tuum
Animum genusque, simili fugissem metu.«   15

12. CERVUS AD FONTEM

Laudatis utiliora quae contempseris
Saepe inveniri testis haec narratio est.
   Ad fontem cervus, cum bibisset, restitit
Et in liquore vidit effigiem suam.
Ibi dum ramosa mirans laudat cornua   5
Crurumque nimiam tenuitatem vituperat,
Venantum subito vocibus conterritus
Per campum fugere coepit et cursu levi
Canes elusit. Silva tum excepit ferum,
In qua retentis impeditus cornibus   10
Lacerari coepit morsibus saevis canum.
Tunc moriens vocem hanc edidisse dicitur:
»O me infelicem! qui nunc demum intellego,
Utilia mihi quam fuerint quae despexeram,
Et quae laudaram quantum luctus habuerint.«   15

11. DER ESEL UND DER LÖWE AUF DER JAGD

Der Schwächling täuschet wohl, wenn er mit Worten
                                        prahlet,
Den Fremden, doch Bekannten dient er zum Gespött.
    Als mit dem Esel einst der Löwe jagen wollte,
Gab er ihm hinter Bäumen einen Platz, befehlend,
Er sollt' durch seine starke Stimm' das Wild erschrecken,
Damit er selbst die Flücht'gen fange. Und das Langohr
Erhebt nun ein Geschrei, so laut es irgend kann,
Und schreckt die Tiere durch die ungewohnten Töne.
Als diese zitternd zum bekannten Ausgang eilen,
Fällt sie der Löwe mit gewalt'gem Sprunge an.
Und von dem Morden müde, ruft er jetzt den Esel,
Gebietet ihm, daß er verstumme. Darauf fraget
Der Esel: »Wie gefällt dir, Löwe, meine Stimme?« –
»Vortrefflich«, sagte dieser. »Und wenn ich nicht kennte
Geschlecht und Mut von dir, auch ich würd' furchtsam
                                        fliehen.«

12. DER HIRSCH AN DER QUELLE

Daß das, was man verachtet, manchmal schöner ist,
Als was man lobt, soll diese Fabel uns beweisen.
    An einer Quelle blieb ein Hirsch, der dort getrunken,
Und sah sein Bildnis in dem klaren Wasserspiegel.
Doch während er das ästige Geweihe lobt,
Erregten sein Mißfallen die gar zu dünnen Füße.
Von lauten Jägerrufen plötzlich aufgeschreckt,
Beginnt er durch das Feld zu eilen, und die Hunde
Täuscht er durch schnellen Lauf, und in den dichten Wald
Eilt er; doch hier verwickelte sich sein Geweih.
Und so gehemmt, erliegt er bald den Hundebissen.
Im Sterben soll er noch die Wort' gerufen haben:
»Ich armer, armer Tor, der ich erst jetzt erkenne,
Wie nützlich mir das war, was ich verachtet habe,
Und wie so schweres Leid mir brachte, was ich lobte.«

13. VULPES ET CORVUS

Qui se laudari gaudet verbis subdolis,
Fere dat poenas turpes poenitentia.
　Cum de fenestra corvus raptum caseum
Comesse vellet, celsa residens arbore,
Vulpes hunc vidit, deinde sic coepit loqui:　　　　　5
O qui tuarum, corve, pennarum est nitor!
Quantum decoris corpore et vultu geris!
Si vocem haberes, nulla prior ales foret.
At ille stultus, dum vult vocem ostendere,
Emisit ore caseum, quem celeriter　　　　　10
Dolosa vulpes avidis rapuit dentibus.
Tum demum ingemuit corvi deceptus stupor.
　[Hac re probatur quantum ingenium valet;
Virtute semper praevalet sapientia.]

14. EX SUTORE MEDICUS

Malus cum sutor inopia deperditus
Medicinam ignoto facere coepisset loco
Et venditaret falso antidotum nomine,
Verbosis acquisivit sibi famam strophis.
Hic cum iaceret morbo confectus gravi　　　　　5
Rex urbis, eius experiendi gratia
Scyphum poposcit: fusa dein simulans aqua
Miscere illius antidoto se toxicum
Ebibere iussit ipsum posito praemio.
Timore mortis ille tum confessus est　　　　　10
Non artis ulla medicum se prudentia
Verum stupore vulgi factum nobilem.
Rex advocata contione haec addidit:
»Quantae putatis esse vos dementiae,
Qui capita vestra non dubitatis credere,　　　　　15
Cui calceandos nemo commisit pedes?«

13. DER FUCHS UND DER RABE

Wer sich durch eines Heuchlers Lob geschmeichelt fühlt,
Wird in zu später Reue seine Strafe finden.
 Von einem Fenster stahl ein Rabe einen Käse
Und setzte sich damit auf einen hohen Baum.
Der Fuchs, der ihn erblickte, fing zu reden an:
»Welch hoher Glanz entstrahlt, o Rabe, deinen Federn!
Und welche Anmut trägst du im Gesicht und Körper.
Hättst du auch Stimme, überträfst du selbst den Adler.«
Und während er die Stimme hören lassen will,
Entfällt der Käse seinem Schnabel, den jetzt schnell
Der list'ge Fuchs mit seinen gier'gen Zähnen raubte.
Jetzt endlich sah der Rabe seine Dummheit ein.

14. AUS EINEM SCHUSTER EIN ARZT

Ein schlechter Schuster, durch den Mangel ganz verkommen,
Begann an fremdem Ort die Heilkunst auszuüben
Und bot mit falschem Namen Gegengifte aus.
Durch list'ge Ränke hatte er sich Ruf erworben.
Als einst der König von der Stadt gar schwer erkrankt war,
Da fordert er, des Meisters Künste zu erproben,
Ein klein Gefäß und füllte dies mit kaltem Wasser,
Gab aber vor, daß er des Schusters Gegengift
Mit Gift vermische. Drauf befahl er ihm zu trinken.
Doch jener, ganz und gar von Todesfurcht beherrscht,
Ruft jammernd aus, daß er die Heilkunst nicht verstehe,
Des Volkes Dummheit nur hab' ihn berühmt gemacht.
Der König rief die Bürgerschaft und sagte ihr:
»Wie töricht und wie dumm müßt ihr doch alle sein,
Daß ihr das Leben einem Manne anvertraut,
Dem niemand seine Schuh' zum Flicken übergibt.«

Hoc pertinere vere ad illos dixerim,
Quorum stultitia quaestus impudentiae est.

15. ASINUS AD SENEM PASTOREM

In principatu commutando saepius
Nil praeter domini mores mutant pauperes.
Id esse verum parva haec fabella indicat.
    Asellum in prato timidus pascebat senex.
Is hostium clamore subito territus   5
Suadebat asino fugere, ne possent capi.
At ille lentus: »Quaeso, num binas mihi
Clitellas impositurum victorem putas?«
Senex negavit. »Ergo quid refert mea,
Cui serviam clitellas dum portem meas?«   10

16. OVIS, CERVUS ET LUPUS

Fraudator homines cum avocat sponsore improbo,
Non rem expedire, sed mala videre expedit.
    Ovem rogabat cervus modium tritici
Lupo sponsore. At illa praemetuens dolum:
»Rapere atque abire semper assuevit lupus,   5
Tu de conspectu fugere veloci impetu;
Ubi vos requiram, cum dies advenerit?«

17. OVIS, CANIS ET LUPUS

Solent mendaces luere poenas malefici.
Calumniator ab ove cum peteret canis,
Quem commendasse panem se contenderet,
Lupus citatus testis non unum modo
Deberi dixit, verum affirmavit decem.   5
Ovis damnata falso testimonio

Dies ist, ich darf's mit Recht wohl sagen, für die Leute
Geschrieben, deren Torheit Schwindlern Geld verschafft.

15. DER ESEL AN DEN ALTEN HIRTEN

Beim steten Wechsel einer Oberherrschaft ändert
Die niedre Volkesklasse nur des Herrschers Namen.
Daß dieses wahr, soll diese kleine Fabel lehren.
    Ein Hirte, gar zu furchtsam, weid'te einen Esel.
Da plötzlich schreckt ihn auf der Feinde lautes Schreien.
Er treibt zur Flucht das Tier, um nicht gefang'n zu werden,
Doch dieses fragt gelassen: »Glaubst du, daß ich werde
Zu tragen haben bei dem Feind ein doppelt Joch?«
Der Greis verneinte dies: »Nun, was liegt mir daran,
Wem ich zu dienen habe? Lasten trag ich doch.«

16. DAS SCHAF, DER HIRSCH UND DER WOLF

Wenn ein Betrüger schlechte Leut' als Bürgen wählet,
So will er nicht bezahlen, nur das Übel mehren.
    Vom Schafe forderte ein Hirsch ein Maß Getreide
Und brachte einen Wolf als Bürgen. Doch das Schaf
Vermut'te List und sprach: »Der Wolf, der raubt und geht,
Und du, o Hirsch, entfliehest mir in raschen Sätzen.
Wo werde ich euch finden, wenn der Zahltag kommt?«

17. DAS SCHAF, DER HUND UND DER WOLF

Die Lügner pflegen stets die Missetat zu büßen.
Als einst ein ränkevoller Hund vom Schaf das Brot
Begehrte, das er ihm geliehen haben wollte,
Sprach der als Zeuge angerufne Wolf, es wäre
Nicht ein Brot nur gewesen, nein, es wären zehn.
Das Schaf, durch dieses falsche Zeugnis überwiesen,

Quod non debebat solvit. Post paucos dies
Bidens iacentem in fovea conspexit lupum:
»Haec« inquit »merces fraudis a superis datur.«

18. MULIER PARTURIENS

Nemo libenter recolit qui laesit locum.
Instante partu mulier actis mensibus
Humo iacebat flebiles gemitus ciens.
Vir est hortatus, corpus lecto reciperet,
Onus naturae melius quo deponeret.   5
»Minime« inquit »illo posse confido loco
Malum finiri, quo conceptum est initio.«

19. CANIS PARTURIENS

Habent insidias hominis blanditiae mali:
Quas ut vitemus versus subiecti monent.
   Canis parturiens cum rogasset alteram,
Ut fetum in eius tugurio deponeret,
Facile impetravit: dein reposcenti locum   5
Preces admovit, tempus exorans breve,
Dum firmiores catulos posset ducere.
Hoc quoque consumpto flagitare validius
Cubile coepit. »Si mihi et turbae meae
Par« inquit »esse potueris, cedam loco.«   10

20. CANES FAMILICI

Stultum consilium non modo effectu caret,
Sed ad perniciem quoque mortales devocat.
   Corium depressum in fluvio viderunt canes.
Id ut comesse extractum possent facilius,
Aquam coepere bibere: sed rupti prius   5
Periere, quam quod petierant contingerent.

Gab sie zurück. Nach Ablauf wen'ger Tage sah
Das so geprellte Tier den Wolf als Leiche liegen.
Es sprach: »Dies ist die Strafe, daß du mich betrogen.«

18. EINE GEBÄRENDE FRAU

Niemand kehrt gerne an einen Ort zurück, der ihm Unheil
brachte. Nach dem Ablauf der neun Monate lag eine Frau,
deren Niederkunft bevorstand, am Boden und jammerte
kläglich. Ihr Mann drängte sie, sich ins Bett zu legen, damit
sie besser gebären könne. Da antwortete sie: »Ich kann
unmöglich glauben, daß an dem Ort das Übel ein Ende finden kann, wo es ursprünglich anfing.«

19. DIE GEBÄRENDE HÜNDIN

Die Schmeichelworte eines Bösen deuten Unglück.
Dieselben zu vermeiden, mahnen diese Worte.
   Als eine obdachlose Hündin eine andere bat,
Daß sie in deren Hütt' die Leibesbürde legte,
Gewährte sie's. Als sie den Platz zurückbegehrte,
Bat jene flehentlich um Frist, bis ihre Jungen
Zu gehn vermöchten. Als die Zeit verstrichen war,
Die Räumung sehr gefordert wurde, sprach die Fremde:
»Ich geh, wenn du im Kampf mich mit der Brut besiegst.«

20. DIE HUNGRIGEN HUNDE

Ein Plan, der töricht ist, wird nicht nur nicht gelingen,
Vielmehr verleitet er die Menschen nur zum Schlimmern.
   Versenkt ins Wasser sahen Hunde eine Haut.
Daß sie sie leicht bekämen und verspeisen könnten,
Begannen sie das Wasser auszutrinken. Aber
Sie platzten und erhielten nicht, was sie begehrten.

21. LEO SENEX, APER, TAURUS ET ASINUS

Quicumque amisit dignitatem pristinam,
Ignavis etiam iocus est in casu gravi.
    Defectus annis et desertus viribus
Leo cum iaceret spiritum extremum trahens,
Aper fulmineis ad eum venit dentibus   5
Et vindicavit ictu veterem iniuriam.
Infestis taurus mox confodit cornibus
Hostile corpus. Asinus, ut vidit ferum
Impune laedi, calcibus frontem extudit.
At ille exspirans: »Fortes indigne tuli   10
Mihi insultare: te, naturae dedecus,
Quod ferre cogor, certe bis videor mori.«

22. MUSTELA ET HOMO

Mustela ab homine prensa cum instantem necem
Effugere vellet: »Parce, quaeso« inquit »mihi,
Quae tibi molestis muribus purgo domum.«
Respondit ille: »Faceres si causa mea,
Gratum esset et dedissem veniam supplici.   5
Nunc quia laboras, ut fruaris reliquiis,
Quas sunt rosuri, simul et ipsos devores,
Noli imputare vanum beneficium mihi.«
Atque ita locutus improbam leto dedit.
    Hoc in se dictum debent illi agnoscere,   10
Quorum privata servit utilitas sibi
Et meritum inane iactant imprudentibus.

23. CANIS FIDELIS

Repente liberalis stultis gratus est,
Verum peritis irritos tendit dolos.

21. DER ALTE LÖWE, DER EBER, DER STIER UND DER ESEL

Wer seine früh're Würde eingebüßt, der wird
In seinem schweren Fall sogar zum Spott des Pöbels.
    Als einst ein Löwe, durch das Alter schon geschwächt
Und kräftelos, in seinen letzten Zügen lag,
Fand ihn ein Eber. Alter Feindschaft eingedenk,
Durchbohrte dieser ihn mit seinen spitzen Hauern.
Nicht lange drauf, stieß auch ein Stier mit seinen Hörnern
Des Feindes Körper. Als ein Esel nun bemerkte,
Daß ungestraft das Wild verletzet würde, schlug
Auch er mit seinem Huf die Stirn. Und sterbend klagte
Der Löwe: »Nur mit Ingrimm habe ich ertragen,
Daß mich die Starken reizten; daß ich leiden muß
Durch dich, o Schande der Natur, erschwert den Tod.«

22. DAS WIESEL UND DER MENSCH

Ein Wiesel, das von einem Menschen war gefangen
Und noch nicht sterben mochte, bat: »O schone meiner,
Ich halte auch dein Haus von läst'gen Mäusen rein.«
Doch jener sprach: »Wenn dies der Fall, so wär's mir lieb,
Und dann würd' ich auch gerne deine Bitt' gewähren,
Du arbeit'st aber nur, damit du selbst genießest
Die Mäuse, die du fängst, und was sie übrigließen.
Aus diesem Grunde kannst du keine Gunst erwarten.«
Er sprach's und würgte gleich das unverschämte Tier.
    In dieser Fabel müssen jene sich erkennen,
Die nur für sich allein, aus Egoismus, sorgen
Und andern gegenüber sich Verdienste rühmen.

23. DER TREUE HUND

Die Toren lieben wohl den plötzlichen Verschwender,
Doch die Erfahrenen umstricken nicht die Netze.

Nocturnus cum fur panem misisset cani,
Obiecto temptans an cibo posset capi:
»Heus« inquit »linguam vis meam praecludere,   5
Ne latrem pro re domini? Multum falleris.
Namque ista subita me iubet benignitas
Vigilare, facias ne mea culpa lucrum.«

24. RANA RUPTA ET BOS

Inops, potentem dum vult imitari, perit.
    In prato quondam rana conspexit bovem
Et tacta invidia tantae magnitudinis
Rugosam inflavit pellem: tum natos suos
Interrogavit, an bove esset latior.   5
Illi negarunt. Rursus intendit cutem
Maiore nisu et simili quaesivit modo,
Quis maior esset. Illi dixerunt bovem.
Novissime indignata dum vult validius
Inflare sese, rupto iacuit corpore.   10

25. CANES ET CORCODILLI

Consilia qui dant prava cautis hominibus,
Et perdunt operam et deridentur turpiter.
    Canes currentes bibere in Nilo flumine,
A corcodillis ne rapiantur, traditum est.
Igitur cum currens bibere coepisset canis,   5
Sic corcodillus: »Quamlibet lambe otio;
Noli vereri.« At ille: »Facerem mehercule,
Nisi esse scirem carnis te cupidum meae.«

Als einst ein Dieb, der nachts zum Stehlen ging, dem
                                                    Hunde
Ein Stückchen Brot gegeben, glaubend, daß er so
Das Tier für sich gewinnen könnte, sagte dieses:
»Fürwahr, du willst dir meine Stimme wohl erkaufen,
Daß ich nicht belle für das Eigentum des Herrn?
Du täuschst dich sehr. Dein plötzlich Wohltun heißet mich
Sehr wachsam sein, damit du keinen Schaden stiftest.«

24. DER GEBORSTENE FROSCH UND DER OCHSE

Ein Armer, der dem Reichen nachahmt, geht zugrunde.
   Auf einer Weide sah ein Frosch einst einen Ochsen,
Und, neidisch auf des Tieres majestät'sche Größe,
Bläht er die Haut. Drauf fragt er selbstbewußt die Kinder,
Ob er den Ochsen nicht an Größe überrage.
Doch jene sagten: »Nein!« Er müht sich wieder ab,
Die Haut zu dehnen, und tut dann dieselbe Frage,
Wer größer wäre. Jene nannten ihm das Rind.
Als er zuletzt in vollem Zorne noch versuchte,
Sich mehr zu blähen, stürzt' er mit zerplatztem Körper.

25. DIE HUNDE UND DIE KROKODILE

Wer klugen Leuten bösen Rat erteilen will,
Müht sich vergebens ab und wird auch ausgelacht.
   Es ist euch wohl bekannt, daß aus dem Nil die Hunde
Im Laufe trinken, daß sie nicht vom Krokodil
Gefangen werden. Als nun einst ein Hund im Laufen
Das Wasser trinken wollt', sprach so das Krokodil:
»Schlapp's nur in Ruhe, fürcht mich nicht!« Doch jener
                                                    sagte:
»Beim Zeus, ich würd' es tun, wenn ich nicht sicher wüßte,
Daß du nach meinem Fleische große Sehnsucht hast.«

26. VULPIS ET CICONIA

Nulli nocendum: si quis vero laeserit,
Multandum simili iure fabella admonet.
   Vulpis ad cenam dicitur ciconiam
Prior invitasse et illi in patina liquidam
Posuisse sorbitionem, quam nullo modo   5
Gustare esuriens potuerit ciconia.
Quae vulpem cum revocasset, intrito cibo
Plenam lagonam posuit: huic rostrum inserens
Satiatur ipsa et torquet convivam fame.
Quae cum lagonae collum frustra lamberet,   10
Peregrinam sic locutam volucrem accepimus:
»Sua quisque exempla debet aequo animo pati.«

27. CANIS ET THESAURUS ET VULTURIUS

Haec res avaris esse conveniens potest
Et qui humiles nati dici locupletes student.
   Humana effodiens ossa thesaurum canis
Invenit et violarat quia Manes deos,
Iniecta est illi divitiarum cupiditas,   5
Poenas ut sanctae Religioni penderet.
Itaque aurum dum custodit oblitus cibi
Fame est consumptus; quem stans vulturius super
Fertur locutus: »O canis, merito iaces,
Qui concupisti subito regales opes   10
Trivio conceptus et educatus stercore.«

28. VULPIS ET AQUILA

Quamvis sublimes debent humiles metuere,
Vindicta docili quia patet sollertiae.
   Vulpinos catulos aquila quondam sustulit

26. DER FUCHS UND DER STORCH

Oh, keinem darf man schaden. Aber wenn uns einer
Verletzt, kommt ihm dasselbe zu. Dies lehrt die Fabel.
   Es soll der Fuchs zuerst den Storch zum Mahl geladen
Und ihm in einer flachen Schüssel flüss'ge Brühe
Gereichet haben, so daß selbst bei größter Mühe
Der Storch von jener Speise nichts erlangen konnte.
Als er nun wiederum den Fuchs zu Gaste lud,
Da setzte er ein halsiges Gefäß ihm vor,
Zerriebne Speis' enthaltend. Mittels seines Schnabels
Genoß er selbst die Speise, doch der Gast litt Hunger.
Als nun umsonst der Fuchs den Hals der Schüssel leckte,
Da soll der Wandervogel froh gerufen haben:
»Wozu man selbst das Beispiel gibt, muß man ertragen.«

27. DER HUND, DER SCHATZ UND DER GEIER

Für Geizige kann diese Fabel passend scheinen
Und solche, die im niedern Stand mit Reichtum prahlen.
   Nach Menschenknochen wühlend fand einst einen Schatz
Ein Hund. Und weil er frevelnd Leichen hatt' verletzt,
Macht ihn der Gott nach Gold und reichen Schätzen lüstern,
Damit er dadurch den begangnen Frevel büße.
Und während er das Gold bewacht, die Speis' vergessend,
Starb er vor Hunger. Auf ihm stehend soll der Geier
Gerufen haben: »Hund, du hast den Tod verdient,
Der du dir plötzlich königliche Schätze wünschtest,
Obwohl im Straßenschmutz geboren und erzogen.«

28. DER FUCHS UND DER ADLER

Wie hoch man auch gestellt, man muß die Niedern fürchten,
Weil der Gewandte sich, beleidigt, rächen kann.
   Einst trug ein Adler junge Füchse hoch empor

Nidoque posuit pullis, escam ut carperent.
Hanc persecuta mater orare incipit,   5
Ne tantum miserae luctum importaret sibi.
Contempsit illa, tuta quippe ipso loco.
Vulpes ab ara rapuit ardentem facem
Totamque flammis arborem circumdedit,
Hosti dolorem damno miscens sanguinis.   10
Aquila ut periclo mortis eriperet suos
Incolumes natos supplex vulpi tradidit.

29. ASINUS IRRIDENS APRUM

Plerumque stulti, risum dum captant levem,
Gravi destringunt alios contumelia
Et sibi nocivum concitant periculum.
   Asellus apro cum fuisset obvius:
»Salve« inquit »frater.« Ille indignans repudiat   5
Officium et quaerit, cur sic mentiri velit.
Asinus demisso pene: »Similem si negas
Tibi me esse, certe simile est hoc rostro tuo.«
Aper, cum vellet facere generosum impetum,
Repressit iram et: »Facilis vindicta est mihi,   10
Sed inquinari nolo ignavo sanguine.«

30. RANAE METUENTES TAURORUM PRAELIA

Humiles laborant ubi potentes dissident.
   Rana in palude pugnam taurorum intuens:
»Heu quanta nobis instat pernicies!« ait.
Interrogata ab alia cur hoc diceret,
De principatu cum illi certarent gregis   5
Longeque ab ipsis degerent vitam boves:
»Est statio separata ac diversum genus;

Zum Nest hinauf, daß seine Jungen sie vertilgten.
Voll Trauer kam die Mutter und begann zu bitten,
Daß er ihr nicht so großes Elend mög' bereiten.
Doch er verachtet es, im Horst sich sicher fühlend.
Die Füchsin stahl vom Altar einen Feuerbrand
Und legte rings um jenen hohen Baum die Glut,
Mit dem Verlust des Bluts Schmerz für den Feind ver-
bindend.
Der Adler gab dem Fuchs die unversehrten Jungen,
Damit er seine Brut von der Gefahr befreie.

29. DER ESEL VERSPOTTET DEN EBER

Indem die Toren ein albernes Gelächter erregen wollen, bringen sie oft anderen schwere Schande und rufen große Gefahr für sich selbst hervor.
Als ein Esel einem Eber begegnete, sagte er zu ihm: »Sei gegrüßt, Bruder!« Dieser weist empört den Gruß zurück und fragt, wozu die Lüge diene. Da streckte der Esel sein Glied vor und sagte: »Wenn du behauptest, mir nicht ähnlich zu sein, so ist das hier sicher deinem Rüssel ähnlich.« Obschon der Eber als edles Tier auf den Esel losgehen wollte, beherrschte er seinen Zorn und sagte: »Ich könnte mich leicht rächen, aber ich will mich nicht mit unedlem Blut beschmutzen.«

30. DIE FRÖSCHE FÜRCHTEN DEN STIERKAMPF

Die Niedern tragen Schaden, wo die Mächt'gen streiten.
  Ein Frosch, der in dem Sumpfe einen Stierkampf sah,
Rief jammernd aus: »Welch groß Verderben drohet uns!«
Befragt von anderen, warum er dieses sagte,
Da sich dieselben nur um einen Vorrang stritten
Und auch die Stiere weit entfernt von ihnen lebten,
Rief jener aus: »Wohl wohnen sie am andern Orte,

Expulsos regno nemoris qui profugerit,
Paludis in secreta veniet latibula
Et proculcatas obteret duro pede.   10
Ita caput ad nostrum furor illorum pertinet.«

31. MILUUS ET COLUMBAE

Qui se committit homini tutandum improbo,
Auxilia dum requirit, exitium invenit.
   Columbae saepe cum fugissent miluum
Et celeritate pennae vitassent necem,
Consilium raptor vertit ad fallaciam   5
Et genus inerme tali decepit dolo:
»Quare sollicitum potius aevum ducitis,
Quam regem me creatis icto foedere,
Qui vos ab omni tutas praestem iniuria?«
Illae credentes tradunt sese miluo;   10
Qui regnum adeptus coepit vesci singulas
Et exercere imperium saevis unguibus.
Tunc de reliquis una: »Merito plectimur.«

Auch ihr Geschlecht ist nicht dem unsern gleich. Jedoch,
Wer, aus dem grünen Hain vertrieben, fliehen muß,
Wird zu dem stillen Aufenthalt des Sumpfes kommen,
Und hier wird er mit hartem Fuße uns zertreten.
So wird der Rinder Wut sich auch auf uns erstrecken.«

31. DER WEIH UND DIE TAUBEN

Wer sich dem Schutze eines Bösen anvertraut,
Der findet seinen Tod, wo er auf Rettung hofft.
   Als Tauben einem Weihen oft entflohen waren
Und durch die Schnelligkeit des Fittichs dem Verderben,
Da nahm der böse Räuber zu der List die Zuflucht
Und sucht durch diese Lüg' die Tierchen zu umstricken:
»Warum verbringet ihr in Angst eur Leben, Tauben,
Und wählt mich nicht zu eurem mächt'gen Oberhaupte,
Der ich euch stets den sichern Schutz gewähren werde?«
Und jene trauten ihm, ergaben sich dem Weihen;
Doch er begann, sie einzeln, nach und nach, zu töten,
Und führt' mit grimmen, scharfen Klaun die Oberherrschaft.
Der Tauben eine sprach: »Die Strafe ist gerecht.«

LIBER SECUNDUS

AUCTOR

Exemplis continetur Aesopi genus;
Nec aliud quicquam per fabellas quaeritur
Quam corrigatur error ut mortalium
Acuatque sese diligens industria.
Quicumque fuerit ergo narrandi iocus,   5
Dum capiat aurem et servet propositum suum,
Re commendatur, non auctoris nomine.
Equidem omni cura morem servabo senis;
Sed si libuerit aliquid interponere,
Dictorum sensus ut delectet varietas,   10
Bonas in partes, lector, accipias velim,
Ita, si rependet illi brevitas gratiam.
Cuius verbosa ne sit commendatio,
Attende, cur negare cupidis debeas,
Modestis etiam offerre, quod non petierint.   15

1. IUVENCUS, LEO ET PRAEDATOR

Super iuvencum stabat deiectum leo.
Praedator intervenit partem postulans.
»Darem« inquit »nisi soleres per te sumere«:
Et improbum reiecit. Forte innoxius
Viator est deductus in eundem locum   5
Feroque viso rettulit retro pedem.
Cui placidus ille: »Non est quod timeas« ait;

ZWEITES BUCH

[VORREDE]

DER DICHTER

Auf Beispiele beschränkt sich nur die Fabeldichtung,
Und keinen andern Zweck hat eine kleine Fabel,
Als zu beseitigen die Schwächen mancher Menschen
Und deren Eifer durch die Beßrung zu vermehren.
Ein jeder Scherz, den man nur immer wählen mag,
Wenn er das Ohr ergötzt und seinem Zweck entspricht,
Empfiehlt sich durch sich selbst, nicht durch des Autors
                                  Namen.
Ich will des Alten Weise in der Fabeldichtung
Bewahren; aber wenn ich etwas andres gebe
Und meiner Worte Wahrheit deinen Sinn ergötzt,
So wünsch ich, Leser, daß du dieses günstig aufnimmst,
Im Fall der Anekdote Kürze dies verdient.
Um aber diese nicht geschwätzig zu empfehlen,
Vernimm, wie man dem Unverschämten nichts gewährt,
Doch dem Bescheidnen mehr, als er zu hoffen wagte.

1. DIE KUH, DER LÖWE UND DER RÄUBER

Es stand einmal auf einer toten Kuh ein Löwe.
Ein Räuber kam hinzu, für sich ein Teil begehrend.
»Ich würd' ihn«, sprach der Leu, »dir geben, wenn du
                                  nicht
Gewohnt wärst, dir ihn eigenmächtig stets zu nehmen.«
Und er verjagte ihn. Ein Mann, der nicht gefährlich,
Kam auch des Wegs daher zu ebendiesem Orte.
Als er den Löwen sah, wandt' er den Schritt zurück,
Doch dieser rief ihm zu: »Du brauchst mich nicht zu
                                  fürchten,
Nimm nur, was dir als sehr bescheidnem Mann geziemt,

»Et, quae debetur pars tuae modestiae,
Audacter tolle.« Tunc diviso tergore
Silvas petivit, homini ut accessum daret.   10
    Exemplum egregium prorsus et laudabile;
Verum est aviditas dives et pauper pudor.

2. ANUS DILIGENS IUVENEM, ITEM PUELLA

A feminis utcumque spoliari viros,
Ament, amentur, nempe exemplis discimus.
    Aetatis mediae quendam mulier non rudis
Tenebat annos celans elegantia,
Animosque eiusdem pulchra iuvenis ceperat.   5
Ambae, videri dum volunt illi pares,
Capillos homini legere coepere invicem.
Qui se putaret pingi cura mulierum,
Calvus repente factus est; nam funditus
Canos puella, nigros anus evellerat.   10

3. AESOPUS AD QUENDAM DE SUCCESSU IMPROBORUM

Laceratus quidam morsu vehementis canis
Tinctum cruore panem misit malefico,
Audierat esse quod remedium vulneris.
Tunc sic Aesopus: »Noli coram pluribus
Hoc facere canibus, ne nos vivos devorent,   5
Cum scierint esse tale culpae praemium.«
    Successus improborum plures allicit.

Von diesem Fleische weg.« Und nach vollbrachter Teilung
Lief er zum Wald, dem Menschen einen Teil gewährend.
   Vortrefflich ist des Löwen Beispiel. Aber leider
Wird Habsucht oft beschenkt, der Armut nichts gegeben.

2. DAS ALTE UND JUNGE MÄDCHEN, BEIDE IN EINEN MANN VON MITTLEREN JAHREN VERLIEBT

Daß Weiber, ob geliebet oder selbst verliebt,
Von Männern rauben, lehrt uns täglich die Erfahrung.
   Es fesselte einst eine Frau von guter Bildung
Durch ihren Liebreiz einen Mann von mittlern Jahren,
Ihr Alter durch geheime Mittel ihm verbergend.
Auch eine junge Schöne hatt' sein Herz gewonnen.
Da beide jenem Manne nun zu gleichen wünschten,
So rauften sie ihm nach und nach die Haare aus.
Und während jener glaubte, daß die Fraun ihn putzten,
Ward er zuletzt ein Kahlkopf; denn das junge Mädchen
Zog ihm die grauen aus, das ältliche die schwarzen.

3. AESOP AN EINEN MENSCHEN ÜBER DEN ERFOLG DER GOTTLOSEN

Ein Mann, zerfleischt vom Bisse eines bösen Hundes,
Warf diesem ein in Blut getauchtes Brötchen zu,
Da er gehört, daß dies die Wunde heilen sollte.
Drauf rief Aesop ihm zu: »Laß ja nicht andre Hunde
Dein Tun bemerken, denn sie würden uns lebendig
Zerreißen, wenn sie wüßten, daß für ihr Vergehn
Wir ihnen gar noch einen schönen Lohn bezahlten.«
   Erringt ein Tunichtgut Erfolg, verlockt's auch andre.

4. AQUILA, FELES ET APER

Aquila in sublimi quercu nidum fecerat;
Feles cavernam nancta in media pepererat;
Sus nemoris cultrix fetum ad imam posuerat.
Tum fortuitum feles contubernium
Fraude et scelesta sic evertit malitia.   5
Ad nidum scandit volucris: »Pernicies« ait
»Tibi paratur, forsan et miserae mihi;
Nam fodere terram quod vides cotidie
Aprum insidiosum, quercum vult evertere,
Ut nostram in plano facile progeniem opprimat.«   10
Terrore offuso et perturbatis sensibus
Derepit ad cubile setosae suis:
»Magno« inquit »in periclo sunt nati tui;
Nam, simul exieris pastum cum tenero grege,
Aquila est parata rapere porcellos tibi.«   15
Hunc quoque timore postquam complevit locum,
Dolosa tuto condidit sese cavo.
Inde evagata noctu suspenso pede,
Ubi esca se replevit et prolem suam,
Pavorem simulans prospicit toto die.   20
Ruinam metuens aquila ramis desidet;
Aper rapinam vitans non prodit foras.
Quid multa? Inedia sunt consumpti cum suis
Felisque catulis largam praebuerunt dapem.
    Quantum homo bilinguis saepe concinnet mali,   25
Documentum habere stulta credulitas potest.

5. ITEM CAESAR AD ATRIENSEM

Est ardalionum quaedam Romae natio,
Trepide concursans, occupata in otio,
Gratis anhelans, multa agendo nil agens,
Sibi molesta et aliis odiosissima.

4. DER ADLER, DIE KATZE UND DAS WILDSCHWEIN

Ein Adler hatte auf dem Gipfel einer Eiche
Ein Nest, die Katze wohnte in der Mitt' derselben,
Und an dem Fuß des Baumes lagerte die Wildsau.
Die schlaue Katze störte diese Nachbarschaft
Und beut'te sie durch Lug zu ihrem Vorteil aus.
Sie kletterte zum Nest des Vogels hin und sagte:
»Verderben drohet dir und auch vielleicht mir Armen.
Siehst du das wilde Schwein wohl täglich Erd' aufwühlen
Um unsern Baum? Was soll's? Sie will die Eich' entwurzeln,
Damit auf ebner Erd' sie unsre Jungen töte.«
Nachdem sie so dem Vogel große Angst gemacht,
Begab sie sich behend zur Lagerstatt des Schweines
Und sprach: »Oh, deine Jungen sind gar sehr bedroht,
Denn wenn du mit der Brut dein Lager wirst verlassen,
Wird dir der schnelle Adler deine Ferkel rauben.«
Nachdem sie auch das Schwein mit Schrecken hatt' erfüllt,
Zog sie sich stillvergnügt in ihre Höhl' zurück.
In tiefer Nacht schlich sie sich leise fort und holte
Für ihre Jungen und sich selbst die nöt'ge Speise.
Des Tags sah sie zum Loch hinaus, sich bange stellend.
Den Sturz des Baums befürchtend, saß im Nest der Adler,
Und um dem Raub zu steuern, ging das Schwein nicht fort.
Doch kurz, mit ihrer Brut erlagen sie dem Hunger
Und dieneten der Katz' als hochwillkommne Speise.
    Das kann zum Zeugnis dienen dir, leichtgläub'ger Tor,
Welch großes Unheil oftmals ein Zweizüngler bringt.

5. CAESAR AN DEN DIENER

In unserm Rom lebt eine Art von Pflastertretern,
Die eilig laufen, keine Ruhe sich gewährend,
Doch zwecklos und mit Vielgeschäftigkeit nichts schaffend,
Sich selbst zur Pein und andern außerdem zur Last.

Hanc emendare, si tamen possum, volo   5
Vera fabella; pretium est operae attendere.
   Caesar Tiberius cum petens Neapolim
In Misenensem villam venisset suam,
Quae monte summo posita Luculli manu
Prospectat Siculum et perspicit Tuscum mare: 10
Ex alticinctis unus atriensibus,
Cui tunica ab umeris linteo Pelusio
Erat destricta, cirris dependentibus,
Perambulante laeta domino viridia,
Alveolo coepit ligneo conspargere   15
Humum aestuantem, come officium iactitans;
Sed deridetur. Inde notis flexibus
Praecurrit alium in xystum, sedans pulverem.
Agnoscit hominem Caesar remque intellegit.
Is ut putavit esse nescio quid boni: 20
»Heus!« inquit dominus. Ille enimvero assilit,
Donationis alacer certae gaudio.
Tum sic iocata est tanta maiestas ducis:
»Non multum egisti et opera nequiquam perit;
Multo maioris alapae mecum veneunt.«   25

6. AQUILA ET CORNIX

Contra potentes nemo est munitus satis;
Si vero accessit consiliator maleficus,
Vis et nequitia quicquid oppugnant, ruit.
   Aquila in sublime sustulit testudinem.
Quae cum abdidisset cornea corpus domo   5
Nec ullo pacto laedi posset condita,
Venit per auras cornix et propter volans:
»Opimam sane praedam rapuisti unguibus;
Sed nisi monstraro quid sit faciendum tibi,
Gravi nequiquam te lassabit pondere.«   10

Durch eine Fabel möcht' ich sie, wenn ich es könnte,
Bekehren. Diese anzuhören, lohnt der Mühe.
    Als Kaiser Tiber auf der Reise nach Neapel
Zu seinem kleinen Landhaus auf Misenum kam,
Das einst Lucull auf Bergeshöh' errichtet hatte
Und das die Aussicht auf Sizilien gewährte
Und rückwärts auch auf das Tyrrhen'sche Wasser, eilte
Schnell jemand von den hochgeschürzten Arbeitsleuten,
Des lein'ner Umhang glatt herabgestrichen war
Und dem die Fransen bis zur Erd' herunterhingen,
Zum Kaiser, der in schatt'gen Gängen promenierte.
Gar eiligst fing er an, mit seinem hölzern Krug
Die trockne Erde zu besprengen, stolz sich brüstend
Ob seiner Tat, doch Tiber lachte über ihn.
Drauf eilt er auf bekanntem Weg zum andern Beet,
Den Staub verscheuchend. Caesar, der ihn wohl erkannte,
Bemerkte seine Absicht. Als nun jener schon
Ich weiß nicht welch ein großes Glück erträumet hatte,
Rief ihn der Kaiser. Spornstreichs eilte er herbei,
Gehoben von der Freud' ob seiner sichern Freiheit.
Zu ihm sich wendend, scherzte so die Majestät:
»Du hast nicht viel getan, die Mühe war vergebens,
So wohlfeil ist die Freiheitsschelle nicht bei mir.«

6. DER ADLER UND DIE KRÄHE

Es kann sich niemand gegen Macht genügend schützen;
Wenn aber auch noch Bosheit sich mit ihr vereinigt,
Muß alles stürzen, was Gewalt und Tücke angreift.
    Ein Adler trug einst eine Schildkröt' in die Lüfte.
Als diese in ihr Häuschen sich verkrochen hatte
Und, so geborgen, nicht verletzet werden konnte,
Kam durch die Luft ein Rabe in des Adlers Nähe:
»Fürwahr, du raubtest gute Beut' mit deinen Krallen,
Doch wenn ich dir nicht zeig, wie du die Schale öffnest,
Wirst du gewiß die schwere Last vergeblich tragen.«

Promissa parte suadet, ut scopulum super
Altis ab astris duram illidat corticem,
Qua comminuta facile vescatur cibo.
Inducta verbis aquila, monitis paruit,
Simul et magistrae large divisit dapem.   15
Sic tuta quae naturae fuerat munere,
Impar duabus occidit tristi nece.

7. MULI DUO ET VECTORES

Muli gravati sarcinis ibant duo:
Unus ferebat fiscos cum pecunia,
Alter tumentes multo saccos hordeo.
Ille onere dives celsa cervice eminens
Clarumque collo iactans tintinnabulum,   5
Comes quieto sequitur et placido gradu.
Subito latrones ex insidiis advolant
Interque caedem ferro mulum sauciant,
Diripiunt nummos, neglegunt vile hordeum.
Spoliatus igitur casus cum fleret suos: 10
»Equidem« inquit alter »me contemptum gaudeo;
Nam nil amisi nec sum laesus vulnere.«
    Hoc argumento tuta est hominum tenuitas;
Magnae periclo sunt opes obnoxiae.

8. CERVUS AD BOVES

Cervus nemorosis excitatus latibulis,
Ut venatorum fugeret instantem necem,
Caeco timore proximam villam petit
Et opportuno se bovili condidit.
Hic bos latenti: »Quidnam voluisti tibi,   5
Infelix, ultro qui ad necem cucurreris
Hominumque tecto spiritum commiseris?«

Nachdem ihm von der Beut' ein Teil war zugesagt,
Gibt er den Rat, die harte Rinde von der Höhe
Herab an irgendeinem Felsen zu zerschmettern,
Alsdann könnt' er sich an der schönen Speis' ergötzen.
Der Adler sieht es ein, und er gehorcht dem Raben
Und teilt zugleich mit seiner Lehrerin den Bissen.
Den beiden nicht gewachsen, mußt' die Kröt' erliegen,
Die so gesichert war durch ein Geschenk des Himmels.

7. ZWEI MAULTIERE UND DIE RÄUBER

Beschwert mit manchen Lasten wanderten zwei Esel.
Der eine trug den Binsenkorb mit vielem Gold,
Der andre aber reich mit Korn gefüllte Säcke.
Stolz, mit erhobnem Haupt, geht, der den Geldsack trägt,
Und hell ertönet an dem Hals der Glockenklang.
Betrübten Blicks und langsam folgt ihm der Gefährte.
Da plötzlich dringen aus dem Hinterhalte Räuber
Hervor, verwunden mit dem Schwert den stolzen Esel,
Entreißen ihm den Schatz, des andern Tiers nicht achtend.
Als jener nun, beraubt, sein Mißgeschick beklagte,
Sprach dieser: »Wie ist's schön, daß ich verachtet bin,
Denn ich hab nichts verloren, bin auch nicht verwundet.«
    Zufolge dieser Fabel sind die Armen sicher,
Die Reichen aber stets umgeben von Gefahren.

8. DER HIRSCH UND DIE OCHSEN

Ein schneller Hirsch, aus seinem Dickicht aufgeschreckt,
Eilt, um den Untergang, der ihm von Jägern droht,
Zu fliehn, in blinder Furcht zum nächsten Dorfe hin,
Wo er in einem Rinderstalle sich verbirgt.
Ein Ochse redete ihn an: »Was hast du vor,
Daß du dem sichern Tode in die Arme läufst
Und dich dem Hause eines Menschen anvertraust?«

At ille supplex: »Vos modo« inquit »parcite;
Occasione rursus erumpam data.«
Spatium diei noctis excipiunt vices.   10
Frondem bubulcus adfert, nil ideo videt.
Eunt subinde et redeunt omnes rustici,
Nemo animadvertit: transit etiam vilicus,
Nec ille quicquam sentit. Tum gaudens ferus
Bubus quietis agere coepit gratias,   15
Hospitium adverso quod praestiterint tempore.
Respondit unus: »Salvum te cupimus quidem;
Sed ille, qui oculos centum habet, si venerit,
Magno in periclo vita vertetur tua.«
Haec inter ipse dominus a cena redit   20
Et quia corruptos viderat nuper boves,
Accedit ad praesepe: »Cur frondis parum est,
Stramenta desunt? Tollere haec aranea
Quantum est laboris?« Dum scrutatur singula,
Cervi quoque alta conspicatur cornua;   25
Quem convocata iubet occidi familia
Praedamque tollit. Haec significat fabula,
Dominum videre plurimum in rebus suis.

[EPILOGUS]

AUCTOR

Aesopi ingenio statuam posuere Attici
Servumque collocarunt aeterna in basi,
Patere honoris scirent ut cuncti viam
Nec generi tribui, sed virtuti gloriam.
Quoniam occuparat alter ne primus foret,   5
Ne solus esset studui; quod superfuit:
Nec haec invidia, verum est aemulatio.
Quod si labori faverit Latium meo,
Plures habebit, quos opponat Graeciae.
Si livor obtrectare curam voluerit,   10

Doch jener sagte bittend: »Schonet meiner nur,
Ich werde fliehn, wenn sich Gelegenheit mir bietet.«
Die Tageszeit verfließt, es folget ihr die Nacht;
Der Hirte streuet Laub, den Hirsch bemerkt er nicht,
Die Knechte gehen alle ab und zu, doch niemand
Gewahrt den Hirsch. Der Meier geht an ihm vorüber,
Auch er bemerkt ihn nicht. Des freuet sich das Wild
Und dankt bereits entzückt den still verschwiegnen Ochsen,
Daß sie in schwerer Not ihm freundlichst Obdach gaben.
Der eine spricht: »Wir wünschen sehnlich deine Rettung,
Doch wenn der Mann, der hundert Augen hat, erscheint,
So ist dein Leben, armes Tier, gar sehr bedroht.«
Inzwischen kommt vom frohen Mahl der Herr zurück,
Und weil er jüngst die Rinder abgemagert sah,
Geht er zur Kripp'. »Warum ist hier zuwenig Laub?
Es fehlt die Streu! – Würd' es zu viele Mühe kosten,
Das Spinngewebe wegzukehren?« Während er
Nach allem sieht, bemerkt er das Geweih des Hirsches.
Er ruft die Diener, gibt Befehl, das Tier zu töten,
Und nimmt die Beute. Diese Fabel lehret uns,
Daß stets der Herr in seinem Haus am meisten sieht.

[SCHLUSSREDE]

DER DICHTER

Aesops Talent zu Ehren hatten die Athener
Ein Denkmal aufgestellt – ein Denkmal einem Sklaven –,
Beweisend, daß der Weg zur Ehre offenstände
Und Ruhm nicht dem Geschlecht, nein, dem Verdienst
                                                    gebühre.
Da nun ein anderer den ersten Rang genommen,
Hab ich mich eifrigst um den zweiten Platz bemüht,
Nicht Neid beseelte mich, nur edle, hohe Lust.
Wenn meiner Arbeit Latium sich günstig zeigt,
Wird's mehre haben, die den Griechen ebenbürtig.
Wenn aber blasser Neid die Arbeit schmälern will,

Non tamen eripiet laudis conscientiam.
Si nostrum studium ad aures pervenit tuas
Et arte fictas animus sentit fabulas,
Omnem querelam submovet felicitas.
Sin autem doctus illis occurrit labor,   15
Sinistra quos in lucem natura extulit
Nec quicquam possunt nisi meliores carpere,
Fatale exitium corde durato feram,
Donec fortunam criminis pudeat sui.

So wird's mein Selbstbewußtsein doch nicht rauben.
Wenn meine Arbeit nur zu deinen Ohren kommt
Und diese kleinen Fabeln deinen Geist erfreuen,
So wird mein Glück die Klagen all verscheuchen.
Verfolgt mich aber immer der Zensur Kabale,
Die die Natur im Grimm zur Welt befördert hat
Und die von alter Zeit auf Beßre hämisch war,
So werde ich auch dies gewiß in Ruhe tragen
So lange, bis der Neid der Lästersucht sich schämt.

LIBER TERTIUS

PHAEDRUS AD EUTYCHUM

Phaedri libellos legere si desideras,
Vaces oportet, Eutyche, a negotiis,
Ut liber animus sentiat vim carminis.
»Verum« inquis »tanti non est ingenium tuum,
Momentum ut horae pereat officiis meis.«   5
Non ergo causa est manibus id tangi tuis,
Quod occupatis auribus non convenit.
Fortasse dices: »Aliquae venient feriae,
Quae me soluto pectore ad studium vocent.«
Legesne, quaeso, potius viles nenias,   10
Impendas curam quam rei domesticae,
Reddas amicis tempora, uxori vaces,
Animum relaxes, otium des corpori,
Ut assuetam fortius praestes vicem?
Mutandum tibi propositum est ut vitae genus,   15
Intrare si Musarum limen cogitas.
Ego, quem Pierio mater enixa est iugo,
In quo tonanti sancta Mnemosyne Iovi
Fecunda novies artium peperit chorum,
Quamvis in ipsa paene natus sim schola   20
Curamque habendi penitus corde eraserim
Et laude invicta vitam in hanc incubuerim,
Fastidiose tamen in coetum recipior.
Quid credis illi accidere, qui magnas opes
Exaggerare quaerit omni vigilia,   25
Docto labori dulce praeponens lucrum?
Sed iam quodcumque fuerit, ut dixit Sinon,
Ad regem cum Dardaniae perductus foret,
Librum exarabo tertium Aesopi stilo,
Honori et meritis dedicans illum tuis.   30

DRITTES BUCH

PHAEDRUS AN EUTYCHUS

Wenn du des Phaedrus kleine Fabeln lesen willst,
So mußt du von Geschäften dich befrein, Eutych,
Damit ein freier Geist die Kraft der Dichtung fühle;
Du sagst: »Wird dein Genie mich auch so sehr belohnen,
Daß ich mit der Lektüre meine Zeit verliere?«
In diesem Falle darfst du nicht die Märchen lesen,
Weil sie für Ohren, die beschäftigt sind, nicht passen.
Du wirst vielleicht nun sagen: »Tage werden kommen,
Wo ich das Studium kann ohne Sorgen treiben.«
Lies nicht, ich bitte, sondern schwärme mit der Gattin,
Und wende deinem Hause deine Sorgfalt zu;
Schenk lieben Freunden und der Frau die freie Zeit,
Erheitre deinen Geist und gib dem Körper Ruhe,
Damit du so zur Arbeit neue Kraft erlangst.
Dein Vorsatz und die Lebensweise ist zu ändern,
Wenn du ins Heiligtum der Musen kommen willst.
Der ich auf dem Pierischen Berg geboren bin,
Wo die erhabne Mnemosyne, neunmal fruchtbar,
Dem Donner Jupiter der Künste Chor gebar,
Der ich in ihrer Schule fast erzogen worden
Und jede Gier nach Schätzen aus dem Herzen riß
Und der ich unter großem Lob ins Leben kam,
Ward ungern nur in ihren Zirkel aufgenommen.
Was glaubst du nun, daß dem geschieht, der große Schätze
In steter Wachsamkeit sich zu erwerben trachtet,
Den Wucher höher schätzend als gelehrte Arbeit?
Ich lasse dieses hingestellt (wie Sinon sagte,
Als er zum König Priamus geführt wurde).
Ich werd das dritte Buch nach Aesops Stile schreiben,
Dasselbe deinem Ruhme und Verdienste widmend.

Quem si leges, laetabor; sin autem minus,
Habebunt certe quo se oblectent posteri.
  Nunc, fabularum cur sit inventum genus,
Brevi docebo. Servitus obnoxia,
Quia quae volebat non audebat dicere,   35
Affectus proprios in fabellas transtulit
Calumniamque fictis elusit iocis.
Ego porro illius semita feci viam,
Et cogitavi plura quam reliquerat,
In calamitatem deligens quaedam meam.   40
Quod si accusator alius Seiano foret,
Si testis alius, iudex alius denique,
Dignum faterer esse me tantis malis,
Nec his dolorem delenirem remediis.
Suspicione siquis errabit sua   45
Et rapiet ad se quod erit commune omnium,
Stulte nudabit animi conscientiam.
Huic excusatum me velim nihilo minus:
Neque enim notare singulos mens est mihi,
Verum ipsam vitam et mores hominum ostendere.   50
  Rem me professum dicet fors aliquis gravem.
Si Phryx Aesopus potuit, Anacharsis Scytha
Aeternam famam condere ingenio suo:
Ego, litteratae qui sum propior Graeciae,
Cur somno inerti deseram patriae decus?   55
Threissa cum gens numeret auctores suos,
Linoque Apollo sit parens, Musa Orpheo,
Qui saxa cantu movit et domuit feras
Hebrique tenuit impetus dulci mora.
Ergo hinc abesto livor, ne frustra gemas,   60
Quoniam mihi sollemnis debetur gloria.
  Induxi te ad legendum; sincerum mihi
Candore noto reddas iudicium peto.

Ich werd erfreut, wenn du es lesen wirst; wo nicht,
So wird sich sicherlich die Nachwelt dran ergötzen.
   Jetzt will ich kurz erwähnen, warum diese Art
Von Fabeln man erfunden. Weil der Sklavenstand
Nicht wagt, das alles frei zu sagen, was er will,
Hüllt er die eigenen Gedanken in die Fabel
Und geißelt durch erfundnen Scherz den Lästrerneid.
Ich machte aus dem Pfade des Aesop den Weg
Und habe mehr erdacht, als er zurückgelassen,
Gar manches zwar zu meinem großen Unglück wählend.
Wenn nur ein andrer Kläger wäre als Seian
Und wär' ein andrer Zeuge und ein andrer Richter,
Dann würde ich mein Unglück als verdient betrachten
Und nicht den bittern Schmerz durch diese Klagen mildern.
Wenn sich jedoch mit seinem Argwohn jemand irrt
Und das auf sich bezieht, was allgemein gesagt,
So zeigt er töricht selbst die Fehler seines Wesens.
Ich wollt' ihn keineswegs mit einer Fabel treffen.
Denn nicht hatt' ich die Absicht, einzelne zu zeichnen,
Ich wollt' das Leben und die Menschensitten malen.
   Man sagt vielleicht: »Schwer zu erreichen ist dies Ziel.«
Wenn es dem Phrygier Aesop und Anacharsis
Aus Skythien gelungen ist, durch ihr Talent
Sich ew'gen Ruhm zu gründen, warum sollte ich,
Der ich den weisen Griechen doch so nahe bin,
In trägem Schlaf den Ruhm des Vaterlands verfehlen,
Zumal auch Thrakien seine Dichter zählt?
Denn von dem Kynthius entstammt der edle Linus
Und von der Muse Orpheus, dessen schöne Lieder
Den harten Fels bewegten und die Tiere zähmten
Und dessen süßer Ton des Hebrus Angriff hemmte.
Zurück, o blasser Neid, vergebens speist du Geifer,
Denn mir wird ja einst feierlicher Ruhm zuteil.
   Zum Lesen hab ich dich verleit't. Jetzt gib ein Urteil,
Doch strenge nach der Wahrheit, mir für meine Lieder!

1. ANUS AD AMPHORAM

Anus iacere vidit epotam amphoram,
Adhuc Falerna faece e testa nobili
Odorem quae iocundum late spargeret.
Hunc postquam totis avida traxit naribus:
»O suavis anima! quale te dicam bonum   5
Antehac fuisse, tales cum sint reliquiae?«
    Hoc quo pertineat, dicet qui me noverit.

2. PANTHERA ET PASTORES

Solet a despectis par referri gratia.
Panthera imprudens olim in foveam decidit.
Videre agrestes: alii fustes congerunt,
Alii onerant saxis: quidam contra miseriti
Periturae quippe, quamvis nemo laederet,   5
Misere panem, ut sustineret spiritum.
Nox insecuta est: abeunt securi domum,
Quasi inventuri mortuam postridie.
At illa, vires ut refecit languidas,
Veloci saltu fovea sese liberat   10
Et in cubile concito properat gradu.
Paucis diebus interpositis provolat,
Pecus trucidat, ipsos pastores necat,
Et cuncta vastans saevit irato impetu.
Tum sibi timentes, qui ferae pepercerant,   15
Damnum haud recusant, tantum pro vita rogant.
At illa: »Memini qui me saxo petierit,
Qui panem dederit: vos timere absistite;
Illis revertor hostis, qui me laeserunt.«

1. DAS MÜTTERCHEN AN DIE FLASCHE

Ein altes Mütterchen sah eine leere Flasche
Falerner Weins mit einer edlen Aufschrift liegen,
Die einen schönen Wohlgeruch umher verbreit'te.
Begierig sog sie ihn in vollen Zügen ein
Und rief: »O süßer Duft! Wie schönen Stoff mußt du
Vorher enthalten haben, da dein Rest so schön!«
　Worauf sich dies bezieht, wird sagen, der mich kennt.

2. DER PANTHER UND DIE HIRTEN

Die Menschen, die von uns verachtet worden sind,
Die pflegen Gleiches stets mit Gleichem zu bezahlen.
In einen Graben fiel ein Panther unversehens.
Dies sahen Bauern. Manche warfen ihn mit Knitteln
Und andere mit Steinen, wen'ge fühlten Mitleid,
Da ihm ja doch der Tod gewiß, wenn ihn auch niemand
Verletz'; sie gaben Brot, damit er's Leben friste.
Die Nacht bricht an, und sorglos gehen sie nach Haus,
Den Glauben hegend, morgens eine Leich' zu finden.
Der Panther doch erholte sich gar bald vom Falle,
Befreit sich mit schnellem Sprunge aus der Grube
Und eilet in gestrecktem Lauf zu seiner Höhle.
Nach wenig Tagen bricht er sehr ergrimmt hervor,
Zerreißt die Herde, und selbst Hirten tötet er;
Und alles rings verwüstend, wütet er im Zorn.
Nun zitterten auch, welche einst das Tier geschont,
Und alles gern verlierend, bitten sie ums Leben.
Doch jener spricht: »Ich weiß, wer mich mit Steinen warf,
Wer Brot mir gab. Ihr habt nicht meine Wut zu fürchten.
Nur gegen jene wend ich mich, die mich verletzten.«

3. AESOPUS ET RUSTICUS

Usu peritus hariolo velocior
Vulgo esse fertur, causa sed non dicitur,
Notescet quae nunc primum fabella mea.
  Habenti cuidam pecora pepererunt oves
Agnos humano capite. Monstro exterritus   5
Ad consulendos currit maerens hariolos.
Hic pertinere ad domini respondet caput
Et avertendum victima periculum.
Ille autem affirmat coniugem esse adulteram
Et insitivos significari liberos,   10
Sed expiari posse maiore hostia.
Quid multa? Variis dissident sententiis
Hominisque curam cura maiore aggravant.
Aesopus ibi stans, naris emunctae senex,
Natura numquam verba cui potuit dare: 15
»Si procurare vis ostentum, rustice,
Uxores« inquit »da tuis pastoribus.«

4. LANIUS ET SIMIUS

Pendere ad lanium quidam vidit simium,
Inter reliquas merces atque obsonia;
Quaesivit quidnam saperet? Tum lanius iocans:
»Quale« inquit »caput est, talis praestatur sapor.«
  Ridicule magis hoc dictum quam vere aestimo;   5
Quando et formosos saepe inveni pessimos,
Et turpi facie multos cognovi optimos.

5. AESOPUS ET PETULANS

Successus ad perniciem multos devocat.
  Aesopo quidam petulans lapidem impegerat.

3. AISOPOS UND DER BAUER

Man sagt gemeinhin, ein erfahrener Mann treffe das Richtige eher als ein Wahrsager; ein Grund dafür wird aber nicht angeführt, und der wird nun durch meine Fabel zum ersten Mal bekannt werden.

Einem Mann, der eine Herde hatte, gebaren die Schafe Lämmer mit Menschenköpfen. Durch das Vorzeichen erschreckt und bekümmert, geht dieser eilends zu den Wahrsagern. Der eine verkündet, das Zeichen beziehe sich auf das Leben des Herrn, und man müsse die Gefahr durch ein Opfer abwenden. Der andere behauptet, seine Frau breche die Ehe, und es würden untergeschobene Kinder angedeutet. Dieses Omen aber könne man durch ein größeres Opfer abwenden. Kurz, alle hatten verschiedene Ansichten und erhöhten die Sorge des Mannes durch noch größere Angst. Aisopos, der gewitzte Alte, den die Natur niemals täuschen konnte, stand dabei und sagte: »Bauer, wenn du das böse Vorzeichen abwenden willst, dann gib deinen Hirten Gattinnen!«

4. DER FLEISCHER UND DER AFFE

Ein Mann erblickte einst im Laden eines Fleischers
Bei schöner, leckrer Ware einen Affen hängen.
Er rief: »Wie schmeckst denn du?« Der Fleischer sagte
           scherzend:
»Du magst fürwahr vom Kopfe auf das Ganze schließen.«
    Dies Wort ist, glaube ich, mehr lächerlich als wahr:
Denn gar zu oft hab ich die Schönen schlecht gefunden,
Doch unter Häßlichen sehr Biedere erkannt.

5. AESOP UND DER MUTWILLIGE

Ein günstiger Erfolg ruft viele zum Verderben.
    Ein Wicht hatt' auf Aesop einst einen Stein geworfen.

»Tanto« inquit »melior!« Assem deinde illi dedit,
Sic prosecutus: »Plus non habeo mehercule,
Sed, unde accipere possis, monstrabo tibi.   5
Venit ecce dives et potens: huic similiter
Impinge lapidem et dignum accipies praemium.«
Persuasus ille fecit quod monitus fuit;
Sed spes fefellit impudentem audaciam:
Comprensus namque poenas persolvit cruce.   10

6. MUSCA ET MULA

Musca in temone sedit et mulam increpans:
»Quam tarda es!« inquit »non vis citius progredi?
Vide ne dolone collum compungam tibi.«
Respondit illa: »Verbis non moveor tuis;
Sed istum timeo sella qui prima sedens   5
Iugum flagello temperat lento meum
Et ora frenis continet spumantibus.
Quapropter aufer frivolam insolentiam;
Nam et ubi tricandum et ubi sit currendum scio.«
     Hac derideri fabula merito potest,   10
Qui sine virtute vanas exercet minas.

7. LUPUS AD CANEM

Quam dulcis sit libertas, breviter proloquar.
    Cani perpasto macie confectus lupus
Forte occucurrit. Dein salutati invicem
Ut restiterunt: »Unde sic, quaeso, nites?
Aut quo cibo fecisti tantum corporis?   5
Ego, qui sum longe fortior, pereo fame.«

»Brav!« sagte dieser ihm und gab ihm eine As.
Drauf rief er ihm noch nach: »Fürwahr, ich hab nicht mehr,
Doch werde ich dir zeigen, wo du mehr erhältst.
Sieh dort den reichen, mächt'gen Mann. Wenn du auch
                                        diesen
Mit einem Steine wirfst, bekommst du großen Lohn.«
Und jener, überzeugt, befolgte diese Worte;
Doch ward er in der Hoffnung auf Gewinn betrogen;
Ergriffen nämlich mußte er am Kreuze hängen.

6. DIE FLIEGE UND DER MAULESEL

Auf einer Deichsel saß die Flieg' und schalt den Esel:
»Was zögerst du? Willst du wohl schneller vorwärts
                                        schreiten?
Sonst werd ich deinen Hals mit meinem Stachel stechen.«
Das Maultier sprach: »Du zwingst mich nicht zum schnellern
                                        Gehn,
Nur fürcht ich jenen, der dort auf dem Bocke sitzt
Und der durch eine Geißel mein Gespann regiert
Und durch den Zügel mir das Maul zusammenpreßt.
Drum also weg mit deinen dummen Prahlereien,
Denn sehr wohl weiß ich, wann ich gehen muß, wann
                                        traben.«
  Infolge dieser Fabel kann man den verlachen,
Der trotz der eignen Ohnmacht andern eitel droht.

7. DER WOLF UND DER HUND

Wie süß die Freiheit ist, will ich jetzt kurz berichten.
  Bei einem allzu fetten Hund kam einst durch Zufall
Ein magrer Wolf vorbei; sie grüßten gegenseitig
Und blieben stehn: »Wovon bist du so wohlgenährt?
Von welcher Speise hast du solchen Körperumfang?
Ich, der ich doch weit tapfrer bin, muß Hungers sterben.«

Canis simpliciter: »Eadem est condicio tibi,
Praestare domino si par officium potes.«
»Quod?« inquit ille. »Custos ut sis liminis,
A furibus tuearis et noctu domum.«   10
»Ego vero sum paratus: nunc patior nives
Imbresque in silvis asperam vitam trahens:
Quanto est facilius mihi sub tecto vivere,
Et otiosum largo satiari cibo?«
»Veni ergo mecum.« Dum procedunt, aspicit   15
Lupus a catena collum detritum cani.
»Unde hoc, amice?« »Nihil est.« »Dic quaeso tamen.«
»Quia videor acer, alligant me interdiu,
Luce ut quiescam et vigilem, nox cum venerit:
Crepusculo solutus, qua visum est, vagor.   20
Affertur ultro panis; de mensa sua
Dat ossa dominus; frusta iactat familia
Et, quod fastidit quisque, pulmentarium.
Sic sine labore venter impletur meus.«
»Age, si quo abire est animus, est licentia?«   25
»Non plane est« inquit. »Fruere, quae laudas, canis:
Regnare nolo, liber ut non sim mihi.«

8. SOROR AD FRATREM

Praecepto monitus saepe te considera.
    Habebat quidam filiam turpissimam
Idemque insignem pulchra facie filium.
Hi, speculum in cathedra matris ut positum fuit,
Pueriliter ludentes forte inspexerunt.   5
Hic se formosum iactat: illa irascitur
Nec gloriantis sustinet fratris iocos,
Accipiens – quid enim? – cuncta in contumeliam.
Ergo ad patrem decurrit laesura invicem

Treuherzig sprach der Hund: »Auch du kannst dies
erreichen,
Wenn du es über dich vermagst, gleich mir zu dienen.«
»Wie das?« fragt jener. – »Wenn du an der Schwelle
wachest
Und deines Herren Haus bei Nacht vor Dieben schützest.«
»Dazu bin ich bereit: jetzt muß ich Schnee und Regen
Ertragen, in dem Wald mein schweres Dasein fristend.
Viel besser ist's für mich, im sichren Haus zu leben
Und mich in süßer Ruh' an schöner Speis' zu laben.«
»So komm denn mit!« – Im Gehen aber sah der Wolf
Den Hals des Hunds, von einer Kette ganz zerschunden.
»Woher ist dies, mein Freund?« – »Ist nichts.« – »Oh, sag
mir's doch.«
»Weil ich für bissig gelt, lieg ich des Tags am Strick,
Daß ich bei Tageslicht ruhe und zur Nachtzeit wache.
Doch wenn ich los bin, schwärm ich hin, wo's mir beliebt.
Von allen Seiten bringt man Brot; von seinem Tische
Gibt mir der Herr die Knochen und die Dienerschaft
Und manche andre werfen mir die Zukost zu.
So wird mein Bauch ohn' jede Mühe angefüllt.«
»Wohlan, ist dir's gestattet, überall zu gehen?«
»Bei weitem nicht.« – »Genieße, was du lobst, o Hund,
Nicht König möcht' ich sein auf Kosten meiner Freiheit.«

8. SCHWESTER UND BRUDER

Gedenke dieser Lehr' und prüfe oft dein Herz.
   Ein Mann hatt' eine Tochter, die sehr häßlich war,
Und einen Sohn von schönem Bau und edlem Antlitz.
Im frohen Kinderspiel erblickten sich die Kinder,
Wie's zu geschehen pflegt, im Spiegel ihrer Mutter.
Es rühmet sich der Knab', das Mädchen zürnt, und nicht
Kann sie die Scherze des sich Rühmenden ertragen,
Indem sie glaubt, daß er sie nur beschimpfen will.
Um sich an ihm zu rächen, eilt sie flugs zum Vater

Magnaque invidia criminatur filium,   10
Vir natus quod rem feminarum tetigerit.
Amplexus ille utrumque et carpens oscula
Dulcemque in ambos caritatem partiens:
»Cotidie« inquit »speculo vos uti volo:
Tu formam ne corrumpas nequitiae malis;   15
Tu faciem ut istam moribus vincas bonis.«

9. SOCRATES AD AMICOS

Vulgare amici nomen, sed rara est fides.
    Cum parvas aedes sibi fundasset Socrates
(Cuius non fugio mortem, si famam assequar,
Et cedo invidiae, dummodo absolvar cinis),
Ex populo sic nescio quis, ut fieri solet: 5
»Quaeso, tam angustam talis vir ponis domum?«
»Utinam« inquit »veris hanc amicis inpleam!«

10. POETA DE CREDERE ET NON CREDERE

Periculosum est credere et non credere.
Utriusque exemplum breviter exponam rei.
    Hippolytus obiit, quia novercae creditum est;
Cassandrae quia non creditum, ruit Ilium.
Ergo exploranda est veritas multum, prius   5
Quam stulta prave iudicet sententia.
Sed fabulosam ne vetustatem elevem,
Narrabo tibi memoria quod factum est mea.
    Maritus quidam cum diligeret coniugem
Togamque puram iam pararet filio,   10
Seductus in secretum a liberto est suo,
Sperante heredem suffici se proximum.
Qui cum de puero multa mentitus foret
Et plura de flagitiis castae mulieris,

Und klaget mit Gehässigkeit den Bruder an,
Daß er, der spätre Mann, ein Fraungerät berührt.
Der Vater schloß sie, beide küssend, in die Arme,
Und, seine Zärtlichkeiten zwischen ihnen teilend,
Begann er: »Sehet euch doch täglich in dem Spiegel,
Damit du nicht durch Schlechtigkeit die Schönheit schändest
Und du die Häßlichkeit durch Herzensgüte ausgleichst.«

9. SOKRATES AN DIE FREUNDE

Der Name »Freund« ist oft, doch selten treue Freundschaft.
    Als Sokrates ein kleines Haus gebauet hatte –
Ich möcht' für dessen Ruhm wohl seinen Tod erdulden,
Und gern ertrüg' ich auch den Haß, den er erlitt,
Wenn ich gleich ihm als Asche freigesprochen würde –,
Fragt' einer aus dem Volk, wie's zu geschehen pflegt:
»Warum das Haus so eng, o großer Mann?« Es sprach
Der Weise: »Daß ich's doch mit wahren Freunden fülle.«

10. DER DICHTER ÜBER GLAUBEN UND NICHT-GLAUBEN

Es ist gefährlich zu glauben, aber auch gefährlich, nicht zu
glauben. Für beide Sätze will ich kurz ein Beispiel vor-
setzen.
Hippolytos starb, weil man seiner Stiefmutter glaubte; weil
man Kassandra nicht glaubte, fiel Troja. Daher muß man
sorgsam die Wahrheit erforschen, bevor eine falsche Meinung ein törichtes Urteil fällt. Damit ich aber nicht die
Erzeugnisse eines mythengläubigen Altertums anpreise, will
ich dir erzählen, was zu meiner eigenen Zeit geschah.
Ein Mann liebte seine Frau, und als er seinem Sohn schon
die Männertoga bereitete, wurde er von seinem Freigelassenen beiseite geführt (dieser hoffte, er selbst werde als näch-
ster Erbe eingesetzt). Der Verleumder log viel über den
Jungen zusammen, mehr noch über die Schandtaten der

Adiecit id, quod sentiebat maxime   15
Doliturum amanti, ventitare adulterum
Stuproque turpi pollui famam domus.
Incensus ille falso uxoris crimine
Simulavit iter ad villam clamque in oppido
Subsedit; deinde noctu subito ianuam   20
Intravit, recta cubiculum uxoris petens,
In quo dormire mater natum iusserat,
Aetatem adultam servans diligentius.
Dum quaerunt lumen, dum concursant familia,
Irae furentis impetum non sustinens   25
Ad lectum accedit, temptat in tenebris caput.
Ut sentit tonsum, gladio pectus transigit,
Nihil respiciens, dum dolorem vindicet.
Lucerna adlata, simul aspexit filium
Sanctamque uxorem dormientem cubiculo,   30
Sopita primo quae nil somno senserat;
Repraesentavit in se poenam facinoris
Et ferro incubuit, quod credulitas strinxerat.
Accusatores postularunt mulierem
Romamque pertraxerunt ad centumviros.   35
Maligna insontem deprimit suspicio,
Quod bona possideat. Stant patroni fortiter
Causam tuentes innocentis feminae.
   A Divo Augusto tunc petiere iudices,
Ut adiuvaret iuris iurandi fidem,   40
Quod ipsos error implicuisset criminis.
Qui postquam tenebras dispulit calumniae
Certumque fontem veritatis repperit:
»Luat« inquit »poenas causa libertus mali;
Namque orbam nato simul et privatam viro   45
Miserandam potius quam damnandam existimo.
Quod si delata perscrutatus crimina
Paterfamilias esset, si mendacium
Subtiliter limasset, a radicibus
Non evertisset scelere funesto domum.«   50
   Nil spernat auris, nec tamen credat statim.

keuschen Frau, und schließlich fügte er hinzu – denn er
wußte, daß dies den Liebenden am meisten schmerzen
würde –, es komme häufig ein Ehebrecher, und der Ruf des
Hauses werde durch schändlichen Ehebruch befleckt. Der
Mann war über die erdichtete Beschuldigung seiner Frau
erbittert, tat so, als ob er auf sein Landhaus gehen wolle,
versteckte sich aber im Städtchen. Nachts drang er plötzlich
ins Haus und ging geradewegs zum Gemach seiner Frau, wo
diese auch ihren Sohn schlafen ließ, weil sie den jungen
Mann sorgsam überwachen wollte. Während man Licht
sucht und das Gesinde zusammenläuft, geht der Mann, von
rasender Wut übermannt, zum Bett und tappt im Finstern
nach einem Kopf. Als er kurze Haare spürt, stößt er das
Schwert in die Brust (des Liegenden) und denkt an nichts
als an Rache für seinen Schmerz. Als eine Laterne gebracht
wird, sieht er den Sohn und seine keusche Frau neben diesem schlafen; diese hatte, vom ersten Schlaf trunken, nichts
bemerkt. Der Mann nahm die Strafe seiner Tat auf sich
und stürzte sich in das Schwert, das er leichtgläubig gezückt
hatte. Ankläger forderten die Frau vor Gericht und zerrten
sie nach Rom zum Hundertmännergericht. Obschon sie
schuldlos war, unterlag sie böswilliger Verdächtigung, weil
sie die Güter bekam. Die Verteidiger stehen mutig da und
schützen die unschuldige Frau.
Da baten die Richter den vergöttlichten Augustus, er möge
ihnen helfen, ihren Richtereid zu erfüllen, weil sie durch
den verwickelten Fall verwirrt seien. Als der Caesar das
Dunkel der Verleumdung zerstreut und den Quell zuver-
lässiger Wahrheit gefunden hatte, entschied er: »Der Frei-
gelassene als der Urheber des Unheils soll bestraft werden;
ich glaube nämlich, daß man die Frau, die Sohn und Mann
zugleich verlor, eher bemitleiden als verurteilen soll. Wenn
nämlich der Hausherr die hinterbrachten Vorwürfe überprüft und die Lüge sorgsam untersucht hätte, dann hätte
er nicht durch ein todbringendes Vergehen sein Haus von
Grund auf zerstört.«
Das Ohr soll nichts verschmähen, soll aber auch nicht so-

Quandoquidem et illi peccant, quos minime putes,
Et qui non peccant, impugnantur fraudibus.
    Hoc admonere simplices etiam potest,
Opinione alterius ne quid ponderent: 55
Ambitio namque dissidens mortalium
Aut gratiae subscribit aut odio suo.
Erit ille notus quem per te cognoveris.
    Haec exsecutus sum propterea pluribus,
Brevitate nimia quoniam quosdam offendimus.   60

11. EUNUCHUS AD IMPROBUM

Eunuchus litigabat cum quodam improbo,
Qui super obscena dicta et petulans iurgium
Damnum insectatus est amissi corporis.
»En« ait »hoc unum est, cur laborem validius,
Integritatis testes quia desunt mihi.   5
Sed quid fortunae, stulte, delictum arguis?
Id demum est homini turpe, quod meruit pati.«

12. PULLUS AD MARGARITAM

In sterquilino pullus gallinaceus
Dum quaerit escam, margaritam repperit.
»Iaces indigno quanta res« inquit »loco!
Hoc siquis pretii cupidus vidisset tui,
Olim redisses ad splendorem pristinum.   5
Ego quod te inveni, potior cui multo est cibus,
Nec tibi prodesse nec mihi quicquam potest.«
    Hoc illis narro, qui me non intellegunt.

gleich glauben; auch jene nämlich, von denen man es am wenigsten annehmen möchte, begehen Sünden, und wer nichts anstellt, wird durch trügerische Anklage angegriffen.

Dieses Beispiel kann auch einfachere Gemüter davor warnen, etwas nach der Meinung eines anderen zu beurteilen. Das Streben der Menschen geht nämlich in verschiedene Richtungen und schließt sich entweder der eigenen Vorliebe oder der Abneigung an. Der nur ist dir wirklich bekannt, den du persönlich kennengelernt hast.

Diesen Gegenstand habe ich deshalb breiter ausgeführt, weil ich bei gewissen Leuten durch allzu große Kürze Anstoß erregte.

11. EIN EUNUCH ZU EINEM WIDERLICHEN KERL

Ein Eunuch stritt sich mit einem widerlichen Kerl, der unanständige Bemerkungen machte, freche Streitreden führte und ihm obendrein den Verlust des Körperteils vorwarf. »Zugegeben«, sagte der Eunuch, »es ist das einzige, wo es bei mir stärker fehlt, daß ich das Zeugnis [= Zeuge-Teile] der Integrität nicht besitze. Aber weshalb, du Tor, wirfst du mir vor, was Schuld Fortunas ist? Das erst ist für einen Menschen eine Schande, was er zu erdulden verdient hat.«

12. DAS HUHN UND DER EDELSTEIN

Ein junges Huhn fand einst in einem Düngerhaufen,
Wo es sich Speise suchte, einen Edelstein.
Es sprach: »Welch großer Schatz, und liegt an solchem Orte!
Wenn dich ein perlenkund'ger Mann gesehen hätte,
Würd' sich fürwahr bei dir der alte Glanz erneun.
Da ich dich aber fand, dem Speise lieber wäre,
Kann weder dir noch mir der kleinste Nutzen werden.«
Dies gilt für die, die meine Fabeln nicht verstehen.

13. APES ET FUCI VESPA IUDICE

Apes in alta fecerant quercu favos:
Hos fuci inertes esse dicebant suos.
Lis ad forum deducta est, vespa iudice.
Quae genus utrumque nosset cum pulcherrime,
Legem duabus hanc proposuit partibus: 5
»Non inconveniens corpus et par est color,
In dubium plane res ut merito venerit.
Sed ne religio peccet imprudens mea,
Alvos accipite et ceris opus infundite,
Ut ex sapore mellis et forma favi,   10
De quis nunc agitur, auctor horum appareat.«
Fuci recusant: apibus condicio placet.
Tunc illa talem sustulit sententiam:
»Apertum est quis non possit et quis fecerit.
Quapropter apibus fructum restituo suum.«   15
    Hanc praeterissem fabulam silentio,
Si pactam fuci non recusassent fidem.

14. DE LUSU ET SEVERITATE

Puerorum in turba quidam ludentem Atticus
Aesopum nucibus cum vidisset, restitit
Et quasi delirum risit. Quod sensit simul
Derisor potius quam deridendus senex,
Arcum retensum posuit in media via: 5
»Heus!« inquit »sapiens, expedi, quid fecerim!«
Concurrit populus. Ille se torquet diu
Nec quaestionis positae causam intellegit.
Novissime succumbit. Tum victor sophus:
»Cito rumpes arcum, semper si tensum habueris;   10
At si laxaris, cum voles erit utilis.
    Sic lusus animo debent aliquando dari,
Ad cogitandum melior ut redeat tibi.«

13. DIE BIENEN UND DIE HUMMELN AM RICHTERSTUHL
DER WESPE

Auf einer Eiche hatten Bienen ihre Zellen.
Die trägen Hummeln sagten, daß es ihre wären.
Der Streit kam vor Gericht, die Wespe sollt' entscheiden.
Da sie die beiden Klägerinnen sehr wohl kannte,
Legt' sie denselben klüglich die Bestimmung vor:
»Es sind die Körper ähnlich und die Farb' ist gleich,
Drum ist es ungewiß, ob ich werd recht entscheiden.
Damit ich aber mein Gewissen nicht beschwere,
Nehmt diese Körb' und füllt die Zell'n mit eurem Honig,
Daß mich des Honigs Süße und der Zellen Bildung
Belehret, wer die streitige Behausung baute.«
Die Hummeln weigern sich, den Bienen ist es recht.
Drauf fällt die Wespe als die Richterin den Spruch:
»Ich weiß jetzt, wer die Zellen baute und wer nicht,
Drum gebe ich dem Bienenvolk das Gut zurück.«
   Ich hätte diese kleine Fabel nicht geschrieben,
Wenn nicht die Hummeln ihr gegebnes Wort gebrochen.

14. ÜBER DAS SPIEL UND DEN ERNST

Als ein Athener den Aesop im Knabenchor
Um Nüsse spielen sah, blieb er betroffen stehn
Und lachte über ihn als einen Torn. Der Greis,
Selbst mehr ein Spötter als ein zu Verspottender,
Sah es und legte einen abgespannten Bogen
Im Wege hin und fragte: »Was bedeut't mein Tun,
Du weiser Mann?« Es lief das Volk zusammen. Lange
Bemüht' sich jener, doch die Antwort fand er nicht.
Zuletzt ergibt er sich. Drauf sagte unser Weiser:
»Gar bald zerbricht der Bogen, der für stets gespannt,
Läßt du ihn aber schlaff, dient er nach deinem Willen.«
   So muß man auch dem Geist zuweilen Ruhe gönnen,
Daß er zu neuer Wirksamkeit sich Kraft erwirbt.

15. CANIS AD AGNUM

Inter capellas agno balanti canis:
»Stulte« inquit »erras; non est hic mater tua«
Ovesque segregatas ostendit procul.
»Non illam quaero, quae, cum libitum est, concipit,
Dein portat onus ignotum certis mensibus,   5
Novissime prolapsam effundit sarcinam;
Verum illam, quae me nutrit admoto ubere
Fraudatque natos lacte, ne desit mihi.«
»Tamen illa est potior, quae te peperit.« »Non ita est.
Unde illa scivit niger an albus nascerer?   10
Age porro: parere si voluisset feminam,
Quid profecisset, cum crearer masculus?
Beneficium magnum sane natali dedit,
Ut exspectarem lanium in horas singulas!
Cuius potestas nulla in gignendo fuit,   15
Cur hac sit potior, quae iacentis miserita est
Dulcemque sponte praestat benevolentiam?
Facit parentes bonitas, non necessitas.«
   His demonstrare voluit auctor versibus
Obsistere homines legibus, meritis capi.   20

16. CICADA ET NOCTUA

Humanitati qui se non accommodat,
Plerumque poenas oppetit superbiae.
   Cicada acerbum noctuae convicium
Faciebat, solitae victum in tenebris quaerere
Cavoque ramo capere somnum interdiu.   5
Rogata est ut taceret. Multo validius
Clamare coepit. Rursus admota prece
Accensa magis est. Noctua ut vidit sibi
Nullum esse auxilium et verba contemni sua,
Hac est aggressa garrulam fallacia: 10
»Dormire quia me non sinunt cantus tui,

15. DER HUND UND DAS LAMM

Zu einem Lamm, das zwischen Ziegen blökte, sprach
Der Hund: »Du Tor, du irrst, die Mutter ist nicht hier«,
Und zeigte ihm die Schafe, welche ferne grasten.
»Ich suche jene nicht, die, von dem Bocke schwanger,
Die unbekannte Bürde ihre Monde trägt
Und endlich dann die reife Last zu Boden wirft.
Ich suche die, die mich ernährt mit ihrem Euter
Und ihren Jungen Milch entzieht, sie mir zu geben.«
»Doch ist dir jene lieber, die dich zeugte?« – »Nein,
Wie wußte sie, ob schwarz, ob weiß ich würd' geboren.
Gesetzt dies auch. Die größte Wohltat hat fürwahr
Sie mir erzeigt, daß sie als Männlein mich gebar,
Damit ich jede Stund' den Schlächter kann erwarten.
Wie sollte mir nun jene, die auf die Geburt
Nicht den geringsten Einfluß hatte, lieber sein
Als diese, welche mitleidsvoll mich an sich nahm
Und mir aus freiem Antrieb Wohltaten erzeigte?
Die Herzensgüte schafft die Eltern, nicht Geburt.«
    Es wird gezeigt, daß alle Menschen dem Gesetze
Entgegen sind, sich nur durch Wohltun fangen lassen.

16. DAS HEIMCHEN UND DIE EULE

Wer sich nicht zur Bequemlichkeit bequemen will,
Muß meist den Übermut durch schwere Strafe büßen.
    Gar heftig zirpte einst das Heimchen vor der Eule,
Die sich den Lebensunterhalt im Finstern sucht,
Bei Tag jedoch in ihrem Nest zu schlafen pflegt.
Es ward gebeten, still zu sein. Bedeutend ärger
Begann's zu zirpen. Und die Eule bat aufs neue.
Das Zirpen nahm noch zu. Als nun die Eule sah,
Daß keine Hilfe wär' und jede Bitt' vergebens,
Macht' sie sich listig an die Schwätzerin und sagte:
»Weil mich in meinem Schlafe deine Lieder stören,

Sonare citharam quos putes Apollinis,
Potare est animus nectar, quod Pallas mihi
Nuper donavit; si non fastidis, veni;
Una bibamus.« Illa, quae arebat siti,   15
Simul cognovit vocem laudari suam,
Cupide advolavit. Noctua egressa e cavo
Trepidantem consectata est et leto dedit.
Sic viva quod negarat tribuit mortua.

17. ARBORES IN DEORUM TUTELA

Olim quas vellent esse in tutela sua,
Divi legerunt arbores. Quercus Iovi
Et myrtus Veneri placuit, Phoebo laurea,
Pinus Cybebae, populus celsa Herculi.
Minerva admirans, quare steriles sumerent   5
Interrogavit. Causam dixit Iuppiter:
»Honorem fructu ne videamur vendere.«
»At mehercules narrabit quod quis voluerit,
Oliva nobis propter fructum est gratior.«
Tunc sic deorum genitor atque hominum sator: 10
»O nata, merito sapiens dicere omnibus!
Nisi utile est quod facimus, stulta est gloria.«
    Nihil agere quod non prosit fabella admonet.

18. PAVO AD IUNONEM DE VOCE SUA

Pavo ad Iunonem venit, indigne ferens
Cantus luscinii quod sibi non tribuerit;
Illum esse cunctis avibus admirabilem,
Se derideri simul ac vocem miserit.
Tunc consolandi gratia dixit dea: 5

Die man für des Apolls Gesänge halten möchte,
Erfreu ich mich am Nektar, den Minerva mir
Vor kurzem gab. Wenn dir's nicht ekelt, komm zu mir,
Laß uns zusammen trinken.« Und das durst'ge Heimchen,
Das auch so gerne seine Stimm' gepriesen sah,
Flog gierig hin. Die Eule kam aus ihrer Höhle
Und stürzte auf das Heimchen zu und würgte es.
So gab es sterbend, was im Leben es verweigert.

17. DIE BÄUME UNTER DEM SCHUTZ DER GÖTTER

Einst wählten sich die Götter Bäume, welche sie
In ihrem Schutze haben wollten. Jupiter
Gefiel die Eich', die Myrt' der Venus, dem Apoll
Der Lorbeerbaum, die Fichte der Kybele, aber
Dem starken Herkules die majestät'sche Pappel.
Minerva staunte, daß sie Bäume ohne Früchte
Gewählt, und fragte nach dem Grunde. Jupiter
Gab ihr die Antwort: »Daß es nicht den Schein gewinne,
Als ob wir um der Früchte nur die Bäume schützten.« –
»Fürwahr, es soll mir einer sagen, was er will,
Mir sind Oliven wegen ihrer Früchte lieber.«
Drauf antwortet der Götter und der Menschen Vater:
»O Kind, du wirst mit Recht bei allen weise heißen,
Denn wenn es keinen Nutzen bringt, was wir verrichten,
So ist es nichts als eitler Ruhm und Prahlerei.«
    Die Fabel lehret, nichts zu tun, was uns nicht nützt.

18. DER PFAU ZUR JUNO ÜBER SEINE STIMME

Zur Göttin Juno kam der Pfau in großem Unmut,
Daß ihm nicht der Gesang der Nachtigall verliehen;
Sie werd' von allen Vögeln stets gelobt, gepriesen,
Doch ihn verlache man, sobald er seine Stimme
Vernehmen lasse. Milde tröstete die Göttin:

»Sed forma vincis, vincis magnitudine;
Nitor smaragdi collo praefulget tuo
Pictisque plumis gemmeam caudam explicas.«
»Quo mi« inquit »mutam speciem, si vincor sono?«
»Fatorum arbitrio partes sunt vobis datae: 10
Tibi forma, vires aquilae, luscinio melos,
Augurium corvo, laeva cornici omina,
Omnesque propriis sunt contentae dotibus.
　　Noli affectare quod tibi non est datum,
Delusa ne spes ad querelam recidat.«   15

19. AESOPUS RESPONDET GARRULO

Aesopus domino solus cum esset familia,
Parare cenam iussus est maturius.
Ignem ergo quaerens aliquot lustravit domus,
Tandemque invenit ubi lucernam accenderet.
Tum circumeunti fuerat quod iter longius   5
Effecit brevius: namque recta per forum
Coepit redire. Et quidam e turba garrulus:
»Aesope, medio sole quid cum lumine?«
»Hominem« inquit »quaero« et abiit festinans domum.
　　Hoc si molestus ille ad animum rettulit,   10
Sensit profecto se hominem non visum seni,
Intempestive qui occupato alluserit.

»Du bist an Schönheit und an Größe überlegen,
Denn deinem Hals entstrahlt ein Glanz wie von
                                          Smaragden,
Und deinen Schweif, der durch die Menge bunter Federn
Dem Edelsteine gleicht, entfaltest du zum schönsten Rade.«
Es sprach der Pfau: »Wozu mir diese stumme Schönheit,
Wenn ich durch den Gesang besieget werd?« – »Es sind«,
Gab Juno jetzt zur Antwort, »nach den Schicksalssprüchen
Bestimmte Gaben jedem Vogel zugeteilet.
Die Schönheit dir, die Kraft dem Adler, der Gesang
Der kleinen Nachtigall, die Deutungskraft dem Raben,
Und aus der Krähe Flug kann man die Zukunft sehen.
Und alle waren mit den Gaben wohl zufrieden.«
    O strebe nie darnach, was dir nicht ist gegeben,
Damit dir nicht getäuschte Hoffnung Schmerz bereite.

19. AESOP ANTWORTET EINEM SCHWÄTZER

Als eines Herren einz'ger Sklav' Aesopus war,
Erhielt er den Befehl, die Mahlzeit früh zu rüsten.
Er ging nun, Feuer suchend, in die Nachbarshäuser,
Und endlich fand er, wo er seine Lamp' anzündet'.
Da ihm der Umweg aber viel zu lang erschien,
Wählt' er einen kürzern Gang und kehrte graden Wegs
Zum Platz zurück. Es rief ein Schwätzer aus dem Volke:
»Aesop, weshalb bei Sonnenschein mit einem Lichte?« –
»Ich suche Menschen!« Sprach's und eilte in sein Haus.
    Wenn sich der Störer diese Wort' zu Herzen nahm,
Erfuhr er, daß der Greis ihn nicht als Mensch erkannt,
Da er den Vielbeschäftigten so frech verhöhnte.

[EPILOGUS]   IDEM POETA

Supersunt mihi quae scribam, sed parco sciens,
Primum esse videar ne tibi molestior,
Distringit quem multarum rerum varietas;
Dein si quis eadem forte conari velit,
Habere ut possit aliquid operis residui: 5
Quamvis materiae tanta abundet copia,
Labori faber ut desit, non fabro labor.
Brevitati nostrae praemium ut reddas peto,
Quod es pollicitus: exhibe vocis fidem.
Nam vita morti propior est cotidie,   10
Et hoc minus perveniet ad me muneris,
Quo plus consumet temporis dilatio.
Si cito rem perages, usus fiet longior:
Fruar diutius, si celerius coepero.
Languentis aevi dum sunt aliquae reliquiae,   15
Auxilio locus est: olim senio debilem
Frustra adiuvare bonitas nitetur tua,
Cum iam desierit esse beneficio utilis
Et mors vicina flagitabit debitum.
Stultum admovere tibi preces existimo,   20
Proclivis ultro cum sit misericordia.
Saepe impetravit veniam confessus reus:
Quanto innocenti iustius debet dari?
Tuae sunt partes; fuerunt aliorum prius,
Dein simili gyro venient aliorum vices.   25
Decerne quod religio, quod patitur fides,
Et graviter me tutare iudicio tuo.
Excedit animus quem proposuit terminum;
Sed difficulter continetur spiritus,
Integritatis qui sincerae conscius   30
A noxiorum premitur insolentiis.
Qui sint, requires; apparebunt tempore.
Ego, quondam legi cum puer sententiam,
»Palam mutire plebeio piaculum est«,
Dum sanitas constabit, pulchre meminero.   35

[SCHLUSSREDE]   DER DICHTER

Ich könnte vieles noch berichten, doch ich schweige,
Zuerst, damit ich dir nicht allzu lästig scheine,
Den die Verschiedenheit so vieler Dinge fesselt,
Und ferner, daß ein andrer, der sich will versuchen
An dieser Dichtungsart, noch reichen Stoff behalte.
Wohl ist der Reichtum an dergleichem Stoff so groß,
Daß eh' der Arbeit Künstler fehln als umgekehrt.
Damit nun meine Kürze ihren Lohn erhält,
So laß, wie du versprochen, deine Stimme hören,
Denn täglich nähert sich das Leben mehr dem Tode.
Fürwahr, je länger du mit deiner Wohltat zögerst,
Um so viel weniger werd ich die Freud' genießen.
Wenn du's sofort ausführst, so freue ich mich länger,
Denn was ich früh erhalte, werd ich lang benutzen.
Jetzt, wo mir noch etwas von Manneskraft geblieben,
Ist Hilf' am Platz; wenn ich vom Alter bin gebeugt,
So wird mir deine Wohltat keine Frucht mehr bringen.
Dann wird mir deine Güte nicht mehr nutzen können.
Der nahe Todesengel fordert den Tribut.
Da du aus freien Stücken gern dem Elend hilfst,
So wär' es töricht, dich durch Bitten zu bewegen.
Der Sünder, der gestand, erlangte oft Verzeihung,
Um wieviel mehr gebühret sie der armen Unschuld.
Oh, spend dein Lob, es haben andre schon gespendet,
Dann werden mir noch viele es nicht vorenthalten.
O gib, daß ich mich für dein Urteil glücklich preise.
Schon überschreite ich das mir gesteckte Ziel,
Doch nur mit Mühe kann der Geist gefesselt werden,
Der hart, obgleich er sich der Unschuld ist bewußt,
Durch frechen Hohn und Übermut der Schurken leidet.
Du fragest, wer sie sind? Du wirst sie noch erkennen.
In meiner Knabenzeit hab ich den Spruch gelesen:
»Gefährlich ist's dem niedern Manne, frei zu sprechen.«
Solang ich leb, werd ich mich dieser Lehr' erinnern.

LIBER QUARTUS

[PROLOGUS]

POETA AD PARTICULONEM

Cum destinassem operis habere terminum
In hoc ut aliis esset materiae satis,
Consilium tacito corde damnavi meum.
Nam si quis talis etiam tituli est appetens,
Quo pacto divinabit, quidnam omiserim,   5
Ut illud ipsum cupiat famae tradere,
Sua cuique cum sit animi cogitatio
Colorque proprius? Ergo non levitas mihi,
Sed certa ratio causam scribendi dedit.
Quare, Particulo, quoniam caperis fabulis   10
(Quas Aesopias, non Aesopi, nomino,
Quia paucas ille ostendit, ego plures fero,
Usus vetusto genere, sed rebus novis),
Quartum libellum, cum vacarit, perleges.
Hunc obtrectare si volet malignitas,   15
Imitari dum non possit, obtrectet licet.
Mihi parta laus est, quod tu, quod similes tui
Vestras in chartas verba transfertis mea
Dignumque longa iudicatis memoria.
Illiteratum plausum nec desidero.   20

1. ASINUS ET GALLI

Qui natus est infelix, non vitam modo
Tristem decurrit, verum post obitum quoque
Persequitur illum dura fati miseria.
  Galli Cybebes circum in quaestus ducere
Asinum solebant baiulantem sarcinas.   5
Is cum labore et plagis esset mortuus,

VIERTES BUCH

Obgleich ich schon beschlossen hatt', mein Werk zu enden,
Damit für andere noch reichlich Stoff verbliebe,
Verdammt' ich doch in stillem Herzen meinen Plan.
Denn will ein andrer auch nach gleicher Ehre ringen,
Wie kann er ahnen, was ich nicht besungen hätte,
Damit er dieses selbst der Nachwelt überliefre?
Hat nicht ein jeder seine eigne Art zu schreiben,
Sein eignes Kolorit? Mich hat nicht Flattersinn,
Vielmehr ein sicher Plan zum Dichten hingezogen.
Du hast ja meine Fabeln immer schön gefunden,
Die ich Aesopische, nicht Aesops Fabeln nenne
(Denn er schrieb ja nur wenig, ich dagegen viel,
Den alten Stil gebrauchend, doch in neuen Szenen).
Da du dies vierte Buch in Varia durchliest,
So mögen böse Krittler auf dasselbe schelten,
Denn nie vermögen sie die Lieder nachzuahmen.
Mir ward ein Lob zuteil, wenn du und deinesgleichen
In eure Bücher meine Lieder aufgenommen
Und sie für würdig hielt, der Nachwelt aufzuheben.
Was soll ich nach dem Beifall großer Toren ringen?

1. DER ESEL UND DIE PRIESTER

Wer unter einem schlechten Stern geboren ward,
Der wird nicht nur den Lebenslauf in Schmerz vollenden,
Auch nach dem Tode wird ihm noch das Unglück folgen.
   Die Priester der Kybele pflegten einen Esel,
Die Lasten tragend, zum Erwerb umherzuführen.
Als er infolge seiner Mühn und schweren Arbeit
Gestorben war, verfertigten sie aus dem Felle,

Detracta pelle sibi fecerunt tympana.
Rogati mox a quodam, delicio suo
Quidnam fecissent, hoc locuti sunt modo:
»Putabat se post mortem securum fore;   10
Ecce aliae plagae congeruntur mortuo.«

2. POETA

Ioculare tibi videtur, et sane levi,
Dum nihil habemus maius, calamo ludimus.
Sed diligenter intuere has nenias:
Quantam sub illis utilitatem reperies!
Non semper ea sunt, quae videntur; decipit   5
Frons prima multos: rara mens intellegit,
Quod interiore condidit cura angulo.
Hoc ne locutus sine mercede existimer,
Fabellam adiciam de mustela et muribus.
    Mustela cum annis et senecta debilis   10
Mures veloces non valeret assequi,
Involvit se farina et obscuro loco
Abiecit neglegenter. Mus escam putans
Assiluit et compressus occubuit neci.
Alter similiter, deinde perit et tertius.   15
Aliquot secutis venit et retorridus,
Qui saepe laqueos et muscipula effugerat;
Proculque insidias cernens hostis callidi:
»Sic valeas« inquit »ut farina es, quae iaces!«

3. DE VULPE ET UVA

Fame coacta vulpes alta in vinea
Uvam appetebat summis saliens viribus;
Quam tangere ut non potuit, discedens ait:

Das dem Kadaver abgezogen, eine Trommel.
Bald wurden sie gefragt, was sie mit ihrem Tiere,
Dem lieben, denn begonnen hätten. Diese sagten:
»Es glaubte nach dem Tod vom Schmerze frei zu sein,
Doch andre Schläge führt man auf den Toten aus.«

2. DER DICHTER

Die Fabel scheint dir läppisch, doch wir müssen dichten
Nur kleine Sachen, da wir keine größren haben.
Und wenn du diese nun mit großer Sorgfalt liest,
Kannst du fürwahr aus ihnen großen Nutzen ziehen.
Sie sind nicht immer das, was sie uns scheinen. Viele
Zwar täuscht der erste Anblick, der Verstand von wen'gen
Erkennet nur, was sie in ihrer Schale bergen.
Damit ich dieses nicht umsonst gesprochen habe,
Füg ich die Fabel bei: *»Das Wiesel und die Mäuse.«*
    Da, durch die Jahre und das Alter schon geschwächt,
Ein Wiesel nicht die schnellen Mäuse fangen konnte,
So überstäubte es sich ganz mit Mehl und warf sich
Am dunklen Orte nieder. Dies für Speise haltend,
Sprang froh die Maus herbei – der Räuber würgte sie.
So ging's der zweiten, auch die dritte ward getötet.
Nachdem das Wiesel sich schon manche so gefangen,
Kam eine schon vom Alter eingeschrumpfte Maus,
Die den gestellten Fallen oft entflohen war.
Als sie des Feindes Hinterhalt von weitem sah,
Rief sie: »Es möge dir so wohl gehn, wie du Mehl bist.«

3. DER FUCHS UND DIE TRAUBE

Gequält vom Hunger wollt' ein Fuchs vom hohen Weinstock
Sich eine Traube holen, und er sprang hinan;
Doch da es ihm unmöglich war, sie zu erlangen,

»Nondum matura est; nolo acerbam sumere.«
    Qui facere quae non possunt verbis elevant,   5
Ascribere hoc debebunt exemplum sibi.

4. EQUUS ET APER

Equus sedare solitus quo fuerat sitim,
Dum sese aper volutat turbavit vadum.
Hinc orta lis est. Sonipes iratus fero
Auxilium petiit hominis, quem dorso levans
Rediit ad hostem. Iactis hunc telis eques   5
Postquam interfecit, sic locutus traditur:
»Laetor tulisse auxilium me precibus tuis;
Nam praedam cepi et didici quam sis utilis.«
Atque ita coegit frenos invitum pati.
Tum maestus ille: »Parvae vindictam rei   10
Dum quaero demens, servitutem repperi.«
    Haec iracundos admonebit fabula:
Impune potius laedi quam dedi alteri.

5. POETA

Plus esse in uno saepe quam in turba boni,
Narratione posteris tradam brevi.
    Quidam decedens tres reliquit filias:
Unam formosam et oculis venantem viros;
At alteram lanificam et frugi, rusticam;   5
Devotam vino tertiam et turpissimam.
Harum autem matrem fecit heredem senex
Sub condicione totam ut fortunam tribus
Aequaliter distribuat, sed tali modo:
»Ni data possideant aut fruantur«; tum: »simul   10
Habere res desierint, quas acceperint,

Sprach er im Gehn: »Sie ist nicht reif, und saure mag ich
nicht.«
Wer das mit Worten schmäht, was er nicht haschen kann,
Der muß sich auf sein Konto diese Fabel setzen.

4. DAS PFERD UND DER EBER

Am Ort, wo stets das Roß den Durst zu löschen pflegte,
Wühlt' einst der Eber, also das Gewässer trübend.
Daraus entstand ein Streit, und das erzürnte Pferd
Begehrte Hilf' vom Menschen. Diesen auf dem Rücken,
Kehrt er zum Feind zurück. Nachdem der Reitersmann
Ihn mit dem Wurfspieß umgebracht, sprach er zum Rosse:
»Es freut mich, daß ich dir die Hilf' geleistet habe,
Denn ich fing Beute und erkannte deinen Nutzen.«
Und also zwang er's, ungeachtet alles Sträubens,
Den Zaum zu tragen. Jenes sprach betrübt: »Ich habe
Die Sklaverei erlangt, indem ich Rache suchte.«
Die Fabel lehrt jeden, daß es besser ist,
Verletzt zu werden, als sich andern zu ergeben.

5. DER DICHTER
[AESOP ALS ÜBERSETZER EINES TESTAMENTS]

Daß oft ein einz'ger mehr kann als der Haufen,
Will ich in einer kurzen Mär der Nachwelt zeigen.
Es hinterließ ein Vater sterbend einst drei Töchter,
Die eine schön, doch sah sie gern den Männern nach,
Die zweite spann und baute fleißig ihren Acker,
Die dritt' und häßlichste war sehr dem Wein ergeben.
Die Mutter dieser war als Erbin eingesetzt,
Mit der Bedingung aber, daß sie ihren Kindern
Ganz gleiche Teile überlasse, so jedoch,
Daß sie vom Erbe nichts besäßen noch genössen;
Wenn sie das Gut dann eingebüßt, das sie erhalten,

Centena matri conferant sestertia.«
Athenas rumor implet. Mater sedula
Iuris peritos consulit; nemo expedit
Quo pacto non possideant, quod fuerit datum,   15
Fructumve capiant; deinde quae tulerint nihil,
Quanam ratione conferant pecuniam.
Postquam consumpta est temporis longi mora,
Nec testamenti potuit sensus colligi,
Fidem advocavit iure neglecto parens.   20
Seponit moechae vestem, mundum muliebrem,
Lavationem argenteam, eunuchos, glabros;
Lanificae agellos, pecora, villam, operarios,
Boves, iumenta et instrumentum rusticum;
Potrici plenam antiquis apothecam cadis,   25
Domum politam et delicatos hortulos.
Sic destinata dare cum vellet singulis
Et approbaret populus, qui illas noverat,
Aesopus media subito in turba constitit:
»O si maneret condito sensus patri,   30
Quam graviter ferret, quod voluntatem suam
Interpretari non potuissent Attici!«
Rogatus deinde solvit errorem omnium.
»Domum et ornamenta cum venustis hortulis
Et vina vetera date lanificae rusticae;   35
Vestem, uniones, pedisequos et cetera
Illi assignate vitam quae luxu trahit;
Agros, buvile et pecora cum pastoribus
Donate moechae. Nulla poterit perpeti,
Ut moribus quid teneat alienum suis.   40
Deformis cultum vendet ut vinum paret;
Agros abiciet moecha ut ornatum gerat;
At illa gaudens pecore et lanae dedita
Quacumque summa tradet luxuriae domum.
Sic nulla possidebit quod fuerit datum,   45

So sollt' der Mutter jede hundert Drachmen zahlen.
Es sprach Athen hiervon. Die Mutter fragte eifrig
Die Rechtsgelehrten. Niemand konnt' den Sinn enträtseln,
Auf welche Art sie nicht besäßen noch genössen,
Was ihnen doch gegeben wäre, wie sie ferner
Das Geld bezahlen sollten, wenn sie nichts erhalten.
Nachdem schon eine ziemlich lange Zeit verstrichen
Und nicht der Sinn des Testaments enträtselt war,
Verteilt' die Mutter nach dem eigenen Ermessen
Und ohn' Gesetzeshilf die Hinterlassenschaft.
Der liederlichen Dirne gab sie Kleider, Putz
Und Silberzeug und Tand und manche Diamanten,
Der Spinnerin das Feld, ein Haus und Arbeitsleute
Sowie auch Wagen, Vieh und andere Geräte;
Der Säuferin dagegen ganze Fässer Wein,
Ein schmuck möbliertes Haus und üppig schöne Gärten.
Als sie den Töchtern nun die Teile geben wollte
Und auch das Volk, das jene kannt', zufrieden war,
Da blieb Aesopus im Gedränge stehn und sagte:
»O wenn der arme Vater dies im Grabe wüßte:
Wie schmerzlich würd' es für ihn sein, daß die Athener
Es nicht verstehn, sich seinen Willen auszulegen.«
Befragt nach seiner Meinung, löst' er so den Irrtum:
»Das Haus, den ganzen Schmuck und auch die schönen
                                                    Gärten
Sowie den alten Wein vermacht der Spinnerin;
Die Kleider, Edelsteine, Diener und das andre
Teilt jener zu, die sich an Spiel und Trunk ergötzt,
Die Äcker aber und die Herden mit den Hirten
Bekomm' die Buhle. Keine wird jedoch von ihnen
Sich lange daran freu'n, was ihren Sitten fremd.
Die Häßliche verkauft den Prunk für alten Wein,
Das Land verkauft die Buhle, um sich Schmuck zu kaufen,
Und jene Freundin von dem Felde und der Wolle
Wird ihr so schönes Haus um jeden Preis verkaufen.
So wird das niemand haben, was ihm zugeteilt,

Et dictam matri conferent pecuniam
Ex pretio rerum quas vendiderint singulae.«
  Ita quod multorum fugit imprudentiam,
Unius hominis repperit sollertia.

6. PUGNA MURIUM ET MUSTELARUM

Cum victi mures mustelarum exercitu,
Historia quorum et in tabernis pingitur,
Fugerent et artos circum trepidarent cavos,
Aegre recepti tamen evaserunt necem.
Duces eorum, qui capitibus cornua   5
Suis ligarant, ut conspicuum in proelio
Haberent signum quod sequerentur milites,
Haesere in portis suntque capti ab hostibus;
Quos immolatos victor avidis dentibus
Capacis alvi mersit tartareo specu.   10
  Quemcumque populum tristis eventus premit,
Periclitatur magnitudo principum;
Mĩnuta plebes facili praesidio latet.

7. PHAEDRUS

Tu qui, nasute, scripta destringis mea
Et hoc iocorum legere fastidis genus,
Parva libellum sustine patientia,
Severitatem frontis dum placo tuae
Et in cothurnis prodit Aesopus novis.   5
  Utinam nec umquam Pelii nemoris iugo
Pinus bipenni concidisset Thessala
Nec ad professae mortis audacem viam
Fabricasset Argus opere Palladio ratem,
Inhospitalis prima quae ponti sinus   10
Patefecit in perniciem Graium et barbarum!
Namque et superbi luget Aeetae domus,

Und ihrer Mutter werden sie das Geld bezahlen
Von dem Erlös der Sachen, die sie je verkauften.«
    So hat die Einsicht eines Mannes das gefunden,
Was einer unerfahrnen Menge ist entgangen.

6. DER KAMPF DER MÄUSE UND WIESEL

Als die vom Heer der Wiesel überwundnen Mäuse –
In jeder Schenk' wird es in Bildern dargestellt –
Entflohn und um die engen Löcher trippelnd liefen,
Entgingen sie dem Tode mit genauer Not.
Die Führer aber, welche Hörner an den Häuptern
Befestigt hatten, daß sie in dem heißen Kampfe
Ein Zeichen hätten, dem die Krieger folgen könnten,
Die wurden, hängenbleibend an dem Tor, gefangen.
Der Sieger würgt' mit scharfem Zahn die Opfertiere
Und senkt' sie in die Hölle seines Bauchs hinab.
    Bedrückt ein schlimmer Ausgang irgendwelches Volk,
So sind für stets des Staates Häupter nur bedroht.
Das niedre Volk verkriecht sich furchtsam in die Winkel.

7. PHAEDRUS

Du Schwätzer, der du meine Fabeln so bekrittelst
Und diese Scherzesart zu lesen dich gar schämst,
O hab für kurze Zeit mit meinem Buch Geduld,
Bis ich den strengen Zug auf deiner Stirn vertilgt
Und bis Aesop auf einem neu'n Kothurn auftritt.
    O daß doch niemals in dem Hain von Pelion
Das scharfe Eisen die thessal'sche Ficht' gefället
Und Argos nicht zum Wege in den sichern Tod
Das Schiff mit Pallas' reger Hilf' gebauet hätte,
Das frevelnd sich zuerst des weiten Meeres Schoß
Erschloß zum Untergang der Griechen und Barbaren;
Denn des gewaltigen Aietes Haus hat Trauer,

Et regna Peliae scelere Medeae iacent,
Quae saevum ingenium variis involvens modis
Illic per artus fratris explicuit fugam,   15
Hic caede patris Peliadum infecit manus.
    Quid tibi videtur? »Hoc quoque insulsum est« ait,
»Falsoque dictum; longe quia vetustior
Aegaea Minos classe perdomuit freta
Iustoque vindicavit exemplo impetum.«   20
Quid ergo possum facere tibi, lector Cato,
Si nec fabellae te iuvant nec fabulae?
Noli molestus esse omnino litteris,
Maiorem exhibeant ne tibi molestiam.
    Hoc illis dictum est, qui stultitia nauseant   25
Et ut putentur sapere caelum vituperant.

8. SERPENS AD FABRUM FERRARIUM

Mordaciorem qui improbo dente appetit,
Hoc argumento se describi sentiat.
    In officinam fabri venit vipera.
Haec cum temptaret siqua res esset cibi,
Limam momordit. Illa contra contumax:
»Quid me« inquit »stulta, dente captas laedere,
Omne assuevi ferrum quae corrodere?«

9. VULPIS ET CAPER

Homo in periclum simul ac venit callidus,
Reperire effugium quaerit alterius malo.
    Cum decidisset vulpes in puteum inscia
Et altiore clauderetur margine,
Devenit hircus sitiens in eundem locum;   5

Und des Pelias große Herrschaft liegt gestürzt
Durch der Medea Schandtat, die sich frech verstellte,
Dort warf sie auf der Flucht des Bruders Glieder hin,
Und hier befleckte sie, das ganz entmenschte Wesen,
Mit ihres Vaters Blut den Stamm der Peliaden.
  Wie scheint dir dies? – »Du sagst, auch dies ist
                                          abgeschmackt
Und falsch berichtet, da doch schon bedeutend früher
Der König Minos das Ägäische Meer beherrschte
Und hart der Feinde Angriff auf dasselbe rächte.« –
Wie werd ich dir gefallen können, strenger Leser,
Wenn weder Märchen noch auch Mären dich ergötzen?
Oh, bitte, falle nie den Musensöhnen lästig,
Damit sie dir nicht größre Last und Scham bereiten.
  Dies gilt für die, die töricht stets die Nase rümpfen
Und, weise zu erscheinen, selbst den Himmel tadeln.

8. DIE SCHLANGE UND DIE FEILE

Wer mit gehäss'gem Zahne einen andern angreift,
Der noch bedeutend schmähsüchtiger ist als er,
Der fühl', daß dieses nur für ihn geschrieben ist.
  Es kam einst in die Werkstatt eines Schmieds die Schlange.
Da sie versuchte, ob zum Speisen etwas wäre,
Biß sie auf eine Feile. Diese sagte sträubend:
»Was trachtest du mit deinem Zahn mich zu verletzen,
Die ich doch alles Eisen zu zerstäuben pflege?«

9. DER FUCHS UND DER ZIEGENBOCK

Ein schlauer Mann, sobald er in Gefahr gerät,
Sucht stets durch eines Zweiten Unglück Hilf' zu finden.
  Durch Zufall war ein Fuchs in einen Born gestürzt
Und hier durch dessen hohe Mauer eingeschlossen.
Es kam der durst'ge Bock zu ebendiesem Orte;

Simul rogavit, esset an dulcis liquor
Et copiosus. Illa fraudem moliens:
»Descende, amice; tanta bonitas est aquae,
Voluptas ut satiari non possit mea.«
Immisit se barbatus. Tum vulpecula   10
Evasit puteo nixa celsis cornibus,
Hircumque clauso liquit haerentem vado.

10. DE VITIIS HOMINUM

Peras imposuit Iuppiter nobis duas:
Propriis repletam vitiis post tergum dedit,
Alienis ante pectus suspendit gravem.
    Hac re videre nostra mala non possumus;
Alii simul delinquunt, censores sumus.   5

11. FUR ET LUCERNA

Lucernam fur accendit ex ara Iovis
Ipsumque compilavit ad lumen suum.
Onustus qui sacrilegio cum discederet,
Repente vocem sancta misit Religio:
»Malorum quamvis ista fuerint munera   5
Mihique invisa, ut non offendar surripi,
Tamen, sceleste, spiritu culpam lues,
Olim cum ascriptus venerit poenae dies.
Sed ne ignis noster facinori praeluceat,
Per quem verendos excolit pietas deos,   10
Veto esse tale luminis commercium.«
Itaque hodie nec lucernam de flamma deum
Nec de lucerna fas est accendi sacrum.
    Quot res contineat hoc argumentum utiles,
Non explicabit alius, quam qui repperit.   15
Significat primo saepe quos ipse alueris,
Tibi inveniri maxime contrarios;

Sogleich stellt' er die Frag', ob süß das Wasser wäre
Und reichlich. Eine List ersinnend, rief der Fuchs:
»Freund, komm herab, des Wassers Güte ist so groß,
Daß ich mich von der Quelle gar nicht trennen mag.«
Der Langbart stieg hinein. Darauf entkam das Füchschen,
Sich auf des Ziegenbockes hohe Hörner stützend,
Und ließ den Bock im ringsumschloßnen Raum zurück.

10. ÜBER DIE FEHLER DER MENSCHEN

Zwei Säcke legte Jupiter uns allen auf:
Den mit den eignen Fehlern legt' er auf den Rücken
Und den mit unsers Nächsten Fehlern vor die Brust.
   Auf diese Weise können wir nicht unsre sehen;
Sobald die Nächsten fehlen, sind wir Sittenrichter.

11. DER DIEB UND DIE LATERNE

Ein Dieb entzündet' an des Zeus Altar die Lampe
Und stahl sein Heiligtum bei seinem eignen Lichte.
Als er nun mit dem heil'gen Raub entfliehen wollte,
Ließ eine Gottheit plötzlich eine Stimme sprechen:
»Obgleich ich jene Gaben, die die Bösen brachten,
Veracht', so daß ich nicht den Raub verhindern werde,
So sollst du, Sünder, mir die Schuld doch teuer büßen,
Wenn einst der festgesetzte Tag der Strafe kommt.
Daß aber nicht dem Frevel unser Feuer leuchte,
Durch das die Frömmigkeit die großen Götter ehrt,
Soll künftighin kein Austausch mit den Lichtern sein.
Drum sei's verboten, daß die Lamp' am Licht der Götter
Und an der Lamp' das Opfer angezündet werde.«
   Wie viele Nutzanwendung diese Fabel birgt,
Kann nicht ein andrer sagen als der Dichter selbst.
Zuerst weist sie drauf hin, daß die, die du verehrst,
Gar oft als deine größten Gegner sich entpuppen.

Secundum ostendit scelera non ira deum,
Fatorum dicto sed puniri tempore;
Novissime interdicit, ne cum malefico   20
Usum bonus consociet ullius rei.

12. MALAS ESSE DIVITIAS

Opes invisae merito sunt forti viro,
Quia dives arca veram laudem intercipit.
  Caelo receptus propter virtutem Hercules
Cum gratulantes persalutasset deos,
Veniente Pluto, qui Fortunae est filius,   5
Avertit oculos. Causam quaesivit pater.
»Odi« inquit »illum, quia malis amicus est
Simulque obiecto cuncta corrumpit lucro.«

13. [HOMINES DUO, FALLAX, VERAX ET SIMII]

Utilius homini nihil est quam recte loqui:
Probanda cunctis est quidem sententia,
Sed ad perniciem solet agi sinceritas.
. . . .

14. DE LEONE REGNANTE

Cum se ferarum regem fecisset leo
Et aequitatis vellet famam consequi,
A pristina deflexit consuetudine
Atque inter illas tenui contentus cibo
Sancta incorrupta iura reddebat fide.   5
Postquam labare coepit paenitentia,
. . . .

Dann, daß nicht durch den Zorn der Götter unsre Sünden
Die Strafe finden, sondern durch des Schicksals Spruch;
Und endlich mahnet sie, daß nie ein guter Mann
Mit einem Bösewicht Gemeinschaft machen soll.

12. REICH ZU SEIN TAUGT NICHT

Die Schätze sind mit Recht dem guten Mann verhaßt,
Weil stets das Geld den höchsten Schmuck, die Ehr', betrügt.
  Ob seiner Tüchtigkeit im Himmel aufgenommen,
Begrüßte Herkules der Reihe nach die Götter,
Die sich als Gratulanten ihm genähert hatten.
Als auch der Gott des Reichtums kam, der Sohn des Glücks,
Wandt' er die Augen ab. Zeus fragte nach dem Grunde.
Er sprach: »Ich hasse ihn, weil er ein Freund der Bösen,
Und weil er mit dem Gelde alle Welt verdirbt.«

13. [ZWEI MENSCHEN, DER EINE EIN BETRÜGER, DER ANDERE WAHRHEITSLIEBEND, UND AFFEN]

»Für den Menschen ist nichts nützlicher, als die Wahrheit
zu sprechen.« Diesen Satz müssen zwar alle billigen, doch
führt Aufrichtigkeit meist ins Verderben ...

14. VOM LÖWEN ALS KÖNIG

Als der Löwe sich zum König der Tiere gemacht hatte und
den Ruf der Gerechtigkeit erlangen wollte, ließ er von seiner
alten Gewohnheit ab, gab sich mit bescheidener Speise zufrieden und erteilte unter den Tieren mit völliger Aufrichtigkeit gottgefällige Rechtssprüche. Später, als seine Reue
schwach zu werden begann ...

15. [PROMETHEUS]

. . . .
A fictione veretri linguam mulieris.
Affinitatem traxit inde obscenitas.

16. IDEM

Rogavit alter, tribadas et molles mares
Quae ratio procreasset? Exposuit senex:
  »Idem Prometheus, auctor vulgi fictilis
Qui simul offendit ad fortunam frangitur,
Naturae partes veste quas celat pudor,   5
Cum separatim toto finxisset die,
Aptare mox ut posset corporibus suis,
Ad cenam est invitatus subito a Libero.
Ubi irrigatus multo venas nectare
Sero domum est reversus titubanti pede.   10
Tum semisomno corde et errore ebrio
Applicuit virginale generi masculo
Et masculina membra applicuit feminis.
Ita nunc libido pravo fruitur gaudio.«

17. DE CAPRIS BARBATIS

Barbam capellae cum impetrassent ab Iove,
Hirci maerentes indignari coeperunt,
Quod dignitatem feminae aequassent suam.
»Sinite« inquit »illas gloria vana frui
Et usurpare vestri ornatum muneris,   5
Pares dum non sint vestrae fortitudinis.«
  Hoc argumentum monet, ut sustineas tibi
Habitu esse similes, qui sint virtute impares.

15. [PROMETHEUS]

... (machte bei der Schöpfung des Menschen aus Ton) nach der Bildung der Scham die Zunge der Frau. Von daher rührt obszöne Beziehung.

16. DERSELBE

Ein anderer fragte Aisopos, welche Ursache die Tribaden und die weibischen Männer hervorgebracht habe; da erklärte der Alte:
»Der gleiche Prometheus, der Schöpfer des tönernen Volkes, das, sowie es mit dem Schicksal zusammenstößt, zerbricht, als der einen ganzen Tag lang die Körperteile gebildet hatte, die man schamhaft im Gewand verbirgt (er wollte sie dann an die Leiber anheften), wurde er plötzlich von Dionysos zum Gastmahl gerufen. Dort füllte er seine Adern mit viel Nektar und kam erst spät am Abend auf wankenden Füßen zurück. Damals, im Halbschlaf und trunken herumtastend, fügte er weibliche Teile an männliche Körper und männliche Glieder an Frauenleiber. Daher befriedigt sich jetzt der Trieb mit verkehrter Lust.«

17. DIE ZIEGEN MIT DEM BARTE

Als Zeus den Ziegen einen Bart gegeben hatte,
Begannen alle Böcke jammernd zu beklagen,
Daß ihre Weiber auch die gleiche Würde führten.
»O laßt«, sprach jener, »diese auch den Ruhm genießen,
Und laßt sie sich am Schmuck erfreun, der euch gebührt,
Solange sie euch nicht an Tapferkeit gleichstehen.«
    Die Fabel lehrt, daß du es ruhig dulden sollst,
Daß dir an Haltung ähneln, die an Tugend ungleich.

18. DE FORTUNIS HOMINUM

Cum de fortunis quidam quereretur suis,
Aesopus finxit consolandi gratia:
    Vexata saevis navis tempestatibus,
Inter vectorum lacrimas et mortis metum
Faciem ad serenam subito ut mutatur dies,   5
Ferri secundis tuta coepit flatibus
Nimiaque nautas hilaritate extollere.
Factus periclis tum gubernator sophus:
»Parce gaudere oportet et sensim queri,
Totam aeque vitam miscet dolor et gaudium.«   10

19. CANES LEGATOS AD IOVEM

Canes legatos olim misere ad Iovem
Melioris vitae tempus oratum suae,
Ut sese eriperet hominum contumeliis,
Furfuribus sibi consparsum quod panem darent
Fimoque turpi maximam explerent famem.   5
Profecti sunt legati non celeri pede.
Dum naribus scrutantur escam in stercore,
Citati non respondent. Vix tandem invenit
Eos Mercurius et turbatos attrahit.
Tum vero vultum magni ut viderunt Iovis,   10
Totam timentes concacarunt regiam;
Propulsi vero fustibus vadunt foras.
Vetat dimitti magnus illos Iuppiter.
Mirati sibi legatos non revertier,
Turpe aestimantes aliquid commissum a suis,   15
Post aliquod tempus alios ascribi iubent.
Rumor legatos superiores prodidit.
  ⁻ Timentes rursus aliquid ne simile accidat,
Odore canibus anum, sed multo, replent.
Mandata dantur et dimittuntur statim.   20

18. DAS GLÜCK DER MENSCHEN

Als jemand einst sein schweres Unglück tief beklagte,
Erfand Aesop, um ihn zu trösten, diese Fabel.
  Vom grausen Sturme ward ein Schiff umhergeworfen,
Die Passagiere zitterten vor Todesfurcht.
Da plötzlich heitert sich der dunkle Himmel auf,
Und sanft bewegt von Wellen treibt das Schiffchen fort,
Und alle schwelgten jetzt in froher Heiterkeit.
Drauf spricht der Steuermann, durch die Gefahr belehrt:
»Wir müssen uns gelassen freun und mäßig klagen,
Denn in des Menschen Leben mischt sich Schmerz und
                                            Freude.«

19. DIE HUNDE SCHICKEN GESANDTE AN JUPITER

Einst schickten die Hunde Gesandte zu Zeus, um ein besseres
Lebenslos zu erbitten; er möge sie von der schmählichen Behandlung durch die Menschen erlösen, die ihnen Brot voller
Kleie gäben und ihren großen Hunger mit widerlichem
Schmutz stillten. Die Boten zogen los, freilich nicht gerade
eilig, und während sie im Abfallhaufen nach Fressen
schnüffelten, antworteten sie nicht, als man sie aufrief.
Hermes konnte sie schließlich gerade noch finden und zerrte
die Verwirrten herbei. Dann aber, als sie das Antlitz des
großen Zeus sahen, machten sie in ihrer Angst den ganzen
Palast voll; mit Prügeln vertrieben, liefen sie aber wieder
hinaus. Der große Zeus aber ließ sie nicht fortziehen. Die
Hunde wunderten sich, daß ihre Gesandten nicht zurückka-
men, und weil sie glaubten, die Ihren hätten etwas Schimpf-
liches begangen, ließen sie nach einer Zeit andere Boten
einsetzen. Das Gerücht verriet, was die vorigen Gesandten
angestellt hatten.
Man fürchtete nun, es könnte wieder etwas Ähnliches passie-
ren, und füllte den Hunden den Hintern mit vielem Duftstoff. Dann bekamen sie ihren Auftrag und wurden sogleich

Adeunt. Rogantes aditum continuo impetrant.
Consedit genitor tum deorum maximus
Quassatque fulmen: tremere coepere omnia.
Canes confusus subito quod fuerat fragor,
Repente odorem mixtum cum merdis cacant.   25
Reclamant omnes vindicandam iniuriam.
Sic est locutus ante poenam Iuppiter:
»Legatos non est regis non dimittere,
Nec est difficile poenas culpae imponere;
Sed hoc feretis pro iudicio praemium: 30
Non veto dimitti, verum cruciari fame,
Ne ventrem continere non possint suum.
Illi autem qui miserunt vos tam futtiles
Numquam carebunt hominis contumelia.«
Ita nunc legatos exspectant et posteri   35
Novum et venire qui videt culum olfacit.

20. SERPENS. MISERICORDIA NOCIVA

Qui fert malis auxilium post tempus dolet.
Gelu rigentem quidam colubram sustulit
Sinuque fovit contra se ipse misericors;
Namque ut refecta est necuit hominem protinus.
Hanc alia cum rogaret causam facinoris,   5
Respondit: »Nequis discat prodesse improbis.«

21. VULPES ET DRACO

Vulpes, cubile fodiens, dum terram eruit
Agitque plures altius cuniculos,
Pervenit ad draconis speluncam ultimam,
Custodiebat qui thesauros abditos.
Hunc simul aspexit: »Oro, ut imprudentiae   5

entlassen. Sie zogen hin, erbaten Audienz und erhielten diese sofort. Da setzte sich der höchste Vater der Menschen nieder und schüttelte seinen Blitz; alles begann zu zittern. Die Hunde – ein wirrer Donner kam ganz plötzlich – ließen gleich den Duftstoff, mit Kot vermischt, fallen. Alle schrien, dieses Unrecht müsse man rächen. So sprach Zeus vor der Bestrafung: »Es ziemt sich nicht für einen König, Gesandte nicht zu entlassen; es ist auch nicht schwer, für eine Schuld Strafe aufzuerlegen; aber ihr sollt folgendes ›Geschenk‹ anstelle des Gerichts bekommen: Ich verbiete nicht, euch zu entlassen, doch sollt ihr durch Hunger gequält sein, damit ihr euren Bauch beherrschen könnt. Die aber, die euch Trottel geschickt haben, werden nie von der schmählichen Behandlung durch die Menschen frei werden.« So warten heute noch die Hunde-Nachfahren auf die Gesandten, und wer einen neuen Hund kommen sieht, riecht hinten an ihm.

20. DIE SCHLANGE. NACHTEILIGES MITLEID

Wer Bösen Hilfe bringt, wird's hinterdrein bereuen.
Ein Mann nahm eine ganz vom Frost erstarrte Schlange
Und wärmte sie voll Mitleid zu dem eignen Schaden,
Denn als sie sich erholt, vergiftet' sie den Menschen.
Von einer andern nach dem Grund der Tat befragt,
Sprach sie: »Ich tat es nur, damit die Menschen lernen,
Wie sehr es schädlich ist, den Bösen Hilf' zu leisten.«

21. DER FUCHS UND DER DRACHE

Um sich ein Lager zu bereiten, grub ein Fuchs
Tief in die Erde und macht' sich verschiedne Gänge.
Zuletzt kam er zu eines Drachens finstrer Höhle,
Der bei den tief verborgnen Schätzen Wache hielt.
Sobald er ihn erblickte, sagte er: »Ich bitte,

Des primum veniam; deinde si pulchre vides,
Quam non conveniens aurum sit vitae meae,
Respondeas clementer. Quem fructum capis
Hoc ex labore, quodve tantum est praemium,
Ut careas somno et aevum in tenebris exigas?«   10
»Nullum« inquit ille »verum hoc a summo mihi
Iove attributum est.« »Ergo nec sumis tibi
Nec ulli donas quicquam?« »Sic fatis placet.«
»Nolo irascaris, libere si dixero:
Dis est iratis natus, qui est similis tibi.«   15
    Abiturus illuc, quo priores abierunt,
Quid mente caeca miserum torques spiritum?
Tibi dico, avare, gaudium heredis tui,
Qui ture superos, ipsum te fraudas cibo,
Qui tristis audis musicum citharae sonum,   20
Quem tibiarum macerat iucunditas,
Obsoniorum pretia cui gemitum exprimunt,
Qui dum quadrantes aggeras patrimonio
Caelum fatigas sordido periurio,
Qui circumcidis omnem impensam funeri   25
Libitina nequid de tuo faciat lucri.

22. PHAEDRUS

Quo iudicare cogitet livor modo,
Licet dissimulet, pulchre tamen intellego.
Quicquid putabit esse dignum memoria,
Aesopi dicet; si quid minus arriserit,
A me contendet fictum quovis pignore.   5
Quem volo refelli iam nunc responso meo:
Sive hoc ineptum sive laudandum est opus,
Invenit ille, nostra perfecit manus.
Sed exsequamur coeptum propositum ordinem.

Verzeih zuerst, weil ich durch Zufall kam, und ferner,
Da du erkennst, wie wenig dies für mich sich eignet.
Doch sag mir freundlichst, welche Frucht genießest du
Von dieser Arbeit oder was für großen Lohn,
Daß ohne Schlaf und in der Dunkelheit du lebst?«
»Ich habe keinen«, sprach er, »doch hat Jupiter
Mir dieses aufgetragen.« – »Daher nimmst du weder
Für dich etwas, noch gibst du einem andern?« – »So
Bestimmt's das Schicksal.« – »Zürne nicht, wenn ich dir sage:
Geboren ward beim Zorn der Götter deinesgleichen.«

Da du auch dorthin gehst, wohin die Menschen gehen,
Was quälst du mit verblend'tem Sinn die Seele?
Ich sag's dir, Filz, der du der Erben Freude bist,
Der du nur kärglich opferst, dir die Speis' entziehst,
Der du im finstern Unmut die Musik vernimmst
Und dem die Flötentöne tief das Herz zerreißen
Und dem der schnöde Mammon Seufzer gar erpreßt,
Der du, um einen Heller dein Vermögen mehrend,
Durch Lug und Trug die himmlische Geduld ermüdest,
Der du die ganzen Kosten der Bestattung schmälerst,
Damit auch Libitine nichts von dir gewinne.

22. PHAEDRUS

Welch einen Richterspruch der Niedre fällen will,
Ist mir, sosehr er sich verstellen mag, bekannt;
Denn was er der Erinnerung für würdig hält,
Das schiebt er dem Aesopus zu; wenn aber etwas
Ihm nicht behagt, so wettet er um jeden Preis,
Daß ich's geschrieben. Diesem gebe ich die Antwort:
»Mag auch das Werkchen schlecht sein oder lobenswürdig,
Erfunden ist's von ihm, von mir nur nachgefeilet.
Ich aber werde die betretne Bahn verfolgen.«

23. DE SIMONIDE

Homo doctus in se semper divitias habet.
   Simonides, qui scripsit egregium melos,
Quo paupertatem sustineret facilius,
Circum ire coepit urbes Asiae nobiles,
Mercede accepta laudem victorum canens.   5
Hoc genere quaestus postquam locuples factus est,
Redire in patriam voluit cursu pelagio;
Erat autem, ut aiunt, natus in Cia insula:
Ascendit navem, quam tempestas horrida
Simul et vetustas medio dissolvit mari.   10
Hi zonas, illi res pretiosas colligunt,
Subsidium vitae. Quidam curiosior:
»Simonide, tu ex opibus nil sumis tuis?«
»Mecum« inquit »mea sunt cuncta.« Tunc pauci enatant,
Quia plures onere degravati perierant.   15
Praedones adsunt, rapiunt, quod quisque extulit,
Nudos relinquunt. Forte Clazomenae prope
Antiqua fuit urbs, quam petierunt naufragi.
Hic litterarum quidam studio deditus,
Simonidis qui saepe versus legerat   20
Eratque absentis admirator maximus,
Sermone ab ipso cognitum cupidissime
Ad se recepit; veste, nummis, familia
Hominem exornavit. Ceteri tabulam suam
Portant rogantes victum. Quos casu obvios   25
Simonides ut vidit: »Dixi« inquit »mea
Mecum esse cuncta; vos quod rapuistis perit.«

24. MONS PARTURIENS

Mons parturibat, gemitus immanes ciens,
Eratque in terris maxima exspectatio.
At ille murem peperit. Hoc scriptum est tibi,
Qui, magna cum minaris, extricas nihil.

23. SIMONIDES

Stets findet der Gelehrte Schätze in sich selbst.
    Simonides, der Dichter glänzend schöner Lieder,
Begann, damit er seine Armut besser trüge,
In größern Städten Asiens umherzugehen,
Besingend um erhaltnen Lohn das Lob der Sieger.
Durch diese Art Erwerb ein reicher Mann geworden,
Beschloß er, in sein Vaterland zurückzukehren;
Er war – man glaubt's – geboren auf der Insel Kea.
Er stieg aufs Schiff, das aber ließ der grause Sturm
Sowie sein hohes Alter auf dem Meer zerbersten.
Die einen sammeln Geld, die andern Kostbarkeiten,
Die Wert fürs Leben haben. Einer fragt besorgt:
»Simonides, nimmst du denn nichts von deinen Schätzen?«
Er sprach: »Ich trag sie bei mir.« – Wenige entkamen,
Weil viele, durch die Last beschwert, zugrunde gingen.
Es kommen Räuber, rauben, was ein jeder barg,
Und lassen nackt die Leut' zurück. Klazomenä,
Die alte Stadt, war nah, und hierher eilen alle.
Ein Mann, den schönen Wissenschaften sehr ergeben,
Der oft die Verse des Simonides gelesen
Und immer ein Bewundrer des Entfernten war,
Nahm ihn begierig auf, nachdem er im Gespräch
Ihn hatt' erkannt. Er stattet ihn mit Kleidern, Geld
Und Dienern aus. Die andern tragen ihr Gemälde,
Um Spenden bittend. Als Simonides sie sah,
Da rief er ihnen zu: »Ich hab's euch ja gesagt,
Ich trug mein Gut bei mir; doch ihr verlort das eure.«

24. DER GEBÄRENDE BERG

Ein Berg gebar, indem er laut und schrecklich brüllte,
Und groß war die Erschütterung der Erde.
Doch er gebar – die Maus. Dies ist für dich geschrieben,
Der du auf Großes hoffen läßt, doch nichts verrichtest.

25. FORMICA ET MUSCA

[Nihil agere quod non prosit, fabella indicat.]
   Formica et musca contendebant acriter,
Quae pluris esset. Musca sic coepit prior:
»Conferre nostris tu potes te laudibus?
Ubi immolatur, exta praegusto deum;
Moror inter aras, templa perlustro omnia.   5
In capite regis sedeo cum visum est mihi,
Et matronarum casta delibo oscula.
Laboro nihil atque optimis rebus fruor.
Quid horum simile tibi contingit, rustica?«
»Est gloriosus sane convictus deum,   10
Sed illi qui invitatur, non qui invisus est.
Aras frequentas: nempe abigeris, quom venis.
Reges commemoras et matronarum oscula;
Super etiam iactas tegere quod debet pudor.
Nihil laboras: ideo cum opus est, nil habes.   15
Ego granum in hiemem cum studiose congero,
Te circa murum pasci video stercore.
Aestate me lacessis; cum bruma est siles.
Mori contractam cum te cogunt frigora,
Me copiosa recipit incolumem domus.   20
Satis profecto rettudi superbiam.«
   Fabella talis hominum discernit notas
Eorum qui se falsis ornant laudibus,
Et quorum virtus exhibet solidum decus.

26. POETA

Quantum valerent inter homines litterae,
Dixi superius: quantus nunc illis honos
A superis sit tributus tradam memoriae.
   Simonides idem ille de quo rettuli,
Victori laudem cuidam pyctae ut scriberet,   5

25. DIE AMEISE UND DIE FLIEGE

(Die Fabel lehrt uns, niemals, was nicht nützt, zu tun.)

Es stritt die kleine Ameis' heftig mit der Fliege,
Wer mehr vermöcht'. Die Fliege ließ zuerst sich hören:
»Mit unsern Eigenschaften willst du dich gar messen?
Sobald geopfert wird, speis ich vom Opfermahle,
Ich weile zwischen den Altären, flieg in Tempeln,
Ich sitze auf des Königs Haupt, sooft ich will,
Und küsse selbst die keuschen Wangen der Matrone.
Ich tue nichts, doch lab ich mich an schönen Speisen.
Was ist dir Ähnliches beschieden, Bäuerin?« –
»O herrlich ist es, mit den Göttern zu verkehren,
Doch nur für die Geladnen, nicht für Ungebetne.
Du rühmst dich mit dem König und mit den Matronen?
Wenn ich mit großem Fleiß zum Winter Futter suche,
Seh ich dich um verfallne Mau'r im Dünger sitzen.
Am Altar bist du, man verjagt dich, wenn du kommst;
Du arbeitst nichts, drum hast du nichts, wenn's nötig ist.
Du prahlst mit Dingen, die uns schamrot machen.
Im Sommer höhnst du mich, wenn's aber kalt ist, schweigst
                                                        du.
Wenn du, vom Frost erstarret, eine Leiche bist,
Empfängt mich unversehrt mein wohlversorgtes Haus.
Jetzt hab ich deinen Stolz gewiß genug gebeugt.«

Die Fabel zeichnet uns verschiedne Charaktere,
Die, welche sich am trügerischen Glanz erfreuen,
Und ferner solche, die nach echtem Glanze jagen.

26. DIE RETTUNG DES SIMONIDES

Wieviel die Wissenschaften bei den Menschen gelten,
Hab ich schon erst gezeigt, wie sehr sie aber auch
Die Götter schätzen, werd ich jetzt die Nachwelt lehren.

Simonides, von dem ich oben schon gesprochen,
Versprach für ausbedungnes Geld ein Lied dem Sieger

Certo conduxit pretio, secretum petit.
Exigua cum frenaret materia impetum,
Usus poetae more est et licentia
Atque interposuit gemina Ledae sidera,
Auctoritatem similis referens gloriae.   10
Opus approbavit; sed mercedis tertiam
Accepit partem. Cum reliquam posceret:
»Illi« inquit »reddent quorum sunt laudis duae.
Verum ut ne irate te dimissum sentiam,
Ad cenam mihi promitte; cognatos volo   15
Hodie invitare, quorum es in numero mihi.«
Fraudatus quamvis et dolens iniuria,
Ne male dimissam gratiam corrumperet,
Promisit. Rediit hora dicta, recubuit.
Splendebat hilare poculis convivium,   20
Magno apparatu laeta resonabat domus,
Repente duo cum iuvenes sparsi pulvere,
Sudore multo diffluentes corpora
Humanam supra formam, cuidam servulo
Mandant ut ad se provocet Simonidem;   25
Illius interesse, ne faciat moram.
Homo perturbatus excitat Simonidem.
Unum promorat vix pedem triclinio,
Ruina camerae subito oppressit ceteros;
Nec ulli iuvenes sunt reperti ad ianuam.   30
Ut est vulgatus ordo narratae rei,
Omnes scierunt numinum praesentiam
Vati dedisse vitam mercedis loco.

[EPILOGUS]

POETA AD PARTICULONEM

Adhuc supersunt multa quae possim loqui,
Et copiosa abundat rerum varietas;
Sed temperatae suaves sunt argutiae,

Im Faustkampf zu verfassen. Drauf schloß er sich ein.
Da dieser Stoff jedoch zuwenig Anhalt bot,
So wob er ins Gedicht, nach freier Dichterweise,
Der Zwillingssöhne Ledas Sternenlicht hinein,
Als Beispiel eines gleichen Ruhms dieselben nennend.
Das Lied gefiel. Doch nur den dritten Teil des Lohnes
Erhielt der Dichter; als er auch den Rest begehrte,
Sprach dieser: »Jene werden dir ihn geben, welche du
So herrlich in zwei Teilen deines Lieds gelobt.
Damit ich aber weiß, daß du nicht auf mich zürnst,
So sei ein Gast beim Mahle, ich will heute laden
Die Freunde alle, unter die ich dich auch zähle.«
Obgleich betrogen und das Unrecht tief empfindend,
Sagt er doch zu, die Gunst des Mannes zu erhalten.
Er kam zur festgesetzten Zeit und legt' sich nieder.
Es schimmerten, vom Weine schäumend, die Pokale,
Und froher Jubel tönte in dem ganzen Haus.
Da traten plötzlich auf zwei muntre Jünglinge,
Bedeckt von Staub, der Körper ganz in Schweiß gebadet,
Wie Göttersöhne anzusehen. Einem Sklaven
Befahlen sie, gar schnell Simonides zu rufen.
Es läge jenem dran, daß er nicht länger weile.
Der Sklave, ganz betäubt, ruft ihm Simonides.
Kaum hatte er sich einen Schritt vom Saal entfernt,
So stürzt mit dumpfem Fall die Decke auf die andern.
Verschwunden waren an der Tür die Jünglinge.
Als bald darauf das Volk nun dies Ereignis hörte,
Erkannte deutlich alle Welt, daß statt des Lohnes
Die guten Götter ihn vom sichern Tod errettet.

[SCHLUSSREDE]

DER DICHTER AN PARTICULO

Noch gäbe es vieles, was ich dichten könnte, und ich hätte
eine Fülle der buntesten Stoffe; aber eine geist- und sinn-
reiche Darstellung ist in Maßen willkommen, in Masse

Immodicae offendunt. Quare, vir sanctissime,
Particulo, chartis nomen victurum meis,   5
Latinis dum manebit pretium litteris,
Si non ingenium, certe brevitatem approba,
Quae commendari tanto debet iustius
Quanto poetae sunt molesti validius.

stört sie. Daher, ehrwürdiger Particulo (ein Name, der durch meine Schriften fortleben wird, solange die lateinische Literatur geschätzt wird), erkenne, wenn nicht schon meinen Geist, so doch die Kürze meines Werkes an! Diese Kürze verdient desto mehr Anerkennung, je lästiger Sänger sind, die kein Ende finden.

[LIBER QUINTUS]

[PROLOGUS]
IDEM POETA

Aesopi nomen sicubi interposuero,
Cui reddidi iam pridem quicquid debui,
Auctoritatis esse scito gratia:
Ut quidam artifices nostro faciunt saeculo,
Qui pretium operibus maius inveniunt, novo   5
Si marmori ascripserunt Praxitelen suo,
Trito Myronem argento, tabulae Zeuxidem.
Adeo fucatae plus vetustati favet
Invidia mordax quam bonis praesentibus.
Sed iam ad fabellam talis exempli feror.   10

1. DEMETRIUS REX ET MENANDER POETA

Demetrius qui dictus est Phalereus,
Athenas occupavit imperio improbo.
Ut mos est vulgi, passim et certatim ruit,
»Feliciter!« succlamant. Ipsi principes
Illam osculantur, qua sunt oppressi, manum,   5
Tacite gementes tristem fortunae vicem.
Quin etiam resides et sequentes otium,
Ni defuisse noceat, repunt ultimi;
In quis Menander, nobilis comoediis,
Quas ipsum ignorans legerat Demetrius   10
Et admiratus fuerat ingenium viri,
Unguento delibutus, vestitu fluens,
Veniebat gressu delicato et languido.
Hunc ubi tyrannus vidit extremo agmine:
»Quisnam cinaedus ille in conspectum meum   15

FÜNFTES BUCH

WIEDERUM DER DICHTER

Wenn ich den Namen des Aesopus eingeschoben
(Ich habe stets, was ich von ihm entlehnt, bezeichnet),
Geschah's, damit es meine Lieder mehr empfehle,
Wie dies auch andre Künstler unsrer Tage tun,
Die einen größern Preis für ihre Werke finden,
Wenn sie auf ihren Stein Praxiteles verzeichnet,
Auf Erz den Myron und auf Leinewand den Zeuxis.
Denn es begünstiget der häm'sche Neid die Dinge,
Die aus dem Altertume stammen, selbst die schlechten,
Mehr als das Gute, das die Gegenwart erzeugt.
Schon werd ich auf ein Märchen dieser Art gebracht.

1. DER KÖNIG DEMETRIUS UND DER DICHTER MENANDER

Demetrius, mit seinem Beinam'n Phalereus,
Bezwang Athen durch unrechtmäßige Gewalt.
Das Volk, wie's seine Weise ist, stürzt allsogleich
Zu ihm und ruft: »Oh, Heil dir Herrscher!« Auch der Adel
Küßt gierig jene Hand, die sie in Fesseln legte,
Geheim doch klagten sie ob ihres schweren Unglücks.
Selbst Einsiedler und jene, die der Muße lebten,
Sie schlichen als die letzten hin zum Gnadenkuß.
Und auch Menander, der berühmte Lustspieldichter,
Befand sich unter ihnen. Ohne ihn zu kennen,
Hatt' auch Demetrius die Werke all' gelesen
Und hatte oft bewundert das Talent des Mannes.
Von Salbe duftend und mit schleppenden Gewändern
Kam er geziert, mit langsam abgemeßnem Schritt.
Als ihn der König in den letzten Reihn erblickte,
Sprach er: »Wer mag denn jener Weichling dort wohl sein,

Audet venire?« Responderunt proximi:
»Hic est Menander scriptor.« Mutatus statim:
»Homo« inquit »fieri non potest formosior.«

2. [VIATORES ET LATRO]

Duo cum incidissent in latronem milites,
Unus profugit, alter autem restitit
Et vindicavit sese forti dextera.
Latrone occiso timidus accurrit comes
Stringitque gladium, dein reiecta paenula: 5
»Cedo« inquit »illum; iam curabo sentiat,
Quos attentarit.« Tunc, qui depugnaverat:
»Vellem istis verbis saltem adiuvisses modo;
Constantior fuissem vera existimans.
Nunc conde ferrum et linguam pariter futilem,   10
Ut possis alios ignorantes fallere.
Ego qui sum expertus quantis fugias viribus,
Scio quam virtuti non sit credendum tuae.«
    Illi assignari debet haec narratio,
Qui re secunda fortis est, dubia fugax.   15

3. CALVUS ET MUSCA

Calvi momordit musca nudatum caput;
Quam opprimere captans alapam sibi duxit gravem.
Tunc illa irridens: »Punctum volucris parvulae
Voluisti morte ulcisci; quid facies tibi,
Iniuriae qui addideris contumeliam?«   5
Respondit: »Mecum facile redeo in gratiam,
Quia non fuisse mentem laedendi scio.
Sed te, contempti generis animal improbum,

Der so sich mir zu zeigen wagt?« Die Nächsten sagten:
»Das ist Menander.« Plötzlich andern Sinns geworden,
Erklärte er: »Es kann der Mensch nicht schöner werden.«

2. [DIE WANDRER UND DER RÄUBER]

Als zwei Soldaten einst auf einen Räuber stießen,
Floh einer feig, der zweite doch hielt mutig stand,
Und es gelang ihm, seinen Gegner zu erlegen.
Da nun der Räuber tot war, kam der feige Freund
Und zückte auch das Schwert und warf zurück den Mantel.
»Ha, laß mich«, rief er aus, »der Bube soll empfinden,
Mit was für Leuten er's zu tun.« Drauf sagte jener,
Der diesen Kampf entschieden hatt': »Ich hätt' gewünscht,
Daß du mit solchen Worten nur geholfen hättst;
Denn wenn ich sie für wahr gehalten, würde ich
Noch mutiger gewesen sein. Jetzt steck dein Schwert
Nur ein und lasse auch die Prahlerzunge ruhen,
Damit du beides sparst, um andere zu täuschen.
Ich, der ich hab gesehn, mit welcher Eil' du flohst,
Ich weiß, daß deinem Mute nicht zu trauen ist.«
    In dieser Fabel möge jener sich erkennen,
Der tapfer ist im Glück, feig aber in Gefahr.

3. DER KAHLKOPF UND DIE MÜCKE

Es stach einst eine Mücke eines Kahlkopfs Haupt;
Er schlug nach ihr, gab aber selbst sich eine Schelle.
Drauf sprach die Mück': »Für eines Tieres leichten Stich
Wolltst du dich grausam rächen; doch was tust du dir,
Der du der Unbill auch noch Schande zugefügt?«
Er sagte: »Nun, mit mir werd ich mich leicht versöhnen,
Da ich die Absicht nicht gehabt, mich zu verletzen.
Doch dich, Insektenbrut, dich allzu böses Tier,

Quae delectaris bibere humanum sanguinem,
Optem necare vel maiore incommodo.«   10
  Hoc argumento veniam iam dari docet,
Qui casu peccat. Nam qui consilio est nocens,
Illum esse quavis dignum poena iudico.

4. ASINI ET PORCELLI

Quidam immolasset verrem cum sancto Herculi,
Cui pro salute votum debebat sua,
Asello iussit reliquias poni hordei.
Quas aspernatus ille sic locutus est:
»Libenter istum prorsus appeterem cibum,   5
Nisi, qui nutritus illo est, iugulatus foret.«
  Huius respectu fabulae deterritus
Periculosum semper vitavi lucrum.
Sed dicis: »Qui rapuere divitias, habent.«
Numeremus agedum qui deprensi perierunt: 10
Maiorem turbam punitorum reperies.
Paucis temeritas est bono, multis malo.

5. SCURRA [ET] RUSTICUS

Pravo favore labi mortales solent
Et, pro iudicio dum stant erroris sui,
Ad paenitendum rebus manifestis agi.
  Facturus ludos quidam dives nobilis
Proposito cunctos invitavit praemio,   5
Quam quisque posset ut novitatem ostenderet.
Venere artifices laudis ad certamina;
Quos inter scurra, notus urbano sale,
Habere dixit se genus spectaculi,
Quod in theatro numquam prolatum foret.   10
Dispersus rumor civitatem concitat.

Das du dich dran ergötzt, das Menschenblut zu saugen,
Wünsch ich zu töten, selbst bei einem größern Schaden.«
 Die Fabel lehret, daß du dem verzeihen mußt,
Der ohne Wissen fehlt. Doch wer mit Absicht schadet,
Verdient mit vollem Fug und Recht die größte Strafe.

4. DER ESEL UND DIE FERKEL

Als jemand einst dem Herakles ein Schwein geopfert,
Dem er für Glück und Wohlergehen dies gelobt,
Befahl er, daß die Gerste, die noch übrig war,
Dem Esel sollt' gegeben werden. Dieser aber,
Das Korn verachtend, sprach: »Ich würd' gewiß sehr gern
Die leckre Speis' genießen, wenn ich nicht das Tier,
Das diese Gerst' genährt, geschlachtet dort erblickte.«
 Durch die in dieser Mär erhaltne Lehr' erschreckt,
Hab ich für stets gefährlichen Gewinn vermieden.
Zwar heißt ein allgemeiner Spruch: »Wer nimmt, der hat.«
Doch wenn wir zählen, die ertappt zugrunde gingen,
Du fändst den großen Haufen der bestraften Diebe.
Gewinn erzielten wenige, doch Unglück viele.

5. DER BAUER ALS KUNSTSPIELER

Parteilichkeit läßt allzuoft die Menschen straucheln,
Doch wenn das falsche Urteil noch verteidigt wird,
So wird die spätre Einsicht sie's bereuen lassen.
 Ein reicher Mann wollt' seine Feste glänzend machen
Und lud die Künstler ein, daß sie die neusten Sachen
Um eine Prämie, die festgesetzet, zeigten.
Von nah und ferne kamen Künstler zu dem Wettkampf,
Und unter ihnen einer, der gar wohlbekannt.
Er prahlte sehr, daß er ein neues Schauspiel hätte,
Das auf der Bühne noch zu keiner Zeit erschienen.
Die Bürgerschaft war ganz vor Freude außer sich,

Paulo ante vacua turbam deficiunt loca.
In scaena vero postquam solus constitit
Sine apparatu, nullis adiutoribus,
Silentium ipsa fecit exspectatio.   15
Ille in sinum repente demisit caput
Et sic porcelli vocem est imitatus sua,
Verum ut subesse pallio contenderent
Et excuti iuberent. Quo facto simul
Nihil est repertum, multis onerant lancibus   20
Hominemque plausu prosequuntur maximo.
Hoc vidit fieri rusticus. »Non mehercule
Me vincet« inquit, et statim professus est
Idem facturum melius se postridie.
Fit turba maior. Iam favor mentes tenet   25
Et derisuri, non spectaturi sedent.
Uterque prodit. Scurra degrunnit prior
Movetque plausus et clamores suscitat.
Tunc simulans sese vestimentis rusticus
Porcellum obtegere (quod faciebat scilicet,   30
Sed, in priore quia nil compererant, latens)
Pervellit aurem vero, quem celaverat,
Et cum dolore vocem naturae exprimit.
Acclamat populus scurram multo similius
Imitatum et cogit rusticum trudi foras.   35
At ille profert ipsum porcellum e sinu,
Turpemque aperto pignore errorem probans:
»En hic declarat quales sitis iudices!«

6. CALVUS ET QUIDAM AEQUE PILIS DEFECTUS

Invenit calvus forte in trivio pectinem.
Accessit alter aeque defectus pilis.
»Heia!« inquit »in commune quodcumque est lucri!«
Ostendit ille praedam et adiecit simul:

Und augenblicklich waren alle Plätze voll,
Die kurz vorher noch leer. Als er nun auf der Bühne
Stand, aber ganz allein und ohne andre Spieler,
Erregte schon Erwartung allgemeine Stille.
Da plötzlich steckt' er in sein weit Gewand das Haupt
Und ahmte so getreu des Schweines Grunzen nach,
Daß alle wähnten, in dem Mantel sei ein Schwein,
Und ihm sofort befahlen, diesen auszuschütteln.
Es fand sich nichts; mit großem Lobe ward der Mann
Jetzt überhäuft und lautes Klatschen folgte ihm.
Dies sah ein Bauersmann und rief: »Beim Herkules,
Mich wird er nicht besiegen!«, und erklärte gleich,
Daß er's am nächsten Tag noch besser machen wolle.
Es mehrt' sich das Gedränge. Und Parteiengeist
Macht alle blind. So saß das Volk erwartend da,
Doch nicht des Schauspiels wegen, nein, nur um zu lachen.
Das Paar erscheint, der Possenreißer grunzt zuerst,
Und er erregt ein großes Lob und lauten Jubel.
Drauf stellet sich der Bau'r, als ob er in den Kleidern
Ein Ferkel hätt' versteckt (er hatte wirklich eins,
Doch blieb's verborgen, weil beim ersten nichts gefunden).
Er zwicket nun das Schwein, das er verbarg, am Ohr,
Und so erpresset er die Stimme der Natur.
Das Volk jedoch erklärte, daß der Possenreißer
Die Stimme besser nachgeahmt, und zwang den Bauern,
Die Bühne zu verlassen. Dieser nahm das Schwein
Aus dem Gewand, und ihren Irrtum so beweisend,
Sprach er: »Dies zeige euch, was ihr für Richter seid.«

6. ZWEI KAHLKÖPFE

An einem Kreuzweg fand ein Kahlkopf einen Kamm.
Es kam ein zweiter, dem die Haare gleichfalls fehlten,
Und dieser rief: »Halbpart, was für Gewinn es sein mag.«
Der erste zeigte ihm den Fund und fügte bei:

»Superum voluntas favit; sed fato invido   5
Carbonem, ut aiunt, pro thesauro invenimus.«
   Quem spes delusit, huic querela convenit.

7. PROCAX TIBICEN

Ubi vanus animus aura captus frivola
Arripuit insolentem sibi fiduciam,
Facile ad derisum stulta levitas ducitur.
   Princeps tibicen notior paulo fuit,
Operam Bathyllo solitus in scaena dare.   5
Is forte ludis (non satis memini quibus)
Dum pegma rapitur, concidit casu gravi
Nec opinans, et sinistram fregit tibiam,
Duas cum dextras maluisset perdere.
Inter manus sublatus et multum gemens   10
Domum refertur. Aliquot menses transeunt,
Ad sanitatem dum venit curatio.
Ut spectatorum mos est et lepidum genus,
Desiderari coepit, cuius flatibus
Solebat excitari saltantis vigor.   15
   Erat facturus ludos quidam nobilis.
Et incipiebat a se Princeps ingredi:
Adducit pretio precibus, ut tantummodo
Ipso ludorum ostenderet sese die.
Qui simul advenit, rumor de tibicine   20
Fremit in theatro. Quidam affirmant mortuum,
Quidam in conspectum proditurum sine mora.
Aulaeo misso, devolutis tonitribus
Di sunt locuti more translaticio.
Tunc chorus ignotum modo reducto canticum   25
Insonuit, cuius haec fuit sententia:
»Laetare, incolumis Roma, salvo principe!«
In plausus consurrectum est. Iactat basia

»Die Götter sind uns günstig, doch das böse Schicksal
Ließ uns statt eines Schatzes eine Kohle finden.«
  Wer in der Hoffnung sich betrügt, beklagt sich tief.

7. DER DREISTE FLÖTENSPIELER

Sobald der Geist durch Volksgunst geblendet ist
Und er in eitlem Dünkel seiner Kraft vertraut,
Wird leicht sein Flattersinn zur Schande hingeführt.
  Der Flötenspieler Fürst war wenig nur bekannt,
Da er des Bathylls Schauspiel zu begleiten pflegte.
Als einst bei einem Spiel, ich weiß nicht mehr, bei welchem,
Sich die Maschine hob, tat er ein'n schweren Fall
Ganz unversehns und brach sein linkes Schienbeinrohr.
– Wie gern hätt' er verlorn die rechte Flötenröhre. –
Auf Händen ruhend und vor Schmerzen heftig seufzend
Ward er nach Haus getragen. Es verstreichen Monde,
Bis er mit Gottes und mit Arztes Hilf' genas.
Wie es die Sitt' des schaulustigen Volkes ist,
Begann man sich nach ihm zu sehnen, dessen Flöte
Des Tänzers leichte Tritte zu beleben pflegte.
  Ein Reidier wollte frohe Festesspiele geben –
Bereits vermochte Fürst zu gehn –, und bat er diesen,
An dem bestimmten Tag für Geld und gute Worte
Sich sehn zu lassen. Fürst ging auf den Vorschlag ein.
Als dieser nun erschien, ward nur von ihm gesprochen,
Die einen meinten, er sei tot, und andre sagten,
Daß er gar bald sich ihnen zeigen würde.
Der Vorhang schwand; der Donner grollte dumpf und
                                         schwer,
Und Götter redeten nach hergebrachter Weise.
Drauf sang der Chor ein Lied, wie's Fürst noch nicht gehört.
Der Sinn von diesem Liede war: Es lebt dein Fürst,
Rom, freue dich, du bist gerettet, freue dich!
Man steht zum Beifallklatschen auf – und Fürst wirft
                                         Kußhand,

Tibicen; gratulari fautores putat.
Equester ordo stultum errorem intellegit   30
Magnoque risu canticum repeti iubet.
Iteratur illud. Homo meus se in pulpito
Totum prosternit. Plaudit illudens eques.
Rogare populus hunc coronam existimat.
Ut vero cuneis notuit res omnibus,   35
Princeps, ligato crure nivea fascia,
Niveisque tunicis, niveis etiam calceis,
Superbiens honore divinae domus,
Ab universis capite est protrusus foras.

8. TEMPUS

Cursu volucri, pendens in novacula,
Calvus, comosa fronte, nudo corpore
(Quem si occuparis, teneas; elapsum semel
Non ipse possit Iuppiter reprehendere)
Occasionem rerum significat brevem.   5
   Effectus impediret ne segnis mora,
Finxere antiqui talem effigiem Temporis.

9. TAURUS ET VITULUS

Angusto in aditu taurus luctans cornibus
Cum vix intrare posset ad praesepia,
Monstrabat vitulus quo se pacto plecteret.
»Tace« inquit »ante hoc novi quam tu natus es.«
   Qui doctiorem emendat sibi dici putet.   5

Er glaubt, daß ihm der Beifall und der Jubel gilt.
Der Ritterstand bemerkt den Irrtum dieses Toren,
Und lachend fordert er des Liedes Wiederholung.
Es wird aufs neue vorgetragen. Unser Männlein
Wirft sich der Länge nach jetzt auf die Bühne hin.
Die Ritter applaudierten ihm mit bittern Scherzen,
Das Volk glaubt, daß er sich um einen Kranz bewerbe;
Doch als die Zuschauer den Tatbestand erfahren,
Wird Fürst trotz seiner glänzendweißen Schienbeinbinde
Und trotz des weißen Mantels und der weißen Schuhe,
Sich brüstend mit der Ehr', die nur dem Kaiser galt,
Vom ganzen Volk aus dem Theater schnell entfernt.

8. DIE ZEIT

Als eine schnellen Flugs auf einem Schermesser
Sich wiegende Gestalt, belockt die Stirn, sonst kahl –
Ergreifst du sie, so halt sie fest; einmal entschwunden,
Vermag selbst Jupiter sie nicht zurückzuholen –
Gibt dir die Zeit Gelegenheit zum schnellen Handeln.
   Daß unbenutzte Zeit nicht die Erfolge hindre,
Hat sich das Altertum die Zeit so dargestellt.

9. DER STIER UND DAS KALB

Beim engen Eingang krümmte sich ein Stier mit Hörnern,
Und kaum gelang es ihm, in seinen Stall zu kommen.
Da zeigte ihm ein Kalb, wie er sich beugen müßte,
»Schweig«, rief der Ochs, »ich wußt' es, eh' du warst
                               geboren.«
   Wer gerne Ältere belehrt, mög' sich dies merken.

10. CANIS [ET SERVUS] ET VENATOR

Adversus omnes fortis veloces feras
Canis cum domino semper fecisset satis,
Languere coepit annis ingravantibus.
Aliquando obiectus hispidi pugnae suis
Arripuit aurem sed cariosis dentibus   5
Praedam dimisit. Hic tunc venator dolens
Canem obiurgabat. Cui senex contra latrans:
»Non te destituit animus, sed vires meae.
Quod fuimus laudas, si iam damnas quod sumus.«
    Hoc cur, Philete, scripserim, pulchre vides.   10

10. DER HUND, [DER DIENER] UND DER JÄGER

Ein Hund hatt' schon geraume Zeit hindurch dem Herren
Den größten Mut bewiesen gegen alle Tiere,
Doch jetzt, schon alt und schwach, begann er zu ermatten.
Einst suchte er, zum Kampf gehetzt, des Ebers Ohr
Zu packen, doch zu schwach war schon der Biß des Hundes.
Die Beut' entkam. Ergrimmt schalt nun der Herr den Hund.
Doch dieser sagte ihm: Nicht fehlet dir mein Mut,
Jedoch die Körperkraft. Lob, was ich einstens war,
Wenn's dir gefällt zu tadeln, was ich jetzo bin.
    Philet, warum ich dies geschrieben, wirst du wissen.

APPENDIX PEROTTINA

1. [SIMIUS ET VULPES]

Avarum etiam quod sibi superest non libenter dare.

Vulpem rogabat partem caudae simius,
Contegere honeste posset ut nudas nates;
Cui sic maligna: »Longior fiat licet,
Tamen illam citius per lutum et spinas traham,
Quam parvam quamvis partem impertiar tibi.«   5

2. [AUCTOR]

De his qui legunt libellum.

Hoc qualecumque est Musa quod ludit mea,
Nequitia pariter laudat et frugalitas,
Sed haec simpliciter; illa tacita irascitur.

3. [AUCTOR]

Non esse plus aequo petendum.

Arbitrio si natura finxisset meo
Genus mortale, longe foret instructius:
Nam cuncta nobis attribuisset commoda,
Quaecumque indulgens Fortuna animali dedit:
Elephanti vires, et leonis impetum,   5
Cornicis aevum, gloriam tauri trucis,
Equi velocis placidam mansuetudinem,
Et adesset homini sua tamen sollertia.

ANHANG VON PEROTTI

1. [AFFE UND FUCHS]

Daß ein Habgieriger auch das, was er übrig hat, nicht gerne hergibt.

Der Affe bat den Fuchs um einen Teil seines Schwanzes, um die unbedeckten Hinterbacken geziemend bedecken zu können. Ihm antwortete das böse Tier: »Und wenn mein Schwanz länger wird, dann will ich ihn eher durch Schmutz und Dornen ziehen, als dir einen noch so kleinen Teil abzutreten.«

2. [DER DICHTER]

Über die Leser.

Alles, was meine Muse spielend erschafft, wie auch immer beschaffen es ist, loben wertlose und wertvolle Menschen in gleicher Weise; doch loben die einen ehrlich, die anderen zürnen heimlich.

3. [DER DICHTER]

Daß man nicht mehr, als billig ist, erstreben soll.

Wenn die Natur das Menschengeschlecht nach meinen Vorstellungen gebildet hätte, wäre dieses viel besser ausgerüstet. Sie hätte uns nämlich alle Fähigkeiten verliehen, die Fortuna gnädig (jeweils) einem Tier gab: die Kräfte des Elefanten, das Ungestüm des Löwen, das lange Leben der Krähe, die Zier des trutzigen Stieres, die ruhige Sanftheit des schnellen Pferdes; und doch sollte der Mensch die ihm eigene Geschicklichkeit behalten. Natürlich lacht im Himmel

Nimirum in caelo secum ridet Iuppiter,
Haec qui negavit magno consilio homini,   10
Ne sceptrum mundi raperet nostra audacia.
   Ergo contenti munere invicti Iovis
Fatalis annos decurramus temporis,
Nec plus conemur quam sinit mortalitas.

4. [MERCURIUS ET DUAE MULIERES]

De eodem alia fabella.

Mercurium hospitio mulieres olim duae
Illiberali et sordido receperant:
Quarum una in cunis parvum habebat filium,
Quaestus placebat alteri meretricius.
Ergo ut referret gratiam officiis parem,   5
Abiturus et iam limen excedens ait:
»Deum videtis; tribuam vobis protinus,
Quod quaeque optarit.« Mater suppliciter rogat,
Barbatum ut videat natum quam primum suum;
Moecha, ut sequatur sese quicquid tetigerit.   10
Volat Mercurius, intro redeunt mulieres.
Barbatus infans ecce vagitus ciet.
Id forte meretrix cum rideret validius,
Nares replevit humor, ut fieri solet.
Emungere igitur se volens prendit manu   15
Traxitque ad terram nasi longitudinem,
Et aliam ridens ipsa ridenda exstitit.

5. [PROMETHEUS ET DOLUS]

De veritate et mendacio.

Olim Prometheus saeculi figulus novi
Cura subtili Veritatem fecerat,

Jupiter bei sich, er, der mit tiefer Einsicht dem Menschen diese Eigenschaften verweigerte, damit wir nicht in unserer Kühnheit die Herrschaft der Welt an uns rissen.

Also wollen wir, zufrieden mit dem Geschenk des unbesiegbaren Jupiter, die Jahre der vom Schicksal zugemessenen Zeit hinbringen und nicht mehr versuchen, als unsere sterbliche Natur erlaubt.

4. [HERMES UND DIE ZWEI WEIBER]

Eine andere Fabel zum gleichen Thema.

Den Hermes hatten einst zwei Weiber in einer geizigen und niedrigen Art der Gastfreundschaft aufgenommen. Die eine von ihnen hatte einen kleinen Sohn in der Wiege, die andere gefiel sich im Beruf einer Dirne. Um für ihre Dienste also den angemessenen Lohn zu erstatten, sagte er beim Weggehen, als er schon die Schwelle überschritt: »Ihr seht hier einen Gott; ich werde euch sogleich geben, was eine jede sich wünscht.« Die Mutter bittet flehentlich, sie möge so bald wie möglich ihren Sohn im Bartschmuck sehen; die Buhlerin wünschte, alles, was sie berühre, möchte ihr folgen. Hermes fliegt davon, die Frauen gehen ins Haus hinein. Schau, schon quäkt das Kind, das nun einen Bart hat! Als die Dirne darüber vielleicht ein wenig zu stark lachte, wurde ihre Nase voller Feuchtigkeit, wie es immer so geht. Indem sie nun sich ausschneuzen wollte, faßte sie mit der Hand an die Nase und zog diese – die immer länger wurde – bis zur Erde hinab; und so wurde sie, während sie über die andere lachte, selbst lächerlich.

5. [PROMETHEUS UND DIE LIST]

Über Wahrheit und Lüge.

Einst hatte Prometheus, der Bildner eines neuen Geschlechtes, mit großer Sorgfalt das Bild der Wahrheit gestaltet,

Ut iura posset inter homines reddere.
Subito accersitus nuntio magni Iovis
Commendat officinam fallaci Dolo,   5
In disciplinam nuper quem receperat.
Hic studio accensus, facie simulacrum pari,
Una statura, simile et membris omnibus,
Dum tempus habuit, callida finxit manu.
Quod prope iam totum mire cum positum foret,   10
Lutum ad faciendos illi defecit pedes.
Redit magister; quo festinanter Dolus
Metu turbatus in suo sedit loco.
Mirans Prometheus tantam similitudinem,
Propriae videri voluit artis gloriam.   15
Igitur fornaci pariter duo signa intulit;
Quibus percoctis atque infuso spiritu,
Modesto gressu sancta incessit Veritas;
At trunca species haesit in vestigio.
Tunc falsa imago atque operis furtivi labor   20
Mendacium appellatum est; quod negantibus
Pedes habere facile et ipse assentio.

6. NIHIL DIU OCCULTUM

Simulata interdum vitia prosunt hominibus,
Sed tempore ipso tamen apparet veritas.

7. [AUCTOR]

Sensum aestimandum esse, non verba.

Ixion quod versari narratur rota,
Volubilem Fortunam iactari docet.
Adversus altos Sisyphus montes agit
Saxum labore summo, quod de vertice
Sudore semper irrito revolvitur,

damit sie unter den Menschen Recht sprechen könnte. Als
er nun plötzlich durch einen Boten des großen Zeus herbei-
gerufen wurde, vertraute er seine Werkstätte der trügerischen List an, die er kurz zuvor zur Ausbildung angenommen hatte. Diese formte voller Eifer, solange die Zeit
reichte, mit geschickter Hand ein Bild mit gleichem Gesicht,
gleicher Haltung und ganz gleichen Gliedern. Als dieses
schon fast ganz mit wunderbarer Kunst gebildet dastand,
fehlte es ihr am Ton, um die Füße zu machen. Der Meister
kehrt zurück; die List saß, aus Furcht vor ihm verwirrt, gleich
wieder in ihrer Ecke. Prometheus wunderte sich über die
große Ähnlichkeit und wünschte, seine eigene Kunst
möchte den Ruhm dafür ernten. Also trug er beide Bilder
zugleich in den Ofen; als die nun ganz gebrannt waren und
ihnen Geist eingegossen war, schritt die heilige Wahrheit
züchtigen Schrittes einher; das fußlose Gegenbild aber
konnte nicht gehen. Daher wurde das falsche Bild und die
diebisch gebildete Arbeit »Lüge« genannt; und wenn man
sagt, diese habe keine Beine, so stimme auch ich bei.

6. NICHTS BLEIBT LANGE VERBORGEN

Manchmal nützen vorgetäuschte Fehler den Menschen, **doch**
im Laufe der Zeit kommt die Wahrheit selbst ans Licht.

7. [DER DICHTER]

Daß man den Sinn würdigen muß, nicht die Worte.

Daß Ixion auf dem Rad gedreht werden soll, lehrt, daß
Fortuna wandelbar ist und hin und her geworfen wird.
Wenn Sisyphos einen Felsen mit größter Mühe gegen hohe
Berge wälzt und dieser vom Gipfel immer wieder herunter-
rollt, so daß aller Schweiß vergebens floß, zeigt dies, daß

Ostendit hominum sine fine esse miserias.
Quod stans in amne Tantalus medio sitit,
Avari describuntur, quos circumfluit
Usus bonorum, sed nil possunt tangere.
Urnis scelestas Danaides portant aquas,   10
Pertusa nec complere possunt dolia;
Immo luxuriae quicquid dederis perfluet.
Novem porrectus Tityos est per iugera,
Tristi renatum suggerens poenae iecur;
Quo quis maiorem possidet terrae locum,   15
Hoc demonstratur cura graviore affici.
Consulto involvit veritatem antiquitas,
Ut sapiens intellegeret, erraret rudis.

8. [AUCTOR]

De oraculo Apollinis.

Utilius nobis quid sit dic, Phoebe, obsecro,
Qui Delphos et formosum Parnasum incolis.
Quid hoc? sacratae vatis horrescunt comae,
Tripodes moventur, mugit adytis Religio,
Tremuntque lauri et ipse pallescit dies.   5
Voces resolvit icta Pytho numine:
»Audite, gentes, Delii monitus dei:
Pietatem colite; vota superis reddite;
Patriam, parentes, natos, castas coniuges
Defendite armis, hostem ferro pellite;   10
Amicos sublevate; miseris parcite;
Bonis favete, subdolis ite obviam;
Delicta vindicate; cohibete impios;
Punite turpi thalamos qui violant stupro;
Malos cavete; nulli nimium credite.«   15

das Elend der Menschen kein Ende kennt. Wenn Tantalos mitten im Flusse steht und dürstet, sind damit die Habgierigen bezeichnet, die Überfluß an Möglichkeiten haben, ihre Güter zu genießen, jedoch nichts berühren können. In Urnen tragen die Danaiden Wasser zur Strafe ihres Verbrechens, doch können sie die durchlöcherten Fässer nicht füllen; das heißt eher, daß alles, was man dem Verschwender gibt, davonfließen wird. Tityos ist über neun Morgen Landes hingestreckt und bietet seine Leber, die immer wieder nachwächst, zu grausamer Bestrafung; das zeigt: einen je größeren Platz der Erde einer besitzt, desto schlimmere Sorge leidet er. Mit voller Absicht hat das Altertum die Wahrheit im Bilde geborgen, damit der Weise sie erkenne, der Ungebildete nichts damit anfangen könne.

8. [DER DICHTER]

Vom Orakel des Apollo.

Phoibos, sage uns, ich beschwöre dich, was für uns besser ist, du, der du Delphi und den schönen Parnaß bewohnst! Was ist das? Die Haare der geheiligten Seherin sträuben sich, die Dreifüße wanken, die Stimme der Religio dröhnt im inneren Heiligtum, die Lorbeerbäume erzittern, und der Tag selbst wird bleich. Die pythische Seherin, vom Geist getroffen, bricht in die Worte aus: »Hört, ihr Völker, die Mahnungen des delischen Gottes! Pflegt die heilige Ehrfurcht; löst den Göttern eure Gelübde ein; verteidigt das Vaterland, Eltern, Kinder und keusche Frauen mit den Waffen, vertreibt den Feind mit dem Eisen; helft euren Freunden; schont die Armen; steht auf der Seite der Guten, tretet den Heimtückischen entgegen; rächt die Verbrechen; haltet die Bösen im Zaum; bestraft diese, die durch schändlichen Ehebruch das Ehebett entweihen; hütet euch vor den Bösen; glaubt keinem allzusehr!« Als die Jungfrau dies

Haec elocuta concidit virgo furens:
Furens profecto, nam quae dixit perdidit.

9. [AESOPUS ET SCRIPTOR]

De malo scriptore se laudante.

Aesopo quidam scripta recitarat mala,
In quis inepte multum se iactaverat.
Scire ergo cupiens quidnam sentiret senex,
»Numquid tibi« inquit »visus sum superbior?
Haud vana nobis ingeni fiducia est.«   5
Confectus ille pessimo volumine:
»Ego« inquit »quod te laudas vehementer probo,
Namque hoc ab alio numquam continget tibi.«

10. [POMPEIUS MAGNUS ET EIUS MILES]

Quam difficile sit hominem nosse.

Magni Pompei miles vasti corporis
Fracte loquendo et ambulando molliter
Famam cinaedi traxerat certissimam.
Hic insidiatus nocte iumentis ducis,
Cum veste et auro et magno argenti pondere   5
Avertit mulos. Factum rumor dissipat;
Arguitur miles, rapitur in praetorium.
Tum Magnus: »Quid ais? tune me, commilito,
Spoliare es ausus?« Ille continuo exscreat
Sibi in sinistram et sputum digitis dissipat.   10
»Sic, imperator, oculi exstillescant mei,
Si vidi aut tetigi.« Tum vir animi simplicis
Id dedecus castrorum propelli iubet,

rasend hervorgebracht hatte, stürzte sie zusammen: Wahrhaftig, sie war rasend, denn ihre Worte waren in den Wind gesprochen.

9. [AISOPOS UND DER SCHRIFTSTELLER]

Von einem schlechten Schriftsteller, der sich selbst lobte.

Ein Mann hatte dem Aisopos schlechtes Zeug vorgelesen, mit dem er sich töricht vielfach gerühmt hatte. Da er nun wissen wollte, was der Alte davon halte, fragte er: »Kam ich dir zu stolz vor? Aber mein Vertrauen auf mein Talent ist nicht grundlos.« Aisopos, der durch das jämmerliche Buch ganz erledigt war, sagte: »Daß du dich lobst, das halte ich für sehr richtig; denn von einem anderen wird dir das niemals geschehen.«

10. [POMPEIUS DER GROSSE UND SEIN SOLDAT]

Wie schwer es ist, einen Menschen zu kennen.

Ein Soldat des großen Pompeius von mächtiger Statur hatte durch seine hohe Stimme und seinen weichlichen Gang den Ruf erworben, er sei gewiß ein widernatürlicher Lüstling. Er ging nachts an die Zugtiere des Feldherrn und führte einige Maultiere, die mit Kleidern, Gold und viel Silber beladen waren, auf die Seite. Das Gerücht von seiner Tat verbreitete sich; der Soldat wurde angeklagt und ins Feldherrnzelt geführt. Dann sagte Pompeius: »Wie? Kamerad, du hast es gewagt, mich zu berauben?« Jener spuckte sich sogleich in die linke Hand und verspritzte den Speichel mit den Fingern. Dabei sagte er: »So, mein Feldherr, sollen meine Augen auslaufen, wenn ich etwas gesehen oder angerührt habe!« Da befahl Pompeius, ein Mann von einfacher Gutgläubigkeit, diese Lagerschande wegzubringen, denn

Nec cadere in illum credit tantam audaciam.
Breve tempus intercessit, et fidens manu   15
Unum e Romanis provocabat barbarus.
Sibi quisque metuit; primi mussitant duces.
Tandem cinaedus habitu, sed Mars viribus,
Adit sedentem pro tribunali ducem,
Et voce molli: »Licet?« Enimvero eici   20
Virum ut in re atroci Magnus stomachans imperat.
Tum quidam senior ex amicis principis:
»Hunc ego committi satius Fortunae arbitror,
In quo iactura levis est, quam fortem virum,
Qui casu victus temeritatis te arguat.«   25
Assensit Magnus et permisit militi
Prodire contra; qui mirante exercitu,
Dicto celerius hostis abscidit caput
Victorque rediit. His tunc Pompeius super:
»Corona, miles, equidem te dono libens,   30
Quia vindicasti laudem Romani imperi;
Sed exstillescant oculi sic« inquit »mei«,
Turpe illud imitans ius iurandum militis,
»Nisi tu abstulisti sarcinas nuper meas.«

11. [IUNO, VENUS ET GALLINA]

De mulierum libidine.

Cum castitatem Iuno laudaret suam,
Iucunditatis causam non sprevit Venus,
Nullamque ut affirmaret esse illi parem,
Interrogasse sic gallinam dicitur:
»Dic sodes quanto possis satiari cibo.«   5
Respondit illa: »Quicquid dederis, satis erit,
Sic ut concedas pedibus aliquid scalpere.«
»Ne scalpas« inquit »satis est modius tritici?«

er glaubte nicht, daß jener so kühn sein könne. Eine kurze Zeit verging, und ein Barbar, der seiner Kraft vertraute, forderte einen Römer zum Zweikampf heraus. Jedermann hatte Angst um sich; selbst die ersten Führer sprachen nur leise. Endlich ging der Soldat, der äußerlich ein Lüstling, aber ein Mars an Kräften war, zum Feldherrn hin, der auf seinem Tribunal saß, und sagte mit hoher Stimme: »Ist's erlaubt?« Pompeius, der in dieser schlimmen Lage sehr mißgelaunt war, befahl, den Mann hinauszuwerfen. Da meinte einer von den älteren Freunden des Feldherrn: »Ich meine, es wäre besser, diesen hier dem Spiel des Glückes auszusetzen, denn bei ihm ist es nur ein kleiner Verlust, während ein tapferer Soldat – durch Zufall besiegt – dich dem Vorwurf der Leichtfertigkeit aussetzen könnte.« Pompeius stimmte zu und gestattete dem Soldaten, gegen den Feind zu ziehen. Dieser schlug vor den Augen des staunenden Heeres schneller, als man es sagen kann, dem Feinde das Haupt ab und kehrte als Sieger zurück. Dazu nun sagte Pompeius: »Ich beschenke dich gerne mit einem Kranze, Kamerad, weil du die Ehre des Römischen Reiches gerettet hast; aber meine Augen sollen so austropfen – und dabei ahmte er die schändliche Schwur-Geste des Soldaten nach –, wenn du nicht neulich mein Gepäck auf die Seite geschafft hast!«

11. [HERA, APHRODITE UND DAS HUHN]

Von der Begehrlichkeit der Weiber.

Als Hera ihre Keuschheit lobte, verschmähte es Aphrodite nicht, für die Lust einzutreten, und um zu beweisen, daß dieser keine gewachsen sei, soll sie das Huhn so gefragt haben: »Ach, sag doch, mit wieviel Futter du ganz satt werden kannst!« Das Huhn sagte: »Was du mir gibst, wird reichen, wenn du mir nur gestattest, mit den Füßen etwas zu scharren.« »Damit du aber nicht scharrst«, fuhr die Göttin

»Plane, immo nimium est, sed permitte scalpere.«
»Ex toto, ne quid scalpas, quid desideras?«   10
Tum denique illa fassa est naturae malum:
»Licet horreum mi pateat, ego scalpam tamen.«
Risisse Iuno dicitur Veneris iocos,
Quia per gallinam denotavit feminas.

12. [PATERFAMILIAS ET AESOPUS]

Quomodo domanda sit ferox iuventus.

Paterfamilias saevum habebat filium.
Hic e conspectu cum patris recesserat,
Verberibus servos afficiebat plurimis
Et exercebat fervidam adolescentiam.
Aesopus ergo narrat hoc breviter seni: 5
Quidam iuvenco vetulum adiungebat bovem.
Is cum refugiens impari collo iugum
Aetatis excusaret vires languidas:
»Non est quod timeas« inquit illi rusticus;
»Non ut labores facio, sed ut istum domes,   10
Qui calce et cornu multos reddit debiles.«
Et tu nisi istum tecum assidue detines
Feroxque ingenium comprimis clementia,
Vide ne querela maior accrescat domus.
    Atrocitati mansuetudo est remedium.   15

13. [AESOPUS ET VICTOR GYMNICUS]

Quomodo conprimatur aliquando iactantia.

Victorem forte gymnici certaminis
Iactantiorem cum vidisset Phryx sophus,

fort, »genügt dir da ein Scheffel Weizen?« »Weit, das ist sogar viel zu viel, nur gestatte mir zu scharren!« »Aber wieviel möchtest du haben, damit du überhaupt nicht mehr scharrst?« Da gestand schließlich jene ihre natürliche Schwäche: »Und wenn mir die Scheuer offensteht, ich werde *doch* scharren!« – Da soll Hera über die Scherze Aphrodites gelacht haben, weil sie durch das Huhn die Weiber brandmarkte.

12. [DER HAUSVATER UND AISOPOS]

Wie man die wilde Jugend zähmen muß.

Ein Hausvater hatte einen wilden Sohn. Wenn dieser seinem Vater aus den Augen gekommen war, schlug er die Sklaven mit sehr vielen Prügeln und tobte an ihnen seine jugendliche Wildheit aus. Also erzählte Aisopos dem Alten folgendes in kurzen Worten: Ein Mann schirrte ein älteres Rind mit einem Jungstier zusammen. Als dieses das Joch nicht tragen wollte, weil es ihm nicht gewachsen sei, und dabei entschuldigend auf die Schwächung seiner Kräfte durch das Alter hinwies, entgegnete ihm der Bauer: »Da brauchst du dich nicht zu fürchten, ich tue das nicht, damit du arbeitest, sondern damit du jenen bändigst, der durch Huf und Horn viele lahm macht.« Und du, Herr, wenn du nicht jenen dauernd bei dir hältst und seine wilde Art durch deine Milde unterdrückst, dann fürchte ich, daß ein viel größerer Grund zur Klage in deinem Hause heranwächst.
Ein Heilmittel gegen die Wildheit ist Milde.

13. [AISOPOS UND DER SPORTSIEGER]

Wie Prahlerei (endlich) einmal unterdrückt wird.

Als der Phrygische Weise einen Mann sah, der zufällig in einem sportlichen Wettkampf gesiegt hatte und recht prahlerisch

Interrogavit an plus adversarius
Valuisset eius. Ille: »Ne istud dixeris;
Multo fuere vires maiores meae.«   5
»Quod« inquit »ergo, stulte, meruisti decus,
Minus valentem si vicisti fortior?
Ferendus esses, forte si te diceres
Superasse, melior qui fuisset viribus.«

14. [ASINUS AD LYRAM]

Quomodo ingenia saepe calamitate intercidant.

Asinus iacentem vidit in prato lyram.
Accessit et temptavit chordas ungula;
Sonuere tactae. »Bella res, sed mehercules
Male cessit« inquit »artis quia sum nescius.
Si repperisset aliquis hanc prudentior,   5
Divinis aures oblectasset cantibus.«
    Sic saepe ingenia calamitate intercidunt.

15. [MULIER VIDUA ET MILES]

Quanta sit inconstantia et libido mulierum.

Per aliquot annos quaedam dilectum virum
Amisit et sarcophago corpus condidit;
A quo revelli nullo cum posset modo
Et in sepulcro lugens vitam degeret,
Claram assecuta est famam castae virginis.   5
Interea fanum qui compilarant Iovis,
Cruci suffixi luerunt poenas numini.
Horum reliquias ne quis posset tollere,
Custodes dantur milites cadaverum

auftrat, fragte er ihn, ob sein Gegner stärker gewesen sei.
Jener: »Sage das nicht! Meine Kräfte waren viel größer!«
»Welchen Ruhm also, du Tor«, antwortete Aisopos, »hast
du verdient, wenn du als Stärkerer einen weniger kräftigen
Mann besiegt hast? Du wärest noch erträglich, wenn du
sagtest, du habest durch Zufall über einen gesiegt, der dir
an Kräften überlegen war.«

14. [ESEL UND LEIER]

Wie Talente oft durch Unglück untergehen.

Ein Esel sah eine Leier im Grase liegen. Er ging herzu und
versuchte die Saiten mit dem Hufe; bei der Berührung tön-
ten sie. »Recht hübsch«, meinte der Esel, »aber, beim Herkules, es trifft sich schlecht, daß ich diese Kunst nicht verstehe. Wenn einer diese Leier gefunden hätte, der es besser
könnte, hätte er die Ohren durch göttliche Melodien erfreut.«
So gehen oft Talente durch Unglück zugrunde.

15. [DIE WITWE UND DER SOLDAT]

Wie groß die Unbeständigkeit und Lüsternheit der Weiber
ist.

Eine Frau verlor ihren Mann, den sie eine Reihe von Jahren
geliebt hatte, und barg den Leichnam in einem Sarkophag;
da sie von diesem auf keine Weise weggerissen werden
konnte und in dem Grabmal trauernd ihr Leben dahin-
brachte, kam sie in den Ruf einer sehr keuschen Frau. Inzwischen büßten Männer, die den Tempel des Jupiter
beraubt hatten, der Gottheit ihr Verbrechen am Kreuze.
Damit deren Überreste niemand wegnehmen könne, werden
Soldaten als Wächter der Leichen aufgestellt neben dem

Monumentum iuxta mulier quo se incluserat.   10
Aliquando sitiens unus de custodibus
Aquam rogavit media nocte ancillulam,
Quae forte dominae tunc assistebat suae
Dormitum eunti; namque lucubraverat
Et usque in serum vigilias perduxerat.   15
Paulum reclusis foribus miles prospicit
Videtque et aegram et facie pulchra feminam.
Corruptus animus ilico succenditur
Et uritur sensim impudentis cupiditas.
Sollers acumen mille causas invenit,   20
Per quas videre posset viduam saepius.
Cotidiana capta consuetudine
Paulatim facta est advenae submissior;
Mox artiore vinxit animum copula.
Hic dum consumit noctes custos diligens,   25
Desideratum est corpus ex una cruce.
Turbatus miles factum exponit mulieri.
At sancta mulier: »Non est quod timeas« ait
Virique corpus tradit figendum cruci,
Ne subeat ille poenas neglegentiae.   30
Sic turpitudo laudis obsedit locum.

16. [DUO IUVENES SPONSI DIVES ET PAUPER]

Fortunam interdum praeter spem atque exspectationem
hominibus favere.

Unam expetebant virginem iuvenes duo;
Vicit locuples genus et formam pauperis.
Ut nuptiarum dictus advenit dies,
Amans dolorem quia non poterat perpeti,
Maerens propinquos contulit se in hortulos,   5
Quos ultra paulo villa splendida divitis
Erat acceptura virginem e matris sinu,
Parum ampla in urbe visa quod fuerat domus.

Grabmal, in dem sich die Frau eingeschlossen hatte. Einmal hatte einer der Soldaten Durst und bat mitten in der Nacht die Zofe um Wasser, die gerade um diese Zeit ihrer Frau half, als sie zu Bett ging; diese nämlich hatte gewacht und ihr Aufbleiben bis tief in die Nacht hinein ausgedehnt. Da die Tür ein wenig aufstand, sah der Soldat hinein und erblickte die zwar abgehärmte, aber schöne Frau. Sogleich entbrannte die Begier des kecken Mannes und wurde allmählich verzehrend; sein geschickter Geist fand tausend Gründe, die Witwe öfter zu sehen. Diese, durch den täglichen Umgang beeindruckt, wurde dem Fremden gegenüber allmählich immer gefälliger; bald auch war sie ihm durch ein engeres Band verbunden. Während nun der zuverlässige Wächter seine Nächte hier verbrachte, fehlte plötzlich die Leiche an einem der Kreuze. Der verwirrte Soldat erklärte der Frau, was geschehen war. Aber die tugendhafte Frau sagte »Da brauchst du nichts zu fürchten« und übergab ihm die Leiche ihres Mannes, damit er sie ans Kreuz hefte und nicht für seine Nachlässigkeit bestraft werde. So setzte sich Schändlichkeit an die Stelle der Tugend.

16. [ZWEI JUNGE FREIER, EIN REICHER UND EIN ARMER]

Daß das Glück manchmal den Menschen gegen alle Hoffnung und Erwartung wohlwill.

Zwei junge Männer umwarben ein Mädchen; der reiche trug den Sieg über den schönen, adligen Armen davon. Als nun der Tag herankam, der für die Hochzeit abgesprochen war, begab sich der Arme, da er den Schmerz nicht ertragen konnte, trauernd in seinen nahegelegenen Garten; ein wenig weiter draußen lag das glänzende Landhaus des Reichen, das die Jungfrau aus den Armen der Mutter aufnehmen sollte, weil das Stadthaus nicht geräumig genug erschienen

Pompa explicatur, turba concurrit frequens,
Et coniugalem praebet Hymenaeus facem.   10
Asellus autem, qui solebat pauperi
Quaestum deferre, stabat portae in limine.
Illum puellae casu conducunt suae,
Viae labores teneros ne laedant pedes.
Repente caelum, Veneris misericordia,   15
Ventis movetur, intonat mundi fragor
Noctemque densis horridam nimbis parat:
Lux rapitur oculis et simul vis grandinis
Effusa trepidos passim comites dissipat,
Sibi quemque cogens petere praesidium fuga.   20
Asellus notum proximum tectum subit
Et voce magna sese venisse indicat.
Procurrunt pueri, pulchram aspiciunt virginem
Et admirantur: deinde domino nuntiant.
Inter sodales ille paucos accubans   25
Amorem crebris avocabat poculis.
Ubi nuntiatum est, recreatus gaudiis
Hortante Baccho et Venere, dulces perficit
Aequalitatis inter plausus nuptias.
Quaerunt parentes per praeconem filiam;   30
Novus maritus coniuge amissa dolet.
Quid esset actum postquam populo innotuit,
Omnes favorem comprobarunt caelitum.

17. [AESOPUS ET DOMINA]

Quam noceat saepe verum dicere.

Aesopus turpi cum serviret feminae,
Quae se expingendo totum intricaret diem,
Vestem, uniones, aurum, argentum sumeret,
Nec inveniret digito qui se tangeret:
»Licetne paucis?« inquit – »Dicas.« – »Censeo,   5
Quidvis efficies, cultum si deposueris.«

war. Der Hochzeitszug entfaltet sich, eine große Menge
Menschen läuft zusammen, Gott Hymenaios entfacht die
Brautfackel. Ein Esel, der dem Armen immer ein wenig
Gewinn einbrachte, stand an der Türschwelle. Diesen mie-
teten zufällig (die Leute) für ihr Mädchen, damit der
mühsame Weg nicht die zarten Füße verletze. Plötzlich
wird, durch das Mitleid der Aphrodite, der Himmel durch
Winde zerwühlt, der Krach des Donners durchtönt den
Himmel und bringt eine durch dichte Regenwolken schau-
erliche Nacht herbei. Das Licht des Tages entschwindet den
Augen, und zugleich zerstreut ein starker Hagel, der herab-
stürzt, die ängstlichen Gefährten überallhin und zwingt
jeden, fliehend Schutz zu suchen. Der Esel strebt unter
das ganz nahe gelegene, ihm bekannte Dach und zeigt mit
lautem Schreien an, daß er angekommen ist. Die Diener
rennen heraus, sehen das schöne Mädchen und bewundern
es; dann melden sie es ihrem Herrn. Dieser saß bei ein paar
Gefährten und wollte seinen Liebeskummer durch starkes
Bechern ertränken. Als er die Nachricht erhält, vollzieht
er, durch die Freude erquickt und von Dionysos und Aphrodite getrieben, unter dem Beifall seiner Altersgenossen
die erwünschte Heirat. Die Eltern suchen ihre Tochter durch
einen Herold; der Bräutigam trauert über den Verlust
seiner Gattin. Als das Volk erfuhr, was geschehen war,
priesen alle die Gunst der Himmlischen.

17. [AISOPOS UND SEINE HERRIN]

Wie schädlich es oft sein kann, die Wahrheit zu sagen.

Als Aisopos der Sklave eines schändlichen Weibes war, das
den ganzen Tag damit verbrachte, sich anzumalen, und
schöne Kleider, Perlen, Gold und Silber trug, aber doch
keinen fand, der sie auch nur mit der Fingerspitze angerührt hätte, sagte er zu ihr: »Darf ich kurz etwas sagen?«
– »Sprich!« – »Ich glaube, du wirst alles fertigbringen, wenn

»Adeone per me videor tibi meliuscula?« –
»Immo, nisi dederis, sponda cessabit tua.«
»At non cessabunt latera« respondit »tua«,
Et obiurgari iussit servum garrulum.   10
Post paulo armillam tollit fur argenteam.
Quam non apparere ut dictum est mulieri,
Furore plena vocat omnes et verbera
Proponit gravia, verum si non dixerint.
»Aliis minare« inquit »me non falles, era;   15
Flagris sum caesus, verum quia dixi modo.«

18. [GALLUS LECTICA A FELIBUS VECTUS]

Nimiam securitatem saepe in periculum homines ducere.

Feles habebat gallus lecticarios.
Hunc gloriosum vulpes ut vidit vehi,
Sic est locuta: »Moneo praecaveas dolum;
Istorum vultus namque si consideras,
Praedam portare iudices, non sarcinam.«   5
. . . .
Postquam esurire coepit societas fera,
Discerpsit dominum et fecit partes facinoris.

19. [SCROFA PARTURIENS ET LUPUS]

Faciendum prius de homine periculum, quam eius te
committas fidei.

Premente partu scrofa cum gemeret iacens,
Accurrit lupus et obstetricis partibus

du den Schmuck ablegst.« – »Ja, komme ich dir denn schon
so, wie ich bin, hübscher vor?« – »O nein, aber wenn du nicht
Geschenke machst (vom Eingesparten), wird dein Bett leer
bleiben.« – »Aber dein Rücken wird nicht leer bleiben«,
rief das Weib und befahl, den vorlauten Sklaven zu ver-
prügeln. Nicht viel später stahl ein Dieb ein silbernes
Armband, und als man dem Weib meldete, es sei verschwunden, rief sie wütend alle Leute (im Haus) zusammen
und stellte schwere Peitschenhiebe in Aussicht, wenn man ihr
nicht die Wahrheit sage. Da antwortete Aisopos: »Anderen
kannst du ja drohen, Herrin, aber mich kannst du nicht
hereinlegen, denn ich bin gepeitscht worden, weil ich neulich
die Wahrheit gesagt habe.«

18. [EIN HAHN, AUF EINEM TRAGBETT VON KATZEN GETRAGEN]

Daß allzu große Sorglosigkeit die Menschen oft in Gefahr
bringt.

Ein Hahn hatte Katzen als Träger für sein Tragbett. Als
ihn der Fuchs sah, wie er sich großmächtig dahintragen ließ,
sagte er: «Ich mahne dich, vor List auf der Hut zu sein;
denn wenn du die Gesichter der Kerle hier genau ansiehst,
kannst du meinen, sie trügen eine Beute, nicht eine
Bürde.«
... als die wilde Gesellschaft Hunger bekam, zerriß sie den
Herrn und teilte sich in die Beute der Untat.

19. [EIN SCHWEIN, DAS JUNGE BEKOMMT, UND DER WOLF]

Man muß erst einen Menschen auf die Probe stellen, bevor
man sich ihm anvertraut.

Als ein Mutterschwein, von der Geburt geplagt, dalag und
stöhnte, kam der Wolf herbeigerannt und sagte, er könne

Se posse fungi dixit, promittens opem.
Quae vero nosset pectoris fraudem improbi,
Suspectum officium repudiavit malefici   5
Et: »Satis est« inquit »si recedis longius.«
Quod si perfidiae se commisisset lupi,
Pari dolore fata deflesset sua.

20. [AESOPUS ET SERVUS PROFUGUS]

Non esse malo addendum malum.

Servus profugiens dominum naturae asperae,
Aesopo occurrit notus e vicinia.
»Quid tu confusus?« – »Dicam tibi clare, pater,
Hoc namque es dignus appellari nomine,
Tuto querela quia apud te deponitur.   5
Plagae supersunt, desunt mihi cibaria;
Subinde ad villam mittor sine viatico.
Domi si cenat, totis persto noctibus,
Sive est vocatus, iaceo ad lucem in semita.
Emerui libertatem, canus servio.   10
Ullius essem culpae mihi si conscius,
Aequo animo ferrem; numquam sum factus satur
Et super infelix saevum patior dominium.
Has propter causas et quas longum est promere,
Abire destinavi quo tulerint pedes.«   15
»Ergo« inquit »audi: cum mali nil feceris,
Haec experiris, ut refers, incommoda;
Quid si peccaris? quae te passurum putas?«
Tali consilio est a fuga deterritus.

ja die Hebamme spielen, und dabei versprach er seine
Hilfe. Das Schwein aber, das seinen betrügerischen, ruchlo-
sen Sinn kannte, wies die verdächtige Hilfsbereitschaft des
Schurken zurück und sagte: »Es genügt mir schon, wenn du
ein Stück weiter von mir weg gehst.« Wenn es sich nämlich
dem treulosen Wolf anvertraut hätte, dann hätte es mit
ebenso großem Schmerz sein Unglück beweinen müssen.

20. [AISOPOS UND DER FLÜCHTIGE SKLAVE]

Daß man zu einem Übel nicht ein zweites hinzufügen
soll.

Ein Sklave, der seinem brutalen Herrn davonlief, begegnete
dem Aisopos, der ihn aus der Nachbarschaft kannte. »Was
hat dich so durcheinandergebracht?« – »Ich will es dir genau
sagen, Vater – denn du bist würdig, diesen Namen zu tragen, weil man sich bei dir ohne Gefahr beklagen kann. Bei
mir gibt es Schläge im Überfluß und Hunger auch im
Überfluß. Manchmal schickt man mich zum Landgut hinaus
ohne Verpflegung, und wenn Er zu Hause speist, muß ich
die ganze Nacht dabeistehen, und wenn Er eingeladen ist,
liege ich bis zum frühen Morgen auf der Straße herum. Ich
hätte längst die Freiheit verdient und muß nun noch als
grauhaariger Mann Sklave sein. Wenn ich mir noch einer
Schuld bewußt wäre, würde ich das alles mit Geduld ertragen. Niemals bin ich wirklich satt geworden, und obendrein
muß ich Armer eine grausame Herrschaft erdulden. Aus
diesen Gründen und aus anderen, die aufzuzählen zu weit
führte, habe ich mich entschlossen fortzugehen, wohin mich
die Füße tragen.« »Also«, erwiderte Aisopos, »höre zu:
Obwohl du nichts angestellt hast, erleidest du die Übel, die
du anführst; was aber, wenn du gefehlt hast? Was, meinst
du, wirst du leiden müssen?« Durch diesen Ratschlag ließ
sich der Sklave von der Flucht abschrecken.

21. [EQUUS QUADRIGALIS IN PISTRINUM VENUMDATUS]

Ferendum esse aequo animo quicquid acciderit.

Equum ex quadriga multis palmis nobilem
Abegit quidam et in pistrinum vendidit.
Productus ad bibendum cum foret a molis,
In circum aequales ire conspexit suos,
Ut grata ludis redderent certamina.   5
Lacrimis obortis: »Ite felices« ait;
»Celebrate sine me cursu sollemnem diem;
Ego quo scelesta furis attraxit manus,
Ibi sorte tristi fata deflebo mea.«

22. [URSUS ESURIENS]

Famem acuere animantibus ingenium.

Si quando in silvis urso desunt copiae,
Scopulosum ad littus currit et prendens petram
Pilosa crura sensim demittit vado;
Quorum inter villos simul haeserunt canceres,
In terram arripiens excutit praedam maris   5
Escaque fruitur passim collecta vafer.
    Ergo etiam stultis acuit ingenium fames.

23. [VIATOR ET CORVUS]

Verbis saepenumero homines decipi solere.

Quidam per agros devium carpens iter
»Ave« exaudivit et moratus paululum,

21. [EIN RENNPFERD, IN EINE MÜHLE VERKAUFT]

Daß man mit Gleichmut alles ertragen muß, was geschieht.

Ein Mann entwandte aus einer Quadriga ein Pferd, das durch viele Siege berühmt war, und verkaufte es in eine Mühle. Als das Pferd einmal von den Drehmühlen zum Trinken herausgeführt worden war, sah es seine Altersgefährten auf dem Weg zum Zirkus, um die Spiele durch ihre Wettfahrt zu verschönern. Da stiegen ihm die Tränen in die Augen, und es sagte: »Zieht glücklich hin, und feiert ohne mich im Lauf den Feiertag; ich will hier, wohin mich die verbrecherische Hand des Diebes hergezerrt hat, das Los beweinen, das ein grausames Schicksal über mich verhängt hat.«

22. [DER HUNGRIGE BÄR]

Daß der Hunger den Geist der Wesen schärft.

Wenn einmal dem Bären im Walde die Nahrung ausgegangen ist, läuft er zum felsigen Gestade herunter, klettert auf einen Felsen und steckt langsam seine pelzigen Pranken ins Wasser; wenn nun Krebse zwischen den Pelzhaaren hängengeblieben sind, reißt der Schlaukopf die Pfote ans Land heraus, schüttelt die Meeresbeute aus und genießt die gesammelte Speise.
So also schärft der Hunger auch den Geist der Toren.

23. [WANDERER UND RABE]

Daß Menschen oft durch Worte getäuscht werden.

Ein Mann zog auf einem Nebenweg durch die Felder und hörte »Ave!« rufen; da blieb er ein Weilchen stehen; doch

Adesse ut vidit neminem, cepit gradum.
Iterum salutat idem ex occulto sonus.
Voce hospitali confirmatus restitit,   5
Ut quisquis esset par officium reciperet.
Cum circumspectans errore haesisset diu
Et perdidisset tempus aliquot milium,
Ostendit sese corvus et supervolans
»*Ave*« usque ingessit. Tum se lusum intellegens: 10
»At male tibi sit« inquit »ales pessime,
Qui festinantis sic detinuisti pedes.«

24. [PASTOR ET CAPELLA]

Nihil ita occultum esse quod non reveletur.

Pastor capellae cornu baculo fregerat:
Rogare coepit ne se domino proderet.
»Quamvis indigne laesa, reticebo tamen;
Sed res clamabit ipsa quid deliqueris.«

25. [SERPENS ET LACERTA]

Ubi leonis pellis deficit, vulpinam insuendam esse; hoc est,
ubi deficiunt vires, astu utendum.

Serpens lacertam forte adversam prenderat;
Quam devorare patula cum vellet gula,
Arripuit illa prope iacentem surculum,
Et pertinaci morsu transversum tenens,
Avidum sollerti rictum frenavit mora.   5
Praedam dimisit ore serpens irritam.

als er sah, daß niemand da war, ging er weiter. Zum zweiten Mal grüßte derselbe Ruf aus dem Verborgenen. Durch
den freundlichen Zuruf gestärkt, blieb er wieder stehen,
damit der andere, sei er, wer er wolle, den gleichen Gruß
erhalten könne. Als er verwirrt umherblickend lange ge-
standen war und die Zeit für einige Meilen verloren hatte,
zeigte sich ihm der Rabe, und indem er über ihn hinweg-
flog, rief er immer wieder »Ave!«. Da merkte der Wanderer, daß man ihn zum Narren gehalten hatte, und rief:
»Dich soll der Teufel holen, verdammter Vogel, der du
mich in meiner Eile so aufgehalten hast!«

24. [HIRT UND ZIEGE]

Daß nichts so verborgen ist, daß es nicht an den Tag
käme.

Ein Hirte hatte einer Ziege mit seinem Stab ein Horn gebrochen und begann sie zu bitten, sie möchte ihn nicht an
den Herrn verraten. Da sagte die Ziege: »Wenn ich auch
empörend verletzt wurde, will ich doch schweigen; aber die
Sache selbst wird hinausschreien, was du angestellt hast.«

25. [SCHLANGE UND EIDECHSE]

Daß man, wenn das Löwenfell nicht ausreicht, den Fuchspelz
annähen muß; das heißt, daß man, wenn die Kräfte fehlen,
zur List greifen muß.

Die Schlange hatte eine Eidechse gefangen, die ihr zufällig
über den Weg gelaufen war; als sie diese mit aufgesperrtem
Rachen fressen wollte, packte diese ein Zweiglein, das daneben
lag, hielt es mit festem Biß quer im Maul und hinderte den
gierigen Rachen durch dieses klug erfundene Hindernis am
Zubeißen. So mußte die Schlange die Beute erfolglos aus
dem Rachen fahren lassen.

26. [CORNIX ET OVIS]

Multos lacessere debiles et cedere fortibus.

Odiosa cornix super ovem consederat;
Quam dorso cum tulisset invita et diu:
»Hoc« inquit »si dentato fecisses cani,
Poenas dedisses.« Illa contra pessima:
»Despicio inermes, eadem cedo fortibus;   5
Scio quem lacessam, cui dolosa blandiar;
Ideo senectam mille in annos prorogo.«

27. [SERVUS ET DOMINUS]

Nullum maledictum esse gravius conscientia.

Cum servus nequam Socrati malediceret,
Uxorem domini qui corrupisset sui,
Idque ille sciret notum circumstantibus:
»Places tibi« inquit »quia cui non debes places;
Sed non impune, quia cui debes non places.«   5

28. [LEPUS ET BUBULCUS]

Multos verbis blandos esse, pectore infideles.

Cum venatorem celeri pede fugeret lepus
Et a bubulco visus veprem irreperet:
»Per superos oro perque spes omnes tuas,
Ne me indices, bubulce; nihil umquam mali
Huic agro feci.« At rusticus: »Ne timueris;   5

26. [KRÄHE UND SCHAF]

Daß viele die Schwachen reizen, vor den Starken aber zu-
rückweichen.

Die verhaßte Krähe hatte sich auf das Schaf gesetzt; als
dieses sie lange gegen seinen Willen getragen hatte, sagte es:
»Wenn du das dem Hund, der Zähne hat, getan hättest,
dann wärest du bestraft worden.« Ihm antwortete jenes
bitterböse Tier: »Ich verachte die Waffenlosen und weiche
vor den Starken zurück, weiß, wen ich reizen darf, weiß auch,
wem ich listig schmeicheln muß. Daher kann ich mein Leben
bis zu tausend Jahren verlängern.«

27. [SKLAVE UND HERR]

Kein Vorwurf wiegt schwerer als das eigene Gewissen.

Ein nichtsnutziger Sklave beschimpfte den Sokrates. Dieser
Sklave hatte aber die Frau seines Herrn verführt, und Sokrates wußte, daß dies den Umstehenden bekannt war. So
sagte er zu ihm: »Du gefällst dir, weil du jemandem gefällst, dem du nicht gefallen dürftest; aber das wird nicht
ungestraft bleiben, weil du jemandem nicht gefällst, dem
du gefallen müßtest.«

28. [HASE UND RINDERHIRT]

Daß viele mit Worten schmeicheln, im Innern aber treulos
sind.

Als der Hase schnellfüßig vor dem Jäger floh und, vom
Rinderhirten gesehen, in ein Dickicht schlüpfte, rief er diesem zu: »Ich bitte dich bei den Göttern und bei allem, was
du dir erhoffst, mich nicht zu verraten, Rinderhirt; ich habe
auch dieser Flur niemals Schaden getan.« Da antwortete

Late securus.« Iamque venator sequens:
»Quaeso, bubulce, numquid huc venit lepus?«
»Venit, sed abiit hac ad laevam«; et dexteram
Demonstrat nutu partem. Venator citus
Non intellexit seque e conspectu abstulit.   10
Tunc sic bubulcus: »Ecquid est gratum tibi,
Quod te celavi?« »Linguae prorsus non nego
Habere atque agere maximas me gratias;
Verum oculis ut priveris opto perfidis.«

29. [MERETRIX ET IUVENIS]

Multa esse nobis iucunda quae tamen sunt incommoda.

Cum blandiretur iuveni meretrix perfida,
Et ille laesus multis saepe iniuriis
Tamen praeberet sese facilem mulieri,
Sic insidiatrix: »Omnes muneribus licet
Contendant, ego te plurimi facio tamen.«   5
Iuvenis recordans quotiens deceptus foret:
»Libenter« inquit »mea lux, hanc vocem audio,
Non quod fidelis, sed quod iucunda est mihi.«

30. [FIBER]

Multi viverent, si salutis gratia parvi facerent fortunas.

Canes effugere cum iam non possit fiber,
(Graeci loquaces quem dixerunt castorem
Et indiderunt bestiae nomen dei,
Illi qui iactant se verborum copia),

der Landmann: »Hab nur keine Angst und bleib ohne Furcht im Versteck!« Und schon war der verfolgende Jäger da und rief: »He, bitte, Rinderhirt, ist hier ein Hase hergekommen?« »Ja«, sagte der Hirt, »aber er ist dort nach links gerannt«, doch dabei deutete er mit einem Wink nach rechts. Der Jäger hatte es eilig, verstand ihn nicht und war bald wieder verschwunden. Da sagte der Hirt zum Hasen: »Na, war es dir nicht recht, daß ich dich verborgen hielt?« »Ich leugne keinesfalls, daß ich deiner Zunge größten Dank schulde und sage«, erwiderte der Hase, »aber ich wünschte, du möchtest deiner treulosen Augen beraubt werden.«

29. [DIE DIRNE UND DER JUNGE MANN]

Daß uns vieles angenehm ist, was in Wirklichkeit zugleich unwillkommen ist.

Als eine treulose Hetäre einem Jüngling schmeichelte und dieser, der oft von ihr vieles Unrecht hatte leiden müssen, sich ihr doch gefällig erwies, sagte die Falsche: »Und wenn die anderen alle mit Gaben werben – dich mag ich doch am liebsten!« Der junge Mensch dachte daran, wie oft sie ihn schon hinters Licht geführt hatte, und antwortete: »Das höre ich gerne, mein Augapfel, freilich nicht, weil ich deinen Worten traue, sondern, weil sie mich glücklich machen.«

30. [DER BIBER]

Viele lebten, wenn sie, um ihr Leben zu retten, ihren Besitz gering achteten.

Wenn der Biber den Hunden nicht mehr entgehen kann (er, den die wortfreudigen Griechen Kastor genannt und dem Tier einen Götternamen gegeben haben – sie sind ja schrecklich stolz auf ihren Wortschatz), dann soll er sich die

Abripere morsu fertur testiculos sibi,   5
Quia propter illos sentiat sese peti.
Divina quod ratione fieri non negem;
Venator namque simul invenit remedium,
Omittit ipsum persequi et revocat canes.
  Hoc si praestare possent homines, ut suo   10
Vellent carere, tuti posthac viverent;
Haud quisquam insidias nudo faceret corpori.

31. [PAPILIO ET VESPA]

Non praeteritam sed praesentem aspiciendam esse fortunam.

Papilio vespam praetervolitans viderat.
»O sortem iniquam! dum vivebant corpora,
Quorum ex reliquiis animam nos accepimus,
Ego eloquens in pace, fortis proeliis,
Arte omni princeps inter aequales fui.   5
En cuncta! levitas putris et volito cinis!
Tu qui fuisti mulus clitellarius,
Quemcumque visum est laedis infixo aculeo.«
Et vespa dignam moribus vocem edidit:
»Non qui fuerimus, sed qui nunc simus vide.«   10

32. [TERRANEOLA ET VULPES]

Pravis non esse fidem adhibendam.

Avis quam dicunt terraneolam rustici,
In terra nidum quia componit scilicet,
Forte occucurrit improbae vulpeculae;
Qua visa, pennis altius se sustulit.
»Salve« inquit illa »cur me fugisti, obsecro?   5

Hoden abbeißen, weil er merkt, daß er wegen dieser gejagt
wird. Ich möchte nicht leugnen, daß hier überirdische Ein-
wirkung vorliegt; denn sobald der Jäger das Heilmittel
gefunden hat, hört er mit der Verfolgung auf und pfeift die
Hunde zurück.

Wenn die Menschen es fertigbrächten, daß sie auf ihr Eigentum verzichteten, könnten sie dann sicher leben, denn keiner
stellt einem nach, der nur das nackte Leben behielt.

31. [SCHMETTERLING UND WESPE]

Daß man nicht das vergangene, sondern das gegenwärtige
Los betrachten muß.

Ein Schmetterling hatte die Wespe nahe vorbeifliegen sehen.
»Wie ungerecht ist doch das Schicksal«, rief er, »solange die
Körper lebten, aus deren Resten wir das Leben empfingen,
war ich beredt im Frieden und tapfer im Kampfe und war
in jeder Kunst der erste unter meinen Gefährten. Und nun –
nun bin ich nur noch zerbrechlich und leicht und fliege als
Staub umher. Du aber, der du einst nur ein Packesel warst,
stichst nun jeden, den du willst, mit deinem Stachel.« Die
Wespe aber sprach einen Satz, der gut zu ihrem Wesen
paßte: »Schau nicht nach dem, was wir waren, sondern auf
das, was wir sind!«

32. [DAS ERDMÄNNCHEN UND DER FUCHS]

Daß man Schuften nicht trauen darf.

Der Vogel, den die Bauern Erdmännchen nennen, weil er
sein Nest auf dem Erdboden baut, begegnete einmal zufällig
dem bösen Fuchs, und als er diesen gesehen hatte, flog er in
die Höhe. »Sei mir gegrüßt«, rief der Fuchs, »warum – ich
bitte dich – fliehst du denn vor mir? Als ob ich nicht auf

Quasi non abunde sit mihi in prato cibus,
Grilli, scarabaei, locustarum copia:
Nihil est quod metuas, ego te multum diligo
Propter quietos mores et vitam probam.«
Respondit contra: »Tu quidem bene praedicas;   10
In campo non sum, sed sub dio par tibi.
Quin sequere; tibi salutem committo meam.«

der Wiese Futter in Fülle hätte, Grillen, Käfer und eine
Menge von Heuschrecken. Du brauchst nichts zu fürchten,
ich liebe dich sehr wegen deiner ruhigen Sitten und deines
rechtschaffenen Lebens.« Da entgegnete der Sänger: »Du
lobst mich da großartig, aber unten auf dem Boden bin ich
dir nicht gewachsen, wohl aber hier oben. Komm doch her-
auf! Hier vertraue ich dir meine Sicherheit an.«

ANMERKUNGEN

Im folgenden wird jeweils angegeben, wo eine Fabel sonst noch überliefert ist; dabei bedeutet die Sigle »Aes.« mit Zahl, daß sich eine Parallele in Perrys »Aesopica« (Urbana 1952) findet oder daß die Fabel dort identisch ist mit der Phaedrus-Fabel; »Babrios« bezieht sich auf die Fabelsammlung des Babrios; »Halm« zitiert H. Halm, Fabulae Aesopiae, Leipzig 1863; »Wiss.« meint den Codex Wissenburgensis; »Ad.« den Codex Vossianus Latinus 15; »Rom.« bedeutet Romulus (die Namen sind erläutert im Abschnitt des Nachwortes »Zum Fortleben der Fabeldichtung«). – Unter »Rückert« werden in Auswahl Anmerkungen der Ausgabe von 1878 wiedergegeben. »N« steht für Nachahmung, »Ü« für Übersetzung.
Die kurzen interpretierenden Hinweise und Einzelerläuterungen (deren Ziffern sich auf die Verszählung des Originals beziehen) dienen einem genaueren Verständnis der gelegentlich freien Übersetzung Rückerts.

BUCH 1

Prologus.
Aisopos liefert den griechischen Stoff, Phaedrus die ausgearbeitete römische Form. Das Büchlein erfüllt die horazischen Aufgaben des Erfreuens *(delectare)* und Nützens *(prodesse)* in einem; das ist durch den Reim unterstrichen.

2 *polivi:* Wortbedeutung vom Handwerk auf die Kunst übertragen.

3 *libelli dos:* die Mitgift, Ausstattung, die das Buch erhalten hat.

6 Der Vers heißt eigentlich: »Daß hier sogar die Bäume, nicht nur Tiere reden.«

7 *iocari:* das von Phaedrus häufig zur Charakterisierung der Fabeldichtung gebrauchte Verbum.

1, 1: Aes. 155; Babrios 89; Halm 274; Wiss. 1, 1; Ad. 3; Rom. 3.
In äußerster Kürze werden der Brutale und sein Opfer vorgestellt; im Gleichlauf sind ihre Standorte beschrieben *(superior – lupus; inferior – agnus)*. Der Wolf bricht Streit vom Zaun und beginnt die sich steigernde Reihe ungerechter Vorwände. Phaedrus zeigt

klar, wer Unrecht hat (*improba* 3; *repulsus . . . veritatis viribus* 9; *iniusta nece* 13).

Die Fabel ist weniger belehrend als warnend und mahnend und scheint von persönlichem Erleben erfüllt; daß Phaedrus vielleicht einen »Anlaß« hat, geht aus *propter* (14) hervor.

4 *intulit:* bezeichnet das willkürliche Herbeiziehen des Haders; N: J. Ogilby; de Mandeville; G. Corrozet; J. de Tournes; La Fontaine 1, 10; L. Ratisbonne; Boner; Luther; J. Magdeburg; A. G. Kästner; Lichtwer; J. E. Schlegel; H. Arntzen; James.
Ü: Herder, Goethe.

1, 2: Aes. 44; Halm 76; Wiss. 3, 7; Rom. 27.

Phaedrus stellt die Fabel in eine politisch-historische Umgebung. Demokratische Willkür hat den »starken Mann« hervorgebracht, der die Akropolis, das Tyrannensymbol, an sich reißt. Aisopos erzählt den Athenern eine Fabel, die Zweifaches leistet: Sie erklärt den Menschen, wie es zur Tyrannis kam, und rät ihnen, wie sie sich nun verhalten sollen. Die Frösche bekommen von Jupiter einen König. Dieser Teil der Fabel zielt wohl auf die sich als »harmlos« erweisende demokratische Verfassung. Der Übermut führt zur Tyrannis, deren Terror sorgsam beschrieben wird. Jupiter hat kein Mitleid; Aisopos rät gar, man solle sich einrichten, sonst könne noch schlimmeres Übel kommen. Die Fabel ist anfangs mehr »abstrakt«, bis das Symbol der Zwingburg auftaucht. Aisopos spricht dann in einer fiktiven Volksversammlung, in der die Fabel Mittel politischer Psychagogie wird. Der Frosch-Teil besticht durch Einzelheiten (*liberis paludibus* 10 – in freien Sümpfen, was in der Übersetzung fehlt; *pater deorum risit* 13; *profert e stagno caput* 17 usw.), besonders auch im diplomatischen Verkehr der Tiere mit Jupiter. Aufregend knapp ist die Grausamkeit der Wasserschlange geschildert, ebenso die Gesandtschaft. Im Anschluß der aisopischen Mahnung an die Strafrede Jupiters bildet der Schluß der Binnen- und der Außenfabel einen Block, der fast ein Epimythion ersetzt.

1 Mit dem »gleichen Recht« sind die im Jahre 594 gegebenen Gesetze Solons gemeint, die eine gewisse Rechtsgleichheit für alle Bürger brachten. Bei späteren Unruhen wurde aber 560 Peisistratos Tyrann.

2 *miscuit:* regelloses, willkürliches Durcheinandermengen.

5 *arcem:* Die Akropolis, von der aus die Stadt beherrscht werden konnte.

9 f. Diese Erzählung ist erfunden; doch sei daran erinnert, daß
Menenius Agrippa die Fabel vom Magen und den Gliedern der
ausgewanderten Plebs sowie Kyros den Ioniern die Sage von
den Fischen vortrug – was als historisch angesehen wird.

26 *fugitant:* Das Frequentativum malt die verschiedenen Flucht-
versuche.

30 *perferte:* ertragt bis zum Ende ausharrend.

N: La Fontaine 3, 4.

Ü: Goethe.

1, 3: Aes. 472 (vgl. 129); Halm 200. 201; Wiss. 2, 4; Ad. 26;
Rom. 45. – Hor., Epist. 1, 3, 18 f.

Der Eingang bietet eine Art von Promythion, Lehre (oder Abmah-
nung) und Quellenangabe zugleich. Die Fabel wird römisch als
exemplum bezeichnet.

Die Dohle schmückt sich mit fremden Federn und wird entlarvt.
Phaedrus läßt keinen Zweifel an ihrer Schuld *(inani ... superbia,
impudenti)*, obwohl er die verführerische Schönheit der Pfauen
(pavonum formoso gregi) fein ausmalt. Das Ende bildet eine
Art von Epimythion, das in die Schlußrede eingebaut ist. Der
Sprecher scheidet dabei genau zwischen der schmachvollen Zurück-
weisung *(contumelia)* der Pfauen und der »zensorischen« Art der
Verachtung durch die Dohlen *(repulsus, notam, repulsam)*. Bei
Aisopos (Aes. 129) waren es Tauben statt Pfauen.

9 *male mulcatus:* umgangssprachlicher Ausdruck, der sich auch
in der Komödie findet.

10 *redire ... coepit:* Umschreibung mit *coepisse* und dem Infini-
tiv bezeichnet bei Phaedrus häufig allmähliches Werden.

16 Der Vers fehlt in Rückerts Übersetzung; er lautet: » ... und
du Unglückliche müßtest nicht diese Zurückweisung erleiden.«

N: La Fontaine 4, 9; Lessing 2, 6.

Ü: Herder.

1, 4: Aes. 133; Babrios 79; Halm 233; Wiss. 1, 6; Ad. 7; Rom. 6.

Das Promythion ist schön gebaut; zwei Verben umrahmen Urteil
und gegensätzliche Handlungsobjekte *(amittit – appetit; merito;
proprium – alienum)*.

Der Hund schnappt schwimmend nach dem Fleischstück seines
Spiegelbildes und verliert die eigene Beute.

Die Erzählung ist knapp; doch Schmuck fehlt nicht *(canis – car-*

nem; aliam ... ab alio; aviditas statt *avidus*); der Schluß zieht
das Fazit in klarer Einteilung (*et – nec*).

1 Vgl. Cicero, S. Rosc. 50: *non alienos (agros) cupide appete-*
bant (antiqui Romani).

2 Rückert übersetzt (wie schon in der Überschrift) *per flumen*
»zu einem Flusse hin« (statt »durch einen Fluß«) und will damit Phaedrus vor Lessings Vorwurf schützen: »Es ist unmöglich, wenn der Hund durch den Fluß geschwommen ist, so hat
er das Wasser um sich her notwendig so getrübt, daß er sein
Bildnis unmöglich darin sehen kann.« Die griechische Fabel
(Halm 233) sei besser, da gehe der Hund wohl über einen
Steg. – In Wahrheit hat Phaedrus recht: Ein hoch heraus
schwimmender Hund kann sich im Spiegelbild sehen; vom Steg
herab käme ihm sein Gegenbild zu weit entfernt vor.

N: Steinhöwel; La Fontaine 4, 17; James.
Die Fabel ist besprochen von E. Römisch, Der Weg zur Dichtung
im altsprachlichen Unterricht, in: Neue Einsichten, München 1970,
S. 91.

1, 5: Aes. 339 = Babrios 67; Halm 258; Wiss. 1, 7; Ad. 9; Rom. 8.
Das Promythion gibt wohl die eigene Erfahrung des Phaedrus;
daher bezeichnet er die Lehre als sein Eigentum. Vermittelt wird
die Erkenntnis, daß mit großen Herren schlecht Kirschen essen ist
(*societas leonina*). Die Rede des Löwen ist schön unterteilt; zweimal steht die Zahl am Beginn des Verses (*ego primam; secundam*),
zweimal am Ende (*sequetur tertia; quartam tetigerit*). Der Indi-
kativ beweist, wie selbstsicher der Löwe spricht.
Lessing tadelt: »Welch eine Gesellschaft! ... Zur Jagd! ... Unge-
reimtheit ... von des Phaedrus eigener Erfindung! ... im Griechischen (sind es der) Löwe und ein wilder Esel« (Babrios 67).

6 Rückert: »zu seinen schwachen Partnern«; richtig: »nachdem
man (aus der Beute) Teile gemacht hatte.«

9 *sequetur:* vgl. den Ausdruck auf Grabsteinen:
   H(oc) M(onumentum) H(eredem) N(on) S(equetur).

11 Der Vers klingt nach im Querolus (ed. Herrmann 66):
   Omnesque fructus paucorum improbitas capit.

1, 6: Aes. 314 = Babrios 24; Halm 77; Wiss. 1, 8; Ad. 10; Rom. 10.
Zuerst der Anlaß: Ein Dieb feiert Hochzeit; Aisopos erzählt sofort eine Fabel, wobei »sofort« die Raschheit des boshaften Ein-
falls und »erzählen« (*narrare*) die hintergründige Psychagogie be-

zeichnet. Die Fabel beginnt mit der »Gattin« *(uxorem)* der Sonne; überraschend antwortet dem olympischen Vorgang das »Geschrei« *(clamorem)* der Frösche, dessen Komik durch den Hall »zu den Sternen« erhöht wird *(ad sidera)*. Jupiter schenkt den Tieren (wie in 1, 2) gutmütige Aufmerksamkeit. Die Frage am Ende ist voll von Galgenhumor. Epigrammatische Zuspitzung der Endfrage auf das Zeugen der Kinder *(quid . . . si crearit liberos)*.
Rückert: Eine Satire auf die Vermählung Seians mit Livilla.

  3 Die Braut der Sonne ist im Mythos Selene, die Mondgöttin.

  4 Vgl. Vergil, Aen. 10, 262.

  7 *omnes unus:* Der Römer stellt gerne entgegengesetzte oder verwandte Begriffe eng zusammen.

N: La Fontaine 6, 12.

1, 7: Aes. 27; Halm 47; Wiss. 3, 6; Rom. 44.
Diese Fabel ist in ihrer antithetischen Zuspitzung beinahe ein Epigramm. Der Fuchs, das scharfsinnige Tier, findet die leere tragische Maske und spottet zuerst ironisch-pathetisch *(o quanta species)* darüber; dann entlarvt er den hohlen Schein: es fehlt das Gehirn. Der Witz liegt, wie häufig in der Fabel, auch in der Mischung der Tier- und Menschenwelt: Fuchs und Maske gehören nicht zusammen, doch funkelt bei ihrem Treffen der Witz auf. Die Nutzanwendung ist für Emporkömmlinge gedacht. *Honorem et gloriam* stehen dem *sensum communem, tribuit* dem *abstulit* antithetisch gegenüber und untermalen den Zwiespalt zwischen Sein und Schein.
Rückert: Die Maske, wie sie die Schauspieler in den Tragödien zu tragen pflegen, zeigt ein feierliches und ernstes Antlitz, bedeckt aber nicht wie unsre Masken bloß das Gesicht, sondern umschließt das ganze Haupt.

  2 Im Griechischen steht hier noch ein Wortspiel: οἵα κεφαλὴ ἐγκέφαλον οὐκ ἔχει.

  4 *Fortuna:* die »blinde« Glücksgöttin; *sensus communis:* gesunder Menschenverstand (common sense).

N: La Fontaine 4, 14; Lessing 2, 14; Hagedorn 1, 94.

Ü: Herder.

1, 8: Aes. 156; Babrios 94; Halm 276; Wiss. 1, 9; Ad. 64; Rom. 11.
Das Promythion zeigt die doppelte Verstrickung, der man erliegt, wenn man Bösen hilft. Knapp wird die Lage geschildert: Ein

Knochen im Hals des Wolfes, seine Bitte um Hilfe; jeder wird einzeln *(singulos)* »verlockt«. Endlich läßt sich der Kranich überreden; daß längere Verhandlung nötig war, zeigt der Eid. Dann die Erlösung des Wolfes in zwei Versen, die parallel laufen: In den Schlund wird der schlanke Schnabel gesteckt (äußerer Vorgang: *gulae ... credens colli longitudinem)*; dann – eher abstrakt im Ausdruck – die Wirkung: die (für den Retter) gefährliche Rettung des Wolfes *(periculosam ... medicinam lupo)*. Der Kranich besteht energisch und mehrfach fordernd *(flagitaret)* auf Erfüllung des Vertrages, doch fertigt ihn der Wolf ironisch-brutal ab. Vom Vertragspunkt, seiner Rettung, redet er nicht und unterstellt dem Kranich die Eigenschaft, die ihn selbst verunziert: Undankbarkeit.

5 *victus:* »besiegt«, weil der wilde Wolf ungern bittet.

   singulos: jedes einzelne Tier.

6 *pretium:* der dem Wert der Sache entsprechende Preis.

10 *praemium:* Belohnung des Verdienstes.

12 *merces:* Zahlung für geleistete Arbeit.

N: Luther; La Fontaine 3, 9; James.

1, 9: Aes. 473; Ad. 57.

Die Überschrift zeigt ironisch den Sperling als »Ratgeber«. Der Sperling schilt töricht den geschlagenen Hasen. Seine Fragen sind unverständig. Aber die Strafe folgt: der Sperling wird gefangen und stirbt, erfolglos jammernd. Der halbtote Hase fühlt sich getröstet, weil es dem Verständnislosen und allzu Sicheren *(securus)* nicht besser als ihm geht.

N: La Fontaine 5, 17.

1, 10: Aes. 474; Ad. 28; Rom. 48.

Die Überschrift zeigt schon die Paradoxie: Wolf und Fuchs stehen als Kontrahenten vor Gericht, der Affe spricht Recht. Der Wolf beschuldigt den Fuchs des Diebstahls *(arguebat)*; dieser leugnet *(negabat)*. Vor dem Affen halten beide ihre schwungvollen Gerichtsreden *(perorassent)*, und dieser »soll« (das erinnert an die Tradition der Fabel) geurteilt haben, was in glänzendem rhetorischen Parallelismus folgt: Der eine verlor nicht, was er fordert, der andere stahl, was er trefflich leugnet.

9 *non videris perdidisse:* im amtlichen Stil römischer Magistrate umschrieb man Erkenntnisse, ja selbst scharfe Mißbilligung in Formen wie *videtur; non placet.*

N: La Fontaine 2, 3; Lichtwer 1, 15.

1, 11: Aes. 151; Halm 259; Rom. 83.
Das Promythion bietet die Lehre in römischer Terminologie: *vir tus* und *gloria* müssen zusammenstimmen. Phaedrus schildert launig das wilde Geschrei *(totis tollit viribus)* des Ohrentieres *(auritulus)* und variiert die Schreckwirkung des Neuen, Ungewohnten sprachlich sehr geschickt: *insueta* (5 – nicht in der Übersetzung) – *terreret* (5) – *fugientes* (6) – *clamorem subito* (7) – *novo...* *turbat... miraculo* (8) – *paventes exitus notos* (9) – *horrendo impetu* (10). Herrisch holt der Löwe dann den Esel hervor; als dieser sich plump-vertraulich als »Mitarbeiter« (vgl. *opera vocis meae*) aufspielt, antwortet er ironisch, wobei die Antwort die Folgerung bis zu den letzten drei Worten aufspart.

9 Lessing wendet ein: »... die bekannten Ausgänge ... konnte jeder nur durch einen Ausgang davonkommen? Warum mußte es gleich den wählen, an welchem der Löwe kauerte?«

15 *fugissem:* ich wäre geflohen.

N: La Fontaine 2, 19; Lessing 2, 7. 8; James.

1, 12: Aes. 74; Babrios 43; Halm 128; Wiss. 3, 10; Ad. 41; Rom. 57.
Der Hirsch betrachtet sich. Das astige Geweih lobt, die dünnen Läufe tadelt er (der Parallelismus in 5. 6 wird durch die abstrakte Aussage in 6 gelockert). Von Jägern erschreckt, flieht er und scheint gerettet. Da setzt (genau in der Mitte des Erzählungsteils 9 *elusit/silva*) die Peripetie ein: im Walde bleibt das Tier hängen, die Hunde zerreißen es. Im Sterben soll der Hirsch gesprochen haben, nun erkenne er den Nutzen des Verachteten und den Nachteil des Gelobten. Chiasmus und Parallelismus (14. 15) unterstreichen die Umwertung.

9 *eludere:* gesagt von einem, der seinem Angreifer durch Gewandtheit entgeht, etwa vom Gladiator.

12 *dicitur:* besagt, daß literarische Tradition vorliegt (vgl. 1, 10, 8).

N: W. L. Gleim; La Fontaine 6, 9; James.

1, 13: Aes. 124; Babrios 77; Halm 204; Wiss. 2, 7; Ad. 15; Rom. 19; Apuleius, Socr., pr. 4, 109.
In zwei Versen preist der Fuchs den Raben, der dritte enthält eine tückische Bedingung. Wie der Rabe reagiert, wird nicht beschrieben *(stultus* 9 sagt aber alles): er läßt den Käse fallen, den der Fuchs raubt. »Dummheit« heißt das letzte Wort der Fabel.

N: Roman du renart; Luther; La Fontaine 1, 2; Lessing 2, 15; J. E. Schlegel; Grillparzer.

1, 14: Aes. 475.

Phaedrus verwendet große Mühe auf diese Fabel: Sperrung von Adjektiv und Substantiv (4 *verbosis ... strophis*), Alliteration (9 *iussit ipsum; posito praemio*), Distanz von Attribut und Substantiv (11 f. *medicum ... nobilem*), Zuspitzung des Schlusses mit Chiasmus (15 f. *capita credere – nemo commisit pedes*). Am Ende deutet Phaedrus die Fabel (17 *dixerim*); das stand also wohl nicht bei Aisopos. Hier läßt sich gut erkennen, wie Phaedrus das Griechische übersetzt und z. T. griechische Wörter beibehält (*antidotum, scyphum, toxicum*). Das Auftreten des Königs zeigt die frühgriechischen Verhältnisse, die zugrunde liegen; in der Vorlage stand wohl »Tyrannos«.

4 *strophis:* durch marktschreierische Wendungen.

1, 15: Aes. 476.

Die Fabel lehrt, daß ein Machtwechsel für die unteren Volksschichten oft kaum eine Veränderung bedeutet.

Ein ängstlicher Greis, also kein harter Herr, rät seinem Esel zur Flucht vor dem Feinde. Der Esel aber zeigt die Gleichgültigkeit dessen, der nichts zu verlieren hat. Dies zeigt sich besonders in der fast brutalen Schlußfrage.

2 *nomen* für *mores* vermutete ausgezeichnet Bongarsius.

8 *clitella:* eigentlich Packsattel.

N: F. W. Zachariae (Der Esel und der Stier); La Fontaine 5, 8.

1, 16: Aes. 477; Wiss. 1, 13; Rom. 40.

Der Hirsch bittet das Schaf, wobei der Wolf bürgen soll. Das Mißtrauen des Schafes ist durch »vorherfürchtend« *(praemetuens)* dargestellt, das zweimal die Flucht der beiden beschreibt. Das Schaf kann sie, wenn der (vertraglich festgelegte) Termin (der Rückerstattung) kommt, nicht dingfest machen. Der letzte Vers ist juristisch getönt.

1 f. Der Text ist nach meiner Lesart gegenüber Rückert etwa so zu verstehen: Wenn ein Betrüger die Menschen hinters Licht führen will (unter Mithilfe eines unredlichen Bürgen), dann ist es von Nutzen, nicht die Sache zu fördern, sondern auf das (drohende) Übel zu achten. – *Sponsore improbo* (1) wird gestützt durch *lupo sponsore* (4); *expedit* (2) scheint ein Wortspiel mit *expedire* zu sein.

N: La Fontaine 6, 8.

1, 17: Aes. 478; Wiss. 1, 2; Ad. 5; Rom. 5.
Phaedrus bringt gelegentlich ähnliche oder gleiche Akteure in
Fabeln nacheinander (vgl. 1, 18. 19. 20). Die Ausgangssituation
(der Hund fordert vom Schaf Brot zurück) ist ganz unrealistisch.
Eine Gerichtsverhandlung ist vorausgesetzt, freilich nicht beschrieben (aber sprachlich ausgedrückt: *citatus testis, deberi, damnata,
falso testimonio*): Das Schaf wird verurteilt und zahlt, was es
nicht müßte *(quod non debebat solvit)*. Nach einigen Tagen (!)
sitzt der Wolf in der Fanggrube, und das Schaf stellt den Sieg
der moralischen und poetischen Gerechtigkeit fest.

2 *calumniator:* in der Gerichtssprache einer, der wissentlich falsche Anklagen einbringt, ein Sykophant.

6 »überwiesen« im Sinne von verurteilt.

8 *bidens:* Ausdruck der Sakralsprache, ein ausgewachsenes Opfer-
tier bezeichnend, das zwei über die anderen hervorstehende
Zähne (Schaufeln) bekommen hat.

1, 18: Aes. 479.
Die Fabel ist sehr klar gebaut: 1. Promythion, 2. gebärende Frau
(2 Verse), 3. Mahnung (2 Verse), 4. Ablehnung und Begründung.
Im Schlußvers gipfelt die Fabel witzig antithetisch *(finiri – initio)*;
zugleich wird mit dem Doppelsinn von »empfangen« *(conceptum)*
gespielt (im Zusammenhang bedeutet es etwa »beginnen«, im
eigentlichen Sinne »empfangen«).

6 f. Vgl. Plutarch, Coniug. praec. 143 E.

1, 19: Aes. 480; Wiss. 1, 10; Ad. 54; Justin. 43, 4, 4; Rom. 12.
Die Fabel hängt mit der vorhergehenden assoziativ zusammen,
jeweils ist die Geburt der Ausgangspunkt; dies läßt darauf schließen, daß hier das Buch original überliefert ist (vgl. Bemerkung
zu 1, 17).
Ein Hund in Wehen bittet einen anderen (*alteram*, also von
zweien – d. h. der Fabelhund ist höchstens doppelt vorhanden)
um Unterkunft. Als der Gastgeber später seinen Platz zurücker-
bittet, »bringt« der Gast »Bitten« heran (wie Zwangsmittel, fast
wie Folterwerkzeuge). Am Ende sagt der Gast, er werde weichen,
wenn der andere seiner wilden Schar *(turbae)* gewachsen sei. Mit
diesem brutalen Satz schließt die Fabel kommentarlos.
N: La Fontaine 2, 7.

1, 20: Aes. 135; Halm 218; vgl. Horaz, Sat. 2, 5, 83; Plutarch, Comm. not. 19.
Auch diese Fabel ist mit der vorhergehenden verbunden (Hunde als Handlungsträger).
3 Die Neigung des Hundes, Felle abzunagen, war im Altertum sprichwörtlich.
5 *bibere*, nicht *ebibere* – wie Rückert liest. Die Hunde beginnen einfach zu saufen (*ebibere* wäre zu »logisch«), als sie die Haut sehen.
6 *periere – petierant:* möglicherweise intendiertes Wortspiel.
N: La Fontaine 8, 25.

1, 21: Aes. 481; Wiss. 2, 8; Ad. 16; Rom. 20.
Der alte Löwe muß lernen, daß gefallene Größe zum Spielball auch des Taugenichts wird (*etiam* 2 bezieht sich auf *ignavis* = Feigen). Durch Anapher und Parallelismus wird die Gebrechlichkeit des sterbenden Löwen ausgemalt *(defectus annis – desertus viribus)*. Dann die Reihe der sich Rächenden; den schmählichen Schluß bildet der Esel, der den »Eselstritt« versetzt. Diese Schmach ist dem Löwen zweifacher Tod (*certe* bezieht sich auf *bis*; auch hier wird der Gipfel des Ganzen auf den zweiten Teil des letzten Verses verschoben).
4 *trahens:* bezeichnet das mühsame Atmen des sterbenden Löwen (3, 7, 12 *vitam trahens*).
5 *fulmineis ... dentibus:* blitzgleiche Hauer, deren Schlag dem Blitz an Schnelle und Heftigkeit gleicht.
6 Von Rückert nicht übersetzt; der Vers heißt: »und rächte mit seinem Hieb ein altes Unrecht«.
12 *certe bis videor mori:* ich meine, zweimal sterben zu müssen.
N: La Fontaine 3, 14; Gleim; James.

1, 22: Aes. 293; Babrios 27; Halm 89; Wiss. 2, 9; Ad. 29; Rom. 49.
Das Wiesel, vom Menschen gefangen, will den Tod abwenden (*molestis muribus* soll seine Verdienste betonen). Freilich, seine Verdienste werden nicht anerkannt (6 *nunc* ist adversativ).
10 ff. wörtlich: und welche den Unerfahrenen gegenüber sich grundlos Verdienste zumessen.

1, 23: Aes. 403; Halm 164; Wiss. 3, 9; Ad. 23; Rom. 29.
Plötzliche Freigebigkeit täuscht Dumme, erweckt aber bei Klugen

Verdacht (Parallelismus in 1/2, der den Gegensatz aufzeigt: *stultis gratus est – irritos tendit dolos*).

Ein Dieb versucht nachts den Hofhund zu bestechen, der sich nicht verführen läßt.

3 *nocturnus* scheint νυχταῖος nachgebildet.

2 *tendere:* ein Ausdruck der Jägersprache *(retia tendere)*, ebenso

4 *capere:* »fangen«, für seine Zwecke gewinnen.

7 *subita benignitas* variiert *repente liberalis* (1).

N: A. Schlegel; James.

1, 24: Aes. 376; Babrios 28; Halm 84; Ad. 33; Rom. 50.

Der Schwache geht zugrunde, wenn er den Mächtigen (wetteifernd) nachahmen will. Das wird im ersten Vers durch doppelte Aneinanderstellung gezeigt *(inops potentem; imitari perit)*. Der Frosch will das große Rind nachahmen und bläst sich auf.

In drei Stufen vollzieht sich die tödliche Anmaßung (mit Variation des Ausdrucks: *inflavit pellem – intendit cutem)*, zweimal durch Nachfrage nach dem Erfolg und Negation unterbrochen *(illi negarunt – illi dixerunt bovem)*, wobei die Kleinen sozusagen den Chor zur Tragödie bilden.

Das Zerplatzen wird durch das Schlußbild mit den gebrochenen Worten nachgemalt *(rupto iacuit corpore)*.

1 Vgl. Publ. Syrus 644.

3 *tangere:* berühren, hier »ergreifen«.

4 *pellis:* die grobe, rauhe Haut, Fell; *rugosa:* runzlig, faltig.

6 *cutis:* eigentlich die glatte Haut.

8 *quis* für *uter:* dichterisch.

N: La Fontaine 1, 3.

Interpretation von E. Römisch, Der Weg zur Dichtung im altsprachlichen Unterricht, in: Neue Einsichten, München 1970, S. 87 ff. Die gleiche Fabel bei Horaz, Sat. 2, 3, 314 ff.

1, 25: Aes. 483; Ad. 31; Rom. 37.

Die Fabel beginnt nach dem Promythion mit einer paradoxographischen Nachricht: Hunde trinken im Laufen aus dem Nil; die Verantwortung für diese Nachricht wird der Überlieferung zugeschoben *(traditum est* 4). Rückert bemerkt dazu, daß Aelian, Plinius und andere dasselbe berichten. Dann Überleitung zum Kern der Fabel *(igitur* 5): Das Krokodil lockt den Hund zu gemütlichem Verweilen *(lambe, noli vereri* 6. 7). Der Hund aber ist vorsichtig und lehnt ab in Form einer irrealen Periode, wie sie nicht selten die Schlußformel von Fabeln bildet.

1, 26: Aes. 426; Halm 34; Wiss. 2, 3; Ad. 63; Rom. 43; Plutarch, Quaest. conv. 614 EF.

Die Fabel beginnt im Ton römischer Rechtsgrundsätze: *nulli nocendum* (vgl. *neminem laedere*); dann Hinführung zur literarischen Form des Kommenden *(fabula)*. Die Fabel selbst bietet Hinweise auf die Tradition *(dicitur,* 11 *accepimus)*. Der Fuchs lädt den Storch ein. Die Gegeneinladung bringt die Strafe: Eine Flasche wird aufgesetzt *(posuit =* Terminus technicus), aus der der Fuchs nichts nehmen kann, während der Storch seinen Schnabel zierlich einführt *(inserens)*. Die Sättigung des Storches und der Hunger des Fuchses sind fast grob geschildert *(satiatur ipsa; torquet convivam fame)*. Dann spricht der Storch *(peregrinam ... volucrem* bringt einen Hauch von Fremdheit und Vornehmheit in die Fabel) die Schlußgnome aus.

Möglicherweise hat Phaedrus den Kranich (Plutarch, Quaest. conv. 614 E) durch den Storch ersetzt.

4 *patina* (griech. πατάνη): Schüssel.

5 *sorbitio:* eigentlich »das Schlürfen«.

7 *intrito cibo: intritus cibus,* auch *intrita* oder *intritum,* bezeichnet in der römischen Küche eine kalte Schale, bei der Brot, Käse, Knoblauch und anderes in eine Flüssigkeit hineingebrockt werden.

8. 10 *lagona* (griech. λάγυνος): Flasche. In 10 übersetzt Rückert fälschlicherweise »Schüssel«.

N: La Fontaine 1, 18; Goethe (Fuchs und Kranich).

1, 27: Aes. 483; Halm 239; Ad. 32; Rom. 38.

Der Hund gräbt Knochen aus; ein Schatz wird gefunden, der wohl mit dem Toten bestattet oder bei dem Toten (um seinen Schutz zu haben) versteckt war. Der Hund verletzt dabei die Totengeister, und so wird er gestraft: Geldgier wird ihm »eingejagt« *(iniecta)*. Der Geier (so ist überliefert; wohl Hinweis auf Aisopos) hält dem Hunde eine »negative Leichenrede«.

5 *iniecta:* eigentlich eingejagt, dem entspricht *subito* (10).

1, 28: Aes. 1; Halm 5; Wiss. 2, 2; Ad. 14; Rom. 16.

Die Fabel war von Archilochos (Frg. 88–95 D) mit tragischem Pathos vorgetragen worden.

Der Adler bringt die Jungen des Fuchses auf sein Nest (treffende Wortwahl: *esca* »Köder«; *carperent* »zerzupfen«). Der Fuchs bittet für seine Jungen (eindrucksvolle Wortstellung: 6 *mise-*

rae ... sibi), doch verachtet ihn der Adler (die Stellung an er-
höhtem Platz bezeichnet schon seinen Hochmut). Der Fuchs holt
von einem Altar Feuer (wobei nicht klar ist, ob der Altar wegen
der leichteren Zugänglichkeit für das Tier gewählt ist oder ob die
Rache der Götter mitspielen soll) und umgibt den Baum mit
Brand, der dem Adler Schmerz und Verlust zugleich bringt.

1 Vgl. Publ. Syrus 255.

4 *escam ut carperent:* damit sie den Köder zerzupften.

7 *tuta quippe ipso loco:* allein schon durch den Ort (die erhöhte
   Stellung) sicher. Vgl. 1, 13, 4.

8 *ab ara:* vom Altar, möglicher Hinweis auf göttliche Rache.

12 *supplex:* »kniefällig bittend« fehlt in der Übersetzung, bezeichnet jedoch den Höhepunkt der Fabel, die Demütigung des
   stolzen Adlers.

1, 29: Aes. 484; Wiss. 1, 11; Ad. 12; Rom. 14.
Der Esel begegnet dem Eber (wobei die Zusammenstellung 4
asellus apro den Gegensatz andeutet) und grüßt ihn. Der Eber
lehnt die Aufmerksamkeit ab (6 *officium* geht auch auf die Dienst-
leistung des Klienten, die *salutatio*), und nun wird der Esel grob,
schiebt seinen Penis hervor und vergleicht ihn (nicht unzutreffend
und unwitzig) mit der Eberschnauze. Damit ist der Eber vulgär
beleidigt, doch unternimmt er keinen »edlen« Ansturm und unterdrückt seinen Zorn.
Die Rede am Fabelschluß ist typisch: Eine irreale Aussage *(est –
esset)* wird der Wirklichkeit gegenübergestellt.

1, 30: Aes. 485.
Die trübe Weisheit der Fabel besteht darin, daß selbst der ge-
schlagene »König des Haines« (dieses Bild steht hinter der Fabel)
noch unabsichtlich den kleinen Lebewesen Schaden zufügt: so gefährlich sind die Großen überall.

1 Vgl. Horaz, Epist. 1, 2, 14: *quidquid delirant reges, plectun-
   tur Achivi.*

8 Vgl. Vergil, Georg. 3, 225 f. – *Expulsos regno nemoris:* Aus
   dem Königreich des Hains vertrieben; d. h. auch die »geschlagenen Könige« richten unter den Kleinen noch Schaden
   an.

N: La Fontaine 2, 4; Gleim (Stierkampf und Frösche).

1, 31: Aes. 486; Wiss. 3, 8; Ad. 22; Rom. 38.
Wer Schutz bei bösen Menschen sucht, findet das Verderben (Gegensatz und Parallelismus in 2 untermalen das: *auxilia ... requirit; exitium invenit*. Hinzu tritt das Wortspiel *auxilium – exitium*). Die Tauben retten sich vor dem Weih, doch der Räuber findet einen Weg (5 *raptor* bezeichnet den Beruf). Mit hochgestochenem Gerede täuscht er die Tauben. Demagogisch verwendet er sogar lukrezischen Ausdruck *(sollicitum ... aevum ducitis)*, will einen »Vertrag« schließen, wobei er juristisch redet *(icto foedere)*, und ihre »Schutzmacht« bilden (wie man es aus der Politik kennt). Kaum ist der Vertrag geschlossen, geht das Morden los.

BUCH 2

Prologus.
Zweck der aisopischen Fabel ist es, Exempla zu geben, die den Irrtum beheben und die Einsicht schärfen, wenigstens bei den Vernünftigen. Wenn also Nutzen und Freude erreicht werden, ist der Zweck erreicht; auf den Namen kommt es dabei nicht an, nur auf die Sache. Phaedrus will die Fabeln des Aisopos bieten, doch gibt er nun Eigenes.

2, 1: Aes. 487.
Der Löwe steht über dem Opfer, er schlägt dem unverschämten Räuber einen Teil der Beute ab. Zufällig kommt ein unschuldiger Wanderer (5 *est deductus* zeigt die Harmlosigkeit seiner Bewegung an) und weicht zurück. Der Löwe teilt ihm einen Teil der Beute zu (seine Sanftmut und Gerechtigkeit sind breit ausgemalt) und zieht sich zurück. Das Epimython zerstört die Illusion der heilen Welt, der Chiasmus macht dies sinnfällig: *aviditas dives – pauper pudor*.

2, 2: Aes. 31; Babrios 22; Halm 56.
Die Fabel zeigt die in volkstümlicher Dichtung häufige Weiberfeindschaft. Den Witz faßt der Schlußvers elegant zusammen *(canos – nigros; puella – anus)*.

2 Die Sitte des Altertums, graue Haare auszuzupfen, wird auch sonst bezeugt.

4 *elegantia:* Schminke, Kosmetik, Make-up.

8 *pingi:* nicht »putzen«, sondern die Haare »färben« – d. h. sie

durch Auszupfen der andersfarbigen in eine bestimmte (gleiche) Farbe bringen.

9 *repente:* »zuletzt« ist frei übersetzt; wir würden sagen: ». . . auf einmal war er ein Glatzkopf«, überraschenderweise.
N: La Fontaine 1, 17; T. Bewick.

2, 3: Aes. 64 (Phaedrus weicht etwas ab); Halm 221.
Eine Fabel wird über Aisopos erzählt (Phaedrus erzählt also nicht nur Fabeln von, sondern auch über Aisopos): Jemand, den ein wilder Hund gebissen hat, läßt den Hund ein Stück Brot fressen, das mit dem Blut aus der Wunde getränkt ist (was wohl bedeutet, daß der »Schaden« oder das Gift zum Urheber zurückkehren soll.)
Aisopos hat den magischen Sinn der Handlung ins Real-Alltägliche übertragen und daraus einen »verständigen« Satz gewonnen.
1 *vehemens canis* ist ein wilder Hund; 3, 7, 18: *acer* ist ein scharfer Hund.

2, 4: Aes. 488.
Zuerst werden die Beteiligten in reimenden Versen vorgestellt (wobei der Reim die gleichartige Lage der Tiere andeutet; hübsche Ausdrucksvariation für die drei Muttertiere: *nidum fecerat, pepererat, fetum posuerat*). Die Katze verhetzt nun Adler und Wildschwein und erfüllt sie mit Furcht. Besonders wirkungsvoll sind die Fanfarenstöße am Beginn ihrer Reden: *pernicies tibi paratur; magno in periculo sunt.* Wieder in drei parallel gebauten Versen ist die Wirkung des Verhetzens gemalt (20 f. *pavorem simulans; ruinam metuens; rapinam vitans – prospicit, desidet, non prodit*).
2 *feles* ist wohl nicht die Hauskatze.
4 Wörtlich: Die Katze zerstörte die zufällige Hausgemeinschaft durch Betrug und verbrecherische Bosheit.
16 Wörtlich: Als sie auch diesen Ort mit Furcht erfüllt hatte.
25 f. Wörtlich: Die törichte Leichtgläubigkeit mag dies als Beweis dafür haben, wieviel Unheil oft ein doppelzüngiger Mensch ausrichten kann.
N: La Fontaine 3, 6. Das Motiv findet sich auch in der Edda, Grimnismal 32, wo an die Stelle der Katze das Eichhörnchen getreten ist.

2, 5: Aes. 489.
So wie Aisopos zu irgendeinem, spricht Tiberius Caesar zum Türhüter (*item* in der Überschrift geht auf die Parallelität zu 2, 3).

Phaedrus beginnt mit einer Einleitung über die römischen Pflaster-
treter (deren Verhalten sechsfach beschrieben wird), wobei vielleicht auch an Horazens Satire 1, 9 gedacht ist. Diese Fabel ist
wohl die erste von Phaedrus selbst gebildete. Freilich ist sie mehr
ein Mittelding zwischen Anekdote und Fabel, wird aber am Ende
im Fabelstil straff zusammengefaßt.

Tiberius besucht seine Villa in Misenum. Phaedrus beschreibt
mit Ortskenntnis und Naturgefühl die Lage. Ein Diener, dessen
Äußeres lächerlich geschildert wird, möchte sich durch nichtige
Dienste die Gunst des Caesar erringen, wird aber abgewiesen.
Phaedrus malt die Beflissenheit des Sklaven, seine Erwartung, das
hoffnungsvolle Heranrennen *(assilit).*

1 Es ist möglich, daß *ardalio* der Name einer Komödiengestalt
   war, der dann zum Appellativum wurde.

8 Auf dem Vorgebirge Misenum bei Neapel in Campanien hatte
   Tiberius einen Landsitz, der früher Eigentum des prachtlie-
   benden Lucullus gewesen war.

10 Die Villa hat doppelte Aussicht auf das Meer, auf das Tyr-
   rhenische und das Sizilische.

12 Die Stadt Pelusium in Ägypten, an der östlichen Nilmündung,
   war wegen ihres Flachses berühmt; dort wurde auch eine bekannte Sorte Leinwand hergestellt.

18 *xystus:* offener Säulengang im Garten und bei Landhäusern
   zum Lustwandeln.

24 *non multum egisti:* der Singular bedeutet nicht die Menge,
   sondern die Wichtigkeit des Getanen.

25 Der Backenstreich bei der Freilassung (vom »Schlag mit der
   Lebensrute« abgeleitet?) hat sich bis heute erhalten im Backenstreich des Bischofs bei der Firmung, die auch eine Art von Freilassung ist.

Rückert: Von den Pflastertretern sagt Seneca (De tranquillitate
animi, Kap. 12): »Sie bieten sich zu fremden Geschäften an und
tun, als ob sie immer arbeitsam wären. Wenn man einen, der
aus dem Hause heraustritt, fragt: ›Wohin, was hast du vor?‹, so
wird er antworten: ›Laß mich, ich weiß nicht, ich muß Besuche
machen und dies und jenes tun.‹ So laufen sie ohne Absicht herum,
suchen Unterhaltungen, arbeiten nie nach einem bestimmten Plane,
sondern nur an dem, was ihnen zufällig begegnet. Doch gefährlich
wie unsere Bauernfänger, mit denen sie im übrigen Ähnlichkeit
haben, sind sie nicht.«

2, 6: Aes. 490; Halm 419; Wiss. 2, 5; Rom. 17.
Trübe Weisheit: gegen die Mächtigen gibt es keinen Schutz, besonders, wenn ein übler Ratgeber hinzukommt. Vers 3 nennt die beiden gefährlichen Kräfte: Gewalt und Schlechtigkeit.

12 Der Adler zerschmettert die Schildkröten tatsächlich durch
   Niederwerfen auf einen Felsen; vgl. auch die Legende vom
   Tod des Aischylos.

2, 7: Aes. 491.
Vers 1 malt die Mühseligkeit der beladenen Esel, 4, 5 und 6 zeigen den Stolz des Goldesels *(celsa cervice, clarum collo, iactat)* und die ruhige Gangart des anderen. Der Räuberüberfall ist in atemberaubendem Tempo geschildert.

  2 *fiscos:* Der Esel trägt (mindestens) zwei Körbe, auf jeder Seite
   einen.
  6 »Betrübten Blickes« steht nicht im Text; der andere Esel folgt
   »ruhigen und stillen Schrittes«.
  8 f. Genau: »und während des Mordens verletzen sie den Esel
   mit dem Schwert; sie plündern das Geld, kümmern sich aber
   nicht um die wenig wertvolle Gerste«.
N: La Fontaine 1, 4.

2, 8: Aes. 492; Wiss. 4, 6; Ad. 48; Rom. 69.
In den ersten vier Versen wird in geraffter Eile die Flucht eines Hirsches in den Rinderstall beschrieben. Ein Rind bedauert den Hirsch, der sich in große Gefahr begeben habe. (Vers 6 und 7: der Reim malt die Mechanik der Gefährdung.) Vers 10 schildert den Wechsel vom Tag zur Nacht in poetischer Form. Nun kommen die nachlässigen Arbeiter in den Stall; weder sie sehen den Hirsch, noch merkt der Verwalter etwas. Der Hirsch freut sich schon, doch warnen die Rinder vor dem Hundertäugigen. Nun kommt der Herr vom Symposion zurück *(haec inter* erinnert an Horaz) und sieht im Stall nach. Phaedrus schildert hübsch, wie der Herr schimpft (vergleichbar ist die Szene in Catos »Buch vom Landbau«, wo der Herr den Betrieb überprüft). Natürlich sieht das Auge des Herrn den Hirsch, und das bringt diesem den Tod.
10 *noctis vices:* im Wechsel mit dem Tag eintretende Nacht.
22 *frondis:* Laub, das als Rinderfutter diente.
N: La Fontaine 4, 21. – Ähnlich auch die Fabel von der Haubenlerche bei Ennius.

Epilogus: Wiss. 5, 11; Rom. 98.

Aisopos bekam ein Denkmal. Auch Phaedrus will Ruhm und eifert Aisopos nach *(aemulatio)*, so daß nun Rom auch in der Fabel jemanden hat, den es Hellas gegenüberstellen kann. Eine Variation des Anspruches römischer Dichter, der sich durch die gesamte vorklassische und klassische Literatur verfolgen läßt.

5 Wörtlich: Da er (Aisopos) es nun verhindert hatte, daß es einen anderen ersten Fabeldichter gibt, gab ich mir Mühe, daß er nicht der einzige bleiben sollte; diese Möglichkeit war noch offen.

15 Wörtlich: Wenn aber jenem meine gelehrt-dichterische Arbeit vor die Augen kommt ...

18 f. Wörtlich: ... dann werde ich das vom Schicksal verhängte Verderben mit hartem Duldersinn tragen, bis Fortuna ihr Verbrechen bereut. – Vgl. Lucan 5, 59 *fortunae pudor crimenque deorum.*

BUCH 3

Prologus (vgl. Wiss. 5, 6, 8; Rom., praef. 1).

Phaedrus stellt seinen Namen an den Anfang des dritten Buches. Wenn Eutychus (dem das Buch gewidmet ist) seine Bücher lesen will, braucht er Ruhe und Sammlung. Dies wird in einem Dialog mit Eutychus ausgeführt (besonders wichtig ist diese Stelle für die Auffassung von Dichtung und Lesen). Dieser hält anfangs das Genie des Phaedrus nicht für so groß, daß er sich Zeit dafür nimmt. Phaedrus lenkt jedoch auf den Begriff »Zeit« ab und antwortet: Dann brauchst du freilich ein Buch nicht in die Hand zu nehmen, das sich für beschäftigte Menschen nicht eignet.

Eutychus vertröstet auf die Ferien. Aber auch da wird nicht viel Zeit bleiben zur Lektüre: Man muß sich erholen und hat andere Pflichten. So also geht es nicht. Man muß sein Leben ändern, wenn man die Schwelle der Musen überschreiten will. Selbst Phaedrus, der im Musenland geboren und frei vom Habgier ist, wird kaum in den Kreis der Musen aufgenommen (der Gedanke, Dichter und Leser müßten von Habgier frei sein, spielt in der literarischen Dekadenztheorie eines Zeitgenossen des Phaedrus, des Verfassers der Schrift »Über das Erhabene«, Kap. 44 f., eine wichtige Rolle; zu beachten auch der Reim 21/22, der die innere Freiheit des Phaedrus betont). Ein Habgieriger kann nicht geistig tätig sein. Dies wird in horazischem Tonfall gesagt: *labor doctus* ist dichterische Arbeit.

Mit einem merkwürdigen Vergil-Zitat kündigt Phaedrus seine Absicht an, ein drittes Fabelbuch zu schreiben – in aisopischem Stil (d. h. wohl, mit noch größerer Freiheit als bisher) zur Ehre des Eutychus und zur Freude der Nachwelt. Es folgt die Fabeltheorie des Phaedrus. Er versteht (sehr modern) die Fabel als Literatur der Unterdrückten, als Untertanen-, Schlüssel- und Anspielungsliteratur. Phaedrus folgte Aisopos und dichtete auch selbst Fabeln. Einiges aber brachte ihm Schaden: Seianus wird sich oder Tiberius betroffen gefühlt, Phaedrus verklagt und vielleicht als Zeuge oder Richter in eigener Sache verurteilt haben. Diese Stelle wurde wohl kaum zu Lebzeiten des Seianus veröffentlicht; es braucht übrigens kein eigentlicher Prozeß gegen Phaedrus stattgefunden zu haben: vielleicht handelte es sich um eine Maßregelung innerhalb des Hofes. Phaedrus tröstet sich mit seiner Dichtung (es scheint, daß er die politische Sprengkraft der Fabel erst durch den Zusammenstoß mit Seianus richtig erkannte; daher auch jetzt erst, nach Buch 2, diese Theorie vom Ursprung der Fabel). Ursprünglich (1, pr., 3 ff.) verfolgte er andere Absichten. Zugleich baute er eine Sicherung ein (45 ff.): Wer sich in Zukunft betroffen fühlt, beweist nur sein schlechtes Gewissen. Überhaupt will Phaedrus nicht persönlich treffen, sondern das Leben zeigen (das kann Schutzbehauptung sein, kann sich aber bei ihm auch wie bei der späteren Satirendichtung des Horaz verhalten). Als gebürtiger Grieche wird Phaedrus dichten können – hier betont er plötzlich nicht mehr seine römische Art –, wo doch auch die Thraker mit Linos und Orpheus ihre Dichter hatten.

K. Prinz – Der Prolog zum 3. Buche von Phaedrus' Fabeln (Programm, Wien 1906) – betont mit Recht, daß der Prolog von Vers 1 an eine eigene Einheit bildet. – Darstellung des Gedankenganges bei Vollmer, S. 21 f.: Vollmer meint (S. 24 f.), Phaedrus sei nicht von Seianus wegen seiner Dichtung angeklagt worden, sondern habe den schon verstorbenen Seian als Bösewicht auftreten lassen; so seien Buch 1 und 2 nicht vor 43 n. Chr., wahrscheinlich erst kurz vor 50 verfaßt; unter den »gewissen Dingen« (40 *quaedam*) in Buch 2 sei ein verlorenes Stück gewesen, in dem als Beispiel für verdrehte Justiz eine Geschichte von Seian erzählt würde, wie er mit Hilfe eines schlimmen Zeugen und eines bösen Richters eine Teufelei beging (Vollmer, S. 15). Diese Geschichte habe ihm den Vorwurf eingetragen, er greife lebende Zeitgenossen an; er selbst sei überhaupt nie in Gefahr gewesen, gerichtlich verfolgt zu werden, und habe nur literarische Gegner gehabt. Vollmer (S. 14) erläutert Vers 39 f.: »Eine der von mir über die aesopischen Stoffe hinaus zugefügte Fabel hat mich ins Unglück gebracht. Aber mir ist da Unrecht geschehen. Wenn der in dieser Anekdote (s. o., über Seian) auftretende Ankläger ein anderer wäre als Seian, wenn Zeuge und Richter (in der Fabel) andere wären als seine Klienten, dann würde ich zugestehen, mein Unglück verdient zu haben. Meine Fabeln wollen nicht einzelne bloßstellen.«

1 f. Der Verfassername steht an der Spitze des Prologs, im 2. Vers die Adressat, wie auch sonst in römischer Dichtung (vgl. Ovid, Pont.).

10 *viles neniae:* billiges Zeug.

17 »Pierisches Joch«: am Berg Pieros in der makedonischen Landschaft Pieria, wo Mnemosyne dem Zeus die neun Musen geboren hatte.

22 Wörtlich:... und mit sieghaftem Ruhm mich diesem Leben gewidmet habe.

28 In der Erzählung Vergils von der Eroberung Troias beginnt der Verräter Sinon, der sich fangen ließ, um die Troianer zur Aufnahme des hölzernen Pferdes in ihre Stadt zu veranlassen, seinen Bericht an Priamos mit den Worten (Aen. 2, 77): *Cuncta equidem tibi, rex, fuerit quodcumque, fatebor.* Dieses *fuerit quodcumque* (was immer auch war) scheint sprichwörtlich gewesen zu sein.

44 Wörtlich:... und ich würde nicht mit solchen Klagen (wie ich sie in diesem Prologe ausspreche) meinen Schmerz zu erleichtern suchen.

48 Wörtlich: Ich möchte nichtsdestoweniger diesem Mann gegenüber entschuldigt sein.

52 Anacharsis war ein skythischer Philosoph, Sohn einer Griechin und des Gnurus, eines Königs von Nomadenstämmen an der Küste des Schwarzen Meeres. Er kam nach Athen etwa 589 v. Chr. und wurde Freund und Schüler Solons. Gelegentlich wurde er unter die Sieben Weisen gezählt.

52 f. Gedanke: »Wenn ein Phryger (Aisopos), ein Skythe (Anacharsis), auch Thraker (Orpheus und Linos) den Dichterlorbeer errungen haben, soll ich meines Vaterlandes, der Musen Heimat und der Wiege der literarischen Bildung, Griechenlands Ruhm nicht mehren?« Phaedrus scheint (besonders Vers 57) auf

Vergil, Ecl. 4, 55 ff. anzuspielen: *Non me carminibus vincet nec Thracius Orpheus nec Linus, huic mater quamvis atque huic pater adsit, Orphei Calliopea, Lino formosus Apollo.*

60 f. Wörtlich: Also bleibe fort von hier, Neid, damit du nicht umsonst jammerst, weil mir dauernder Ruhm geschuldet wird!

62 f. Wörtlich: Ich habe dich zum Lesen verführt; ich bitte dich, daß du mir ein aufrichtiges Urteil in deiner bekannten Lauterkeit gibst.

3, 1: Aes. 493.

Ein altes Weib riecht den Duft eines leeren Falernerkruges (Vers 4 zeichnet scharf ihre Gier: *totis . . . naribus; avide traxit*) und preist – wie beim Anblick edler Reste – die Güte des Vergangenen. Phaedrus sagt, wer ihn kenne, verstehe die Fabel; er spielt wohl darauf an, daß er einst noch viel tüchtiger war (vgl. 3, epil., 15: *languentis aevi dum sunt aliquae reliquiae*).

3, 2: Aes. 494; Wiss. 5, 5; Rom. 75.

Die Überschriften des Phaedrus neigen gelegentlich zum Stabreim; so hier (*panthera et pastores*; vgl. 3, 1 *anus . . . amphoram*; 3, 6 *musca . . . muta*).

Der Panther fällt in eine Fanggrube. Das Tier erholt sich (9–11 eindrucksvoll geschildert: *veloci saltu; concito properat gradu*), und bald haust es furchtbar (der Reim untermalt seine Energie und sein Wüten: *provolat, trucidat, necat*). Die Mitleidigen bitten um ihr Leben (16 zeigt der geteilte Vers schön, wie sie zwar Schaden leiden – *damnum haud recusant* –, aber nicht das Leben verlieren wollen – *tantum pro vita rogant*).

3, 3: Aes. 495; Plutarch, Septem sap. conviv. 149 C f.

Gesunder Menschenverstand soll »schneller«, d. h. zupackender sein als der eines Wahrsagers. Phaedrus sagt, dies werde »nun zuerst« (*nunc primum*; hier ist der Ton wie bei Lucretius) durch seine Fabel erklärt. Auch *fabella mea* zeigt sein Selbstbewußtsein.

Ein Ostentum ist geschehen. Ängstlich geht der Bauer zur Wahrsagergilde (*exterritus, maerens* zeigen seine Angst und seine Bedrückung) und erhält verschiedene Auskünfte, die die Gier der Wahrsager nach Opferfleisch immer stärker enthüllen. Aisopos, der kluge Greis (horazisch in der Form gesagt; das Bild selbst ist hellenistisch), rät dem Landmann, das Omen zu erledigen (*procurare ostentum* ist römische Terminologie), indem er seinen

Hirten Gattinnen gibt. So erteilt der Unvoreingenommene eine Auskunft, die den windigen Betrügereien der »Sachverständigen« überlegen ist.

3, 4: Aes. 496.
4 Ein Wortwitz ist mit der Fabel verbunden »Wie der Kopf – so der Geschmack« aufgrund der doppelten Bedeutung von »Kopf« als Körperteil wie als Geist und des Doppelsinnes von »Geschmack« als geistiger Eigenschaft und als Gaumenwirkung.

3, 5: Aes. 497.
Aisopos wird von einem frechen Menschen mit einem Stein beworfen. Er antwortet ironisch-listig und gibt ihm sogar den Rat, auch einen Mächtigen so zu bewerfen (Gleichheit des Ausdrucks: *impingere lapidem*). Der Übeltäter wird ergriffen und büßt am Kreuze (womit Phaedrus die Strafe römisch vergröbert).
N: La Fontaine 12, 22.

3, 6: Aes. 498; Wiss. 2, 6; Rom. 47.
Eine Fliege schilt das Maultier wegen seiner Langsamkeit. Der Witz liegt besonders darin, daß eine Fliege droht. Der Esel verweist auf den Wagenlenker als seinen Herrn (6 ist fein gebaut: *iugum meum; flagello lento; temperat* in der Mitte; 9 zeigt durch seinen doppelten Gleichlauf, wie genau der Herr befiehlt).
N: Zachariae (Mücke und Stier); La Fontaine 7; 9.

3, 7: Aes: 346; Babrios 100; Halm 278, 321; Wiss. 4, 7; Ad. 45; Rom. 65.
Ein fetter Hund trifft einen klapperdürren Wolf. Man grüßt und unterhält sich (der Dialog ist lebendig geführt, in der Art fast horazisch). Die Pflichten des Haushundes werden verharmlost, und der Wolf willigt fast ein, Haustier zu werden. Unterwegs jedoch bemerkt er die Spuren der Kette am Hals des Hundes. Phaedrus beschreibt, wie der Hund nun Ausflüchte macht und die eigene Lage verschleiert. Er »scheint« nur scharf, nachts schwärmt er »wie er will« (20), die Speisen, die er bekommt, sind vier Verse lang beschrieben. Die zupackende Frage nach der wirklichen Freiheit wird vom Hund halbherzig beantwortet; der Wolf trifft sogleich die volle Entscheidung für seine Freiheit und kehrt um. Die Fabel erinnert an die Horazische Geschichte von der Stadt- und Landmaus.

26 *non plane est:* Rückert vergröbert (»Bei weitem nicht«); der
   Hund sagt untertreibend »nicht so ganz«.
27 *regnare nolo:* »Ich will nicht König sein« – will nicht so gut
   wie ein König leben.
N: La Fontaine; F. von Hagedorn; Gleim; J. Thurber.

3, 8: Aes. 499.
Ein Mann hat eine häßliche Tochter und einen schönen Sohn.
Beide sehen in den gerade aufgestellten Spiegel auf dem Toiletten-
tisch der Mutter. Der Junge prahlt mit seinem guten Aussehen,
das Mädchen bekommt alles in die falsche Kehle, läuft zum Vater
und verklagt den Bruder. Der Vater ermahnt beide, täglich in
den Spiegel zu sehen, um innere und äußere Schönheit in Ein-
klang zu bringen (der Gegensatz wird durch Parallelität und End-
reim unterstrichen: *tu – tu; formam – faciem; ne corrumpas –
ut vincas; malis – bonis*).
13 f. Vgl. Plutarch, Coniug. praec. 141 D; Diog. Laert. 2, 5, 33;
     Stobaios 3, 1, 172.

3, 9: Aes. 500.
Sokrates baut ein kleines Haus und antwortet auf die Frage wegen des geringen Raumes, er möchte nur diesen mit wahren
Freunden füllen (7 *hanc* ist betont). Die Fabel ist auf das Ende
zugespitzt. Eine Parenthese zeigt, wie sehr Phaedrus nach Ruhm
strebt.
Da die Fabel nicht aus der Aisopischen Urtradition stammen kann,
wird sie etwa aus dem Fabelbuch des Demetrios von Phaleron
genommen sein.
  2 In Xenophon, Oec. 2, 3 sagt Sokrates, wenn er für sein Ver-
    mögen mit Haus einen guten Käufer fände, erhielte er insge-
    samt wohl fünf Minen (500 Drachmen).
  5 Vgl. das Sprichwort *Qui struit in calli, multos habet ille ma-
    gistros.*
N: La Fontaine 4, 17.

3, 10: Aes. 501.
Zuerst mythologische Beispiele (7 *fabulosa vetustas* gibt es als
Ausdruck auch bei Lukan, auch dort – noch stärker als hier – ne-
gativ gefärbt), dann eine von Phaedrus verbürgte Geschichte, die
aus der Gruselkammer der Rhetorenschule stammen könnte.
Ein Freigelassener verleumdet die Frau seines Patrons und wirft

ihr Ehebruch vor. Der Mann gibt nun vor, er besuche sein Landgut, bleibt aber im Städtchen (vielleicht in einem *municipium*)
und kommt nachts überraschend nach Hause, wo er im dunklen
Schlafzimmer der Mutter seinen Sohn tötet, den jene zur besseren Überwachung auch dort schlafen ließ. Aus Reue tötet sich der
Mann selbst. Die Frau wird nach Rom vor Gericht geschleppt
(vgl. 35 *pertraxerunt*; das ist bei Horaz geradezu ein Fachaus-
druck für Leute, die unerfahren sind und von bösen Mitmenschen
nach Rom geschleift werden) und schwer verdächtigt. Erst Kaiser
Augustus erkennt die Wahrheit (42 f. wird seine Erkenntniskraft
geschildert). Die Pole der Leichtgläubigkeit und Gleichgültigkeit,
zwischen denen sich richtiges Urteil bewegt, werden 51 bis 53
nochmals gezeigt (52 f. Parallelismus und Gegensatz).

10 Bis zum 15. Jahre trugen die Knaben eine Toga mit Purpur-
saum (*toga praetexta*). Dann erhielten sie die weiße Toga (*toga
pura* oder *virilis*) als Zeichen der erreichten Mannbarkeit.

35 Das Collegium der *centumviri* entschied über Zivilsachen, besonders über Erbstreitigkeiten. Es bildete einen ständigen Ge-
richtshof, der sich aus Richtern zusammensetzte, die alljährlich
in den Tribus gewählt wurden. Jede der 35 Tribus wählte
3 Richter aus, also rund 100 (*centumviri*).

3, 11: Aes. 502.

Ein Eunuch streitet mit einem bösen Menschen (wohl vor Gericht
wie in der horazischen Satire die beiden Streithähne). Dieser rückt
ihm vieles vor, darunter auch seinen Körperschaden. Der Eunuch
antwortet mit einem Wortspiel: Das sei ein ziemlich schwerer
Nachteil für ihn, daß ihm die »*Testes*« (Zeugen/Hoden) der Integrität (Unversehrtheit/Unbescholtenheit) fehlten.

3, 12: Aes. 503; Wiss. 5, 7; Ad. 1; Rom. 1.

Ein Huhn findet auf dem Mist eine Perle (2 zeigt, was es sucht
– Futter – und was es findet – die Perle; fast ein Asyndeton
adversativum) und hält eine Rede an sie. Es weiß allerdings um
ihren Wert, so daß die Nutzanwendung – wer die Fabeln des
Phaedrus nicht versteht, ist dem Huhn zu vergleichen – nicht ganz
zwingend erscheint.

N: La Fontaine 1, 20; F. von Hagedorn (Die Henne und der
Smaragd).

3, 13: Aes. 504.

Die Wespe fällt ihren Spruch (13 *sustulit* vom Hervorholen des Spruches wie aus einem Lostopf – ein fast religiöser Vorgang) und gibt den Bienen recht. Phaedrus hätte diese Fabel nicht erzählt, wenn die Drohnen (Hummeln) nicht gegen das Urteil verstoßen hätten. Das soll vielleicht heißen: Gewalt geht vor Recht. Vielleicht spielt Phaedrus aber auch darauf an, daß man seine Fabeln unberechtigt nachahmte. Dann wäre die Fabel eine Illustration zum Urheberrecht.

Rückert: Diese Fabel bezieht sich auf diejenigen, welche unbarmherzig die Gedichte des Phaedrus plündern. Ein Scherz, wie Vergil solche Plagiare bestrafte, möge hier der Kuriosität wegen erwähnt werden. Vergil hatte einige Verse an die Pfosten des Palastes geschrieben, doch schon am nächsten Tag schrieb sich dieselben ein anderer zu. Darob erzürnt, heftete Vergil nun die Verse an:

> Ich dichtete das Lied, ein andrer nahm die Ehre.
> Also auch ihr nicht für euch . . .
> Also auch ihr nicht für euch . . .
> Also auch ihr nicht für euch . . .
> Also auch ihr nicht für euch . . .

Der Plagiar konnte jedoch diese Verse nicht ergänzen, und so trug Vergil den Sieg davon, als er die Verse folgendermaßen beendete:

> Also bauet auch ihr, Vögel, für euch nicht das Nest!
> Also traget auch ihr, Lämmer, für euch nicht die Woll'!
> Also leset auch ihr, Bienen, für euch nicht den Honig!
> Also ziehet auch ihr, Stiere, für euch nicht den Pflug!

N: La Fontaine 1, 21.

3, 14: Aes. 505.

Aisopos spielt, von einem Haufen von Kindern umgeben, mit Nüssen; ein Athener bleibt stehen und verlacht ihn wie einen Verrückten (*delirum:* römischer Ausdruck, ein Beispiel für die Interpretatio Romana bei Phaedrus).

6 Plutarch, Septem sap. conviv. 7, nennt Aisopos passend ἐλεγκτικόν; so wird auch Sokrates bezeichnet.

11 Rückert schließt hier bereits die direkte Rede.

3, 15: Aes. 506; Rom. 32.

Der Schäferhund will das Lamm zu seiner Mutter zurückschicken, als es bei den Ziegen seine Pflegemutter sucht. In dem sich entwickelnden Dialog stellt das Lamm zwei Arten von Müttern scharf gegenüber *(non illam – verum illam)*. Die nur physische Mutter, deren Funktionen geradezu roh beschrieben sind, wird gegen die aufopferungsvolle Pflegemutter abgesetzt. Der Hund weist auf den Rang der Mutter hin, doch das Lamm schildert kraß, wie wenig eigene Entscheidung die Mutter bei seinem Entstehen hatte (die Gründe für die bloße biologische Funktion sind weit hergeholt; der letzte, 13 f., ist so pessimistisch wie ungerecht). Bei der Pflegemutter dagegen herrscht reiner Edelmut. Daß 17 *sponte* auch »Instinkt« bedeuten könnte, kümmert das Lamm, das seine Lehre aussprechen muß, nicht.

Rückert: Wer denkt nicht bei dieser Fabel an das allbekannte Wort »Wo dir's wohl geht, laß dich ruhig nieder«. Auch Aristophanes sagt:

πατρίς ἐστιν, ἵν ἂν πράττῃ τις εὖ.

Mein Vaterland ist, wo mir's gut geht.

11 f. Wörtlich: Weiter: wenn sie ein weibliches Tier gebären wollte, was hätte sie machen können, da ich doch als männliches Tier zur Welt kam? Natürlich, an meinem Geburtstag hat sie mir die große Wohltat erwiesen, daß ich Stunde um Stunde den Schlächter erwarten muß.

3, 16: Aes. 507.

Eine Zikade ärgerte die Eule, die tags schlafen will, durch ihr lautes Zirpen. Mehrfache Bitten um Ruhe machen sie nur noch lauter (6 bis 8 wird ihre unfreundliche und rücksichtslose Art durch die knappen und übergangslosen Sätze bezeichnet). Nun hilft nur List: Der Zikade wird wegen ihrer schönen Lieder geschmeichelt, und sie wird zum Nektartrank eingeladen. Athene gab ihrem Tier, der Eule, den Nektar; Apollo ist wohl auch als »Gegenstück« zu Athene genannt (14 *si non fastidis, veni* ist eine sehr höfliche Einladungsformel).

Die Fabel arbeitet fast zynisch mit der Lust der Zikade auf Nektar; sie kehrt den Zikadenmythos bei Platon um, denn dort verzichten die Menschen auf Speise, um zu singen, während hier die Zikade auf Gesang verzichtet, um einen ganz banalen Durst zu löschen und ihre Eitelkeit zu befriedigen.

1 *humanitas:* Gefälligkeit – im Gegensatz zur *superbia*, dem rücksichtslosen Egoismus.

13 *potare:* zechen.

14 *fastidire* drückt vornehmen Ekel aus, der verschmäht, was
ihm nicht gut genug vorkommt.

3, 17: Aes. 508.
Es scheint, daß 3, 17 mit 3, 16 von Phaedrus assoziativ verbunden
ist; in 3, 16 ist von Göttern im Zusammenhang mit ihrem Patronat
die Rede, ähnlich in 3, 17.
»Einst« – das ist die typisch mythische Zeit – wählten die Götter
(die in interpretatio Romana genannt werden) die Bäume aus,
deren Schützer sie sein wollten. Dabei handelte es sich um Bäume,
die zu ihnen paßten, aber lauter Bäume ohne Frucht. Athene zog
aber die Olive gerade wegen ihrer Frucht vor (typische Ge-
sprächssituation, in der ein Begriff – *fructus* – von verschiedenen
Seiten angegangen wird; Phaedrus gestaltet im Laufe der Zeit
den Dialog immer freier und lebhafter). Zeus (in homerisch-ver-
gilischem Ton umschrieben) bestätigte, daß in der Tat Ehre ohne
Nutzen sinnlos sei.
Auffällig ist die Fabel wegen ihrer Doppelung. An sich könnte
sie bei Vers 7 enden. Der zweite Teil bildet eine gewisse Korrek-
tur (Weiterführung, Ergänzung) zum ersten Teil.

3, 18: Aes. 509; Wiss. 5, 4; Rom. 74.
Noch eine Fabel, die eine Gottheit in Verbindung mit einem
Tier zeigt.
Der Pfau, Heras Tier (nur deshalb hat es Sinn, daß er sich an
Hera wendet), beschwert sich, weil er nicht den Gesang der Nachtigall erhielt (3/4 zeigen mit scharfer Betonung am Anfang den
schmerzlichen Gegensatz). Die Göttin tröstet ihn mit seiner
Schönheit (6 Chiasmus mit Anapher), doch ist der Pfau nicht zufrieden. Da zeigt ihm die Göttin, wie die anderen Tiere mit
ihren Gaben vorliebnehmen (diese sind hier vom Fatum gegeben;
interpretatio Romana).
12 Aus Flug und Schrei von Rabe und Krähe weissagten die
Auguren; beim Raben galt es als günstiges Vorzeichen, wenn
er auf der rechten, bei der Krähe, wenn sie auf der linken
Seite erblickt wurde.
13 Rückert schließt die direkte Rede am Ende von Vers 13.
N: La Fontaine 2, 17.

3, 19: Aes. 510.
Merkwürdig ist der Nachsatz der Fabel: Wenn der Frager die
Antwort auf sich bezog, mußte er merken, daß er dem Aisopos

nicht als Mensch *(humanus)* erschien, weil er den Beschäftigten so taktlos anredete. Hier ist aus der aufs Allgemein-Menschliche zielenden Antwort des Griechen (es gibt so wenig wirkliche Menschen, daß man sie mit der Laterne suchen muß) eine spezielle Antwort an jemanden gemacht, der die Dignitas des Weisen verletzt hat.

Epilogus. Der Epilog des dritten Buches beginnt mit einer Anrede an Eutychus. Phaedrus beendet sein Buch, um dem Vielbeschäftigten nicht lästig zu sein; auch soll für Nachfolger noch Stoff bleiben (7 eine Gegenüberstellung nach griechischem Muster). Eutychus soll Phaedrus belohnen, solange der alternde noch etwas vom Leben hat (das wird breit, fast überdeutlich ausgeführt). 22 f. wird mit *venia* merkwürdig gespielt: 22 muß es »Verzeihung« bedeuten, 23, wo es zu ergänzen ist, hat es den Sinn von »Entgegenkommen« und »Verzeihung«: Phaedrus geht zu etwas Neuem über und bittet um Hilfe gegen fremde Angriffe. Die Verse 24 f. sind schwer zu verstehen; entweder bedeuten sie: »Du bist jetzt als – gerechter – Richter an der Reihe« oder »Du bist jetzt mächtig; denke aber daran, daß auch einmal andere an die Reihe kommen«; schließlich: Eutychus kann auch selbst Hilfe brauchen. Letzteres ist aber wenig wahrscheinlich. Eutychus soll gerecht urteilen und Phaedrus schützen.

Phaedrus schrieb schon zuviel, doch trieb ihn die Frechheit der Bösen dazu. Sie werden schon noch hervortreten. Namen nennt Phaedrus vorerst nicht, hat er doch in der Schule gelernt, ein Plebejer müsse schweigen, und solange er bei gesunden Sinnen sei, wolle er sich das wohl merken.

34 Der Enniusvers stammt aus der Tragödie »Telephus«: es ist ein jambischer Senar, eine Form, die bei Phaedrus sonst nicht gebräuchlich ist. E. Norden übersetzt: »Das Maul, Prolet, gehalten, sonst bekommt's dir schlecht!«

BUCH 4

Prologus.
Phaedrus wollte, wie im Epilog zum dritten Buch gesagt (4 f.), mit der Fabeldichtung aufhören, um auch anderen Stoff zu lassen, doch hat er nun Bedenken, ob ein anderer, der auch solchen Ruhm erstrebt, gerade das finden wird, was Phaedrus ausließ. Ein Nachfolger sollte ebenso sein wie er. Jeder hat aber seine eigene Art und

seinen eigenen Stil. Also hat Phaedrus guten Grund, weiterzu-
schreiben.
Die zweite Hälfte der Vorrede ist an einen neuen Gönner, Particulo, gerichtet, der gerne Fabeln liest. Phaedrus nennt seine Fabeln aisopisch (nicht Fabeln des Aisopos), weil er die Stoffe vermehrt hat, natürlich im altüberkommenen Stil. Böswillige mögen
etwas gegen sie haben; wenn sie aber selbst nichts Besseres fertigbringen, läßt das Phaedrus kalt. Er hat ja bereits Ruhm erlangt,
weil Particulo und andere Leute seiner Art schon die Fabeln des
Phaedrus abschreiben (lassen).
14 Bei Rückert stand »fünfte« statt »vierte«; er folgte einem
   anderen Text. Vers 14 heißt genau: »Das vierte Buch wirst du
   durchlesen, wenn du Zeit hast.« Rückert übersetzt das über-
   lieferte *variae* mit »in Varia«; wir folgen einer Konjektur von
   Bentley.

4, 1: Aes. 164; Babrios 141; Halm 290; Wiss. 4, 5, 13; Ad. 47;
Rom. 68.
Die Fabel erhält ihr Salz durch den Einfall, die Priester bei dem
Vorgang etwas Besonderes denken zu lassen. Der Esel will Ruhe,
die *Galli* aber in ihrer Eunuchen-Bosheit sorgen dafür, daß er nun
erst recht geprügelt wird. Eine Trommel brauchen die Kybele-
Priester bei ihrem orgiastischen Kult.
 1 *Galli* sind die Priester der Kybele; ihr Name steht vielleicht
   in Verbindung zu Gallos, einem phrygischen Fluß.
 4 Kybebe oder Kybele war eine kleinasiatische Muttergottheit;
   ihr Kult wurde im Zweiten Punischen Krieg nach Rom ver-
   pflanzt, wo man Kybele unter dem Namen Magna Mater Idaea
   verehrte. Ihre Priester pflegten in lärmenden Prozessionen,
   im Namen der Großen Mutter bettelnd, umherzuziehen.
 7 *tympana* sind Handpauken mit hohlem Schallboden, die neben
   der Flöte bei den Prozessionen der Kybele-Anhänger gebraucht
   wurden.

4, 2: Aes. 511 (79; Babrios 17); Halm 15; Rom. 72.
Vorrede und Fabel hängen zusammen: was im inneren Winkel
(7 *angulo*; 12 *obscuro loco*) liegt, erkennt nicht jeder, sondern nur
der Kluge (den Sinn der Fabel der Mensch, die Gefahr die kluge
Maus).
19 »Du magst so gesund leben, wie du Mehl bist.« Das heißt:

Sowenig du Mehl bist, sowenig gut soll es dir gehen (verwendet ist dabei eine alte Eid- und Selbstverfluchungsformel).
N: La Fontaine 3, 18.

4, 3: Aes. 15; Babrios 19; Halm 33; Wiss. 5, 3; Rom. 72.
Füchse fressen anscheinend Trauben; vgl. Theokrit 5, 112 f.
Die Anstrengung des Fuchses ist in 2 eindrucksvoll beschrieben.
Er springt gierig nach einer Traube. Als er sie nicht erreichen
kann, geht er weg und sagt (zu sich und/oder einem gedachten
Zuschauer), er wolle nur eine reife Traube.
N: La Fontaine 3, 11; K. W. Ramler; Lessing 2, 21; Caxton.

4, 4: Aes. 269; Halm 175; Rom. 79; vgl. Horaz, Epist. 1, 10, 34 f.
Das wütende Pferd sucht Hilfe beim Menschen, und dieser tötet
den Eber (das rasche Hilfegesuch des Pferdes und die schnelle
Hilfe des Menschen sind durch raffenden Satzbau nachgezeichnet).
Der Mensch stellt aber doppelten Nutzen fest: Beute und Einsicht in die Brauchbarkeit des Pferdes, das nun Zügel tragen muß
(*coegit – pati* in 9 gibt vierfach den verhaßten Zwang an). Das
Pferd bedauert sein Geschick.
Die Fabel gehört etwa ins Jahr 480 v. Chr.; vgl. Aristot. Rhet.
2, 20.

4, 5: Aes. 512.
Ein Mann hinterläßt drei Töchter (deren Eigenschaften in drei
einigermaßen parallel laufenden Versen geschildert sind; Vers 3
variiert in der Wortstellung), eine Schöne, eine Fleißige, eine
Trinkerin. Der alte Mann setzt die Mutter als Erbin ein unter
folgenden Bedingungen: Die Töchter sollen das ganze Vermögen
zu drei gleichen Teilen haben, doch dürfen sie es nicht besitzen
oder benützen (das ist in römischer Rechtsterminologie gesagt),
und sobald sie das ihnen Zugeteilte nicht mehr haben, müssen sie
der Mutter je 100 000 Sesterzen geben (auch der Münzname ist
ins Lateinische übersetzt).
Das rätselhafte Testament erregt ganz Athen; die Mutter geht
zu den Rechtsgelehrten, doch niemand weiß Auskunft (Phaedrus
übersetzt in 14 bis 17 sehr geschickt das Testament ins Juristisch-Abstrakte). Nach längerer Zeit verläßt die Mutter das geschriebene Recht und will das Testament nach bestem Wissen und Gewissen *(fides)* erfüllen. Die Töchter sollen je nach ihrer Art Dinge
bekommen (das wird wieder parallel, diesmal in je zwei Versen,

dargestellt, 21 bis 26), und das Volk ist einverstanden. Phaedrus
beschreibt also eine Art von öffentlicher Verhandlung und Ver-
sammlung (*temporis longi mora* 18 bedeutet vielleicht »einige
Stunden«).

Plötzlich steht Aisopos auf und erregt die Aufmerksamkeit aller
durch den Vorwurf, die Athener (mitzuhören ist etwa: »die doch
die weisesten sind«) könnten den Text nicht verstehen. Man müsse
die Geschenke geradeso verteilen, daß die Empfängerinnen sie
bald wieder verkaufen. Die Paradoxie der Erklärung liegt 34 bis
39 in der geänderten Zuordnung von Personen und Gegenstän-
den; logisch ergibt sich aber aus der Paradoxie der Zuordnung
das Verhalten der Töchter (das wiederum 41 bis 44 parallel geschildert ist). Vers 45 bis 47 wird das Ergebnis prophezeit: das
Testament wird richtig erfüllt werden.

Die Fabel scheint alt und mag aus volkstümlicher Rätselliteratur
genommen sein, wie sie etwa auch im »Certamen Homeri« vorliegt.

22 Wörtlich: Ein silbernes Badegeschirr, Eunuchen und glattge-
   rupfte Lieblingssklaven.

N: La Fontaine 2, 20.

4, 6: Aes. 165; Babrios 31; Halm 291; Dosith. 3.

Man wird als Anregung zu solcher Fabel an eine Darstellung von
Szenen aus einer Galeomyomachia denken, aus einem Tierepos
etwa, in dem das heroische Epos durch Übertragung der Heroen-
kämpfe auf Wiesel und Mäuse parodiert war. Das Thema wurde
auch bildlich gestaltet (2).

10 Der Vers ist nachgeahmt von Prudentius, Cath. 7, 115: *Alvi
   capacis vivus hauritur specu.*

4, 7.

Phaedrus führt eine kleine Szene vor: Ein Tadler will seine Sachen nicht lesen. So bittet er ihn, er möge doch noch ein wenig
ins Buch sehen (hübsch ist die Beschwörung in 3 *parva libellum
sustine patientia*), gleich werde Aisopos (die Fabeldichtung) in
neuem Gewande (*cothurnis . . . novis*) auftreten.

Um die Ankündigung wahrzumachen, beginnt der Dichter nun
marktschreierisch in hochtragischem, an Euripides und Ennius an-
klingendem Stil den Anfang eines Medeadramas zu deklamieren
(6 erinnert an Euripides – Ennius, 8 an Horaz; auch Vergilisches
klingt an). Verderben kam über Griechen und Barbaren. Das

wird in chiastischer, dann paralleler Anordnung ausgeführt: Aietes – Pelias; Kolchis *(illic)* – Hellas *(hic:* der Prologsprecher ist also an einem Ort in Griechenland vorgestellt).

Triumphierend fragt Phaedrus nun den anderen, wie ihm das gefalle, doch erntet er keinen Beifall. Man belehrt ihn aufklärerisch-thukydideisch, da stimme etwas nicht: Argo sei dort nicht zuerst gefahren, Minos habe schon vorher (wenigstens) die Ägäis mit einer Flotte beherrscht und habe die Seeräuber gezähmt.

Nun ist Phaedrus ratlos und ungehalten. Was solle er denn machen, wenn dem Kritiker weder Fabeln *(fabellae)* noch Mythen *(fabulae)* gefallen?

Rückert: Der Inhalt der siebenten Fabel ist aus dem Ennius und Euripides entlehnt. – Kothurne sind Schuhe mit hohen Absätzen, deren sich die Schauspieler in der Tragödie bedienen, um dadurch größer und erhabener zu erscheinen. Wenn Aesop mit solchen auftritt, soll es nur heißen, daß er erhabene Verse geben wird, wie sie sich für eine Tragödie eignen. – Pelion ist ein Gebirge des östlichen Thessaliens. – Dem Aietes, König von Kolchis, entführte Jason nicht nur das Goldene Vlies, sondern auch seine Tochter Medea. Diese nahm ihren Bruder Absyrtus mit sich, und als Aietes die Fliehenden verfolgte, tötete sie diesen und streute die einzelnen Gliedmaßen am Ufer umher. Der Vater sammelte dieselben, doch die Flüchtlinge entkamen. Grillparzer hat dies zum Sujet eines herrlichen Trauerspiels »Medea« genommen. – Pelias, König von Iolkos in Thessalien, hatte seinem Bruder Aeson die Herrschaft geraubt und dessen Sohn Jason nach dem Goldenen Vliese ausgesandt. Nachdem die Argonauten von ihrem Zuge zurückgekehrt waren, machte Medea durch geheime Zaubermittel den Vater Jasons, Aeson, wieder jung. Die Töchter des Pelias baten, daß Medea auch ihrem Vater dasselbe tue. Sie stellte sich willfährig; doch als jene den Vater getötet hatten, damit ihm frische Lebenskraft eingehaucht werden könnte, ging sie fort, ohne ihr Versprechen zu erfüllen.

7 ff. Die Verse sind eine Nachahmung des Eingangs der Tragödie »Medea exul« des Ennius, die ihrerseits auf die »Medeia« des Euripides zurückging.

4, 8: Aes. 93; Halm 146; Wiss. 4, 8; Ad. 42; Rom. 62.
Eine Schlange biß in eine Feile. Diese aber zischte die Schlange an (der Gegensatz ist durch die Laute bezeichnet: *limam momordit; contra contumax):* Wie könne sie so töricht in die Feile bei

ßen, die doch selbst alles Eisen rasple (*assuevi* zeigt die Zähigkeit in der Bissigkeit)?
Die Überschrift heißt genau: »Eine Schlange beim Schmied.«
N: La Fontaine 5, 16.

4, 9: Aes. 9; Halm 45.
Der Fuchs entkommt über den Rücken des Bockes und läßt ihn im nassen Gefängnis zurück (10 charakterisiert den Gegensatz auch sprachlich; *immisit se:* der Bock stürzt hinein; *barbatus* zeigt vielleicht seine Dummheit; *vulpecula* klingt leichtfüßig und elegant; 12 mit seinem zähen Rhythmus malt das Feststecken des Bocks).
N: La Fontaine 5, 16.

4, 10: Aes. 266; Babrios 66; Halm 359; vgl. Horaz, Sat. 2, 3, 296 f.
Wir sehen die eigenen Fehler nicht; bei fremden treten wir als Richter (Zensoren, römisch gesagt) auf. Phaedrus wechselt mit dem Ausdruck geschickt ab *(imposuit, dedit, suspendit)*, stellt 3 *gravem* stark betont ans Ende und zeigt in 5 durch den gedrängten Versbau, wie rasch wir beim Aburteilen sind.
Lessing (80): Jupiter hat uns zwei Säcke aufgelegt? Er ist also selbst schuld, daß wir unsere eigenen Fehler nicht sehen ... förmliche Gotteslästerung ... Die besseren Griechen lassen durchgängig den Jupiter hier aus dem Spiele.
N: La Fontaine 1, 7; Lessing.

4, 11: Aes. 513.
Die Fabel dient mehreren Zwecken: Sie bietet eine Aitiologie für das Verbot des Entzündens profaner Lichter am Tempelfeuer (zugleich liegt eine nicht ausgesprochene Aitiologie für das Nicht-Entzünden kultischen Feuers mit profanem Gerät vor), vermittelt die Einsicht der Möglichkeit späterer Enttäuschung bei Wohltaten und warnt vor Bösen. Besonders wichtig ist der Unterschied zwischen Gott und Religio: Wenn der Gott nicht straft, treten Religio (sozusagen als Augenblicksgott – Ausflucht) und Fata ein. Hier ergänzen sie sich, bei Lucan (z. B.) stehen sie im Gegensatz.
Rückert: Daß aus einer Fabel mehrere Lehren gezogen werden, die sich natürlich dann nur auf einzelne Punkte derselben beziehen, ist gänzlich gegen die Regeln der Fabeldichtung. Übrigens ist das Sujet sehr unglücklich gewählt. Lessing sagt darüber:

»Kaum sollte man glauben, daß einer von den Alten, einer von diesen großen Meistern in der Einfalt ihrer Pläne uns dieses Histörchen für eine Fabel habe verkaufen können.«

10 Rückert läßt die Rede erst mit dem Ende von Vers 12 schließen.

16 Wörtlich: [Die Fabel] zeigt erstens, daß diese, die du selbst genährt hast, usw.

16 f. Der Rhetor Theon sagt (75, 25): Von einer Fabel kann man auch mehrere »Epiloge« ableiten.

Ü: Lessing.

4, 12: Aes. 111; Halm 160.

Die Fabel geht von dem (zumindest schon stoischen) Satz aus, Reichtum (und Habgier) seien Urgrund des Bösen. Fortunas Sohn ist Plutos wohl auch deshalb, weil Fortuna blindlings (nicht nach Verdienst) das Glück verteilt.

Vielleicht ist die Fabel durch den Namen Fortunas mit der vorhergehenden verbunden.

4, 13: Aes. 569; Wiss. 5, 2; Ad. 49,51; Rom. 70.

Die Fabel ist nicht ganz erhalten; sie lautet:

Ein Lügner und ein Wahrheitsfreund kommen ins Land der Affen; der Oberaffe läßt sie vor sich rufen, umringt von großem Hofstaat (wie er es einst gesehen), und fragt den Lügner, wer er sei. Dieser schmeichelt ihm und wird belohnt. Der Wahrheitsfreund aber erklärt dem Fragenden, er sei ein Affe, und auch seine Umgebung bestehe aus Affen. Dafür wird er zerrissen. Geschrieben ist die Fabel für schlechte Menschen, die die Schlechtigkeit lieben, Ehrbarkeit und Wahrheit aber herabsetzen.

4, 14: Aes. 514; Halm 242; Ad. 49; Rom. 70.

Die Fabel ist nicht ganz erhalten; sie lautet: Der Löwe bereute seine anfängliche Milde, führte Tiere in die Einsamkeit und fragte sie, ob er aus dem Maul rieche. Die Ja-Antworter zerriß er ebenso wie die Nein-Sager. Später fragte er den Affen, der sich aber mit einer List rettete. Der Löwe änderte jedoch seine Taktik, stellte sich krank, und die Ärzte rieten ihm zu leichter Kost. Da sagte er, Affenfleisch kenne er nicht, und sogleich wurde der Affe getötet.

4, 15: Aes. 515a.

Die Ausgangsfrage der nicht ganz erhaltenen Fabel lautete wohl: Woher kommt das *fellare*, das *ore morigerari*? Die Antwort begann vielleicht: Es kam daher, daß Prometheus gleich nach der Bildung des *veretrum* die *lingua muliebris* schuf; eine Parallele bei Weinreich 45. – Die Fabeln 4, 14 und 15 hängen innerlich zusammen; es sind folkloristische Sexual-Aitiologien, die jeweils eine Perversion behandeln, jeweils Prometheus nennen und vielleicht jeweils einen dialogischen Rahmen besitzen.

4, 16: Aes. 515b.
Diese Fabel scheint wiederum thematisch mit der vorhergehenden verbunden: beide behandeln aitiologische Geschichten aus der Zeit der Menschenschöpfung; in beiden spricht wohl auch Aisopos (vgl. zu 4, 15).
Diesmal ist nach einer Erklärung für die Existenz von Homoeroten gefragt (es ist die Frage nach der αἰτία im frühen Griechentum, die hier noch durchschimmert).
Aisopos erläutert in einem Lehrvortrag: Prometheus schuf das tönerne Volk (dann eine rasche Abschweifung: weil die Menschen aus Ton sind, zerbrechen sie, wenn sie mit dem Schicksal zusammenstoßen – eine weise, müde Feststellung). Die Geschlechtsteile (in römischer Dezenz umschrieben) hat er – sozusagen in Serie – an einem Tag gefertigt, um sie auf einmal ansetzen zu können, wurde aber zuvor von Dionysos zum Symposion (8 *cena*) geladen. Angetrunken kehrte er abends zurück (sein Zustand ist 9 bis 11 breit ausgemalt) und setzte nun die Teile an die nicht passenden Leiber an (12/13 wird das durch den Chiasmus angedeutet). So kommt es nun, daß manche Menschen verkehrte Lust genießen.
Die Fabel scheint auf dem Boden ionischer Historie gewachsen; es wird eine Antwort (freilich mythisch, aber rational-mythisch) auf eine Art von naturwissenschaftlicher Frage gegeben. Natürlich genügt auch die Herleitung aus volkstümlicher Aitiologie.

4, 17: Aes. 516.
Vielleicht soll auch diese Fabel mit den vorhergehenden zusammenhängen; es geht immer noch um die Ausstattung der Lebewesen.

4, 18: Aes. 78; Halm 367.
Ein Mann klagt über sein Unglück, und Aisopos dichtet ihm zum Trost eine Konsolations-Geschichte (man hat also eine Keimzelle für literarische Konsolationen vielleicht seit Aisopos).
Ein Schiff wird von wilden Stürmen umhergeworfen; die Besat-

zung ist verzweifelt, doch hellt sich plötzlich der Himmel auf, und das Schiff fährt sicher vor dem Wind (5 f. wird schön der Umschwung des Wetters und die neue Sicherheit dargestellt).

4, 19: Aes. 517; Halm 319.
Vielleicht hängt 4, 19 assoziativ mit 4, 17 zusammen, ist aber durch 4, 18 aus Variationsgründen davon getrennt. In beiden Fabeln (4, 17 und 4, 19) soll ein bestehender Naturzustand korrigiert werden. Die Fabel ist wieder aitiologisch und wird launig erzählt; andererseits verrät der etwas anrüchige Stoff deutlich ihren volkstümlichen Ursprung.

4, 20: Aes. 176; Babrios 143; Halm 97; Wiss. 4, 2; Ad. 11; Rom. 13.
N: F. von Hagedorn; James.

4, 21: Aes. 518.
Ein Fuchs gräbt einen Bau und gerät dabei in die Höhle eines Drachen (Schlange), der einen versteckten Schatz bewacht.
Der Dialog enthüllt das Elend der einsamen Schlange, und der Fuchs bricht in die Worte aus, den Göttern sei verhaßt, wer dieser Schlange gleiche. Im Stil von Diatribe und Satire zieht Phaedrus die Lehre, wobei er dem Leser die Gleichsetzung des Drachen mit dem Geizigen überläßt.

4, 22.
Phaedrus wehrt sich (in 8 setzt er seine Worte fast monumental): Aisopos erfand die Fabeln, Phaedrus hat sie vollendet.

4, 23: Aes. 519.
Eine Parallel-(Wander-)Geschichte zu *omnia mea mecum porto* wird erzählt.
Die Fabel ist genau hälftig geteilt (1–14 Anstieg, 15–27 Abgleiten der Handlung; jeweils eine Pointe). Sie zeigt schön den Vorrang des Geistigen vor dem Vergänglichen und hat in der Frage und späteren End-Antwort eine Art von Systole und Diastole.
 2 Simonides von Keos lebte im 6. und 5. Jahrhundert. Wie Pindaros und Aischylos begünstigte ihn König Hieron von Syrakus. Er war Dichter, »erfand« aber auch die Kunst der Mnemotechnik und beschäftigte sich mit griechischer Orthographie.

4, 24: Aes. 520; Wiss. 4, 14; Rom. 31.
Die bekannte Fabel vom kreißenden Berge. Auf Erden herrscht
höchste Spannung (so wird der Leser zum Teil des »Publikums«).
Es wird aber nur eine Maus geboren.
Die Nutzanwendung ist etwas merkwürdig: Gemeint ist ein
Mensch, der großmächtig droht, aber dann doch nichts fertig-
bringt.
Vgl. Horaz, Ars poetica 139: *parturiunt montes, nascetur ridi-
culus mus.*
N: La Fontaine 5, 10; Hagedorn; Gleim.
Rückert: Diese Fabel muß schon in den ältesten Zeiten bekannt
gewesen sein, denn den Ägypter-König Tachos hören wir zu Kö-
nig Agesilaos sagen:

Ὤδινεν ὄρος, Ζεὺς δ' ἐφοβεῖτο, τὸ δ' ἔτεκεν μῦν.

(Der Berg kreißte, selbst Zeus war in Furcht, doch er gebar
eine Maus.)

4, 25: Aes. 521; Ad. 27; Rom. 46.
Ameise und Fliege streiten um den Vorrang; diese Art von Streit-
gespräch wird volkstümlicher frühgriechischer Literatur naheste-
hen.
Die Ameise widerlegt in Art eines Gerichtsredners Punkt für
Punkt die Prahlereien der Fliege. Sie führt die einzelnen »Vor-
züge« der Fliege an und interpretiert sie in entgegengesetzter
Weise wie diese. So entlarvt sie die Lebenslüge der Fliege.
In Rückerts Übersetzung ist die Reihenfolge der Verse teilweise
verändert; Vers 13 f. müssen lauten: »Du prahlst mit Dingen, die
uns schamrot machen. / Du arbeitest nichts, drum hast du nichts,
wenn's nötig ist. / Wenn ich mit großem Fleiß zum Winter Futter
suche, / Seh ich dich um verfallne Mau'r im Dünger sitzen. / Im
Sommer höhnst du mich, wenn's aber kalt ist, schweigst du . . .«
N: La Fontaine 4, 3; L. Ratisbonne; J. Anouilh; G. Born.

4, 26: Aes. 522.
Die Fabel wird von Phaedrus durch Rückverweis mit 4, 23 ver-
bunden: dort ist vom Wert der Dichtung bei den Menschen die
Rede; jetzt wird ihre Bedeutung bei den Göttern aufgezeigt.
Phaedrus nennt den Namen des besungenen Mannes nicht; Cicero
(De orat. 2, 352) nennt ihn Scopas. Es sind auch noch Verse des
Simonides zur Ehre eines Thessaliers Scopas erhalten. Vgl. auch

Cic., De orat. 2, 86; Quint. 11, 2, 11; Val. Max. 1, 8, 7 (entfernt vergleichbar ist Mart. 1, 12, 82).
N: La Fontaine 1, 14.

Epilogus.

Phaedrus hätte noch viel zu erzählen, doch will er maßhalten. Particulo, dessen Ruhm mit dem Werk des Phaedrus verknüpft wird (das Werk selbst wieder kühn mit der römischen Literatur), soll wenigstens die Kürze anerkennen, um so mehr, als Dichter oft lästig fallen (was in 8 f. in gereimten Versen unterstrichen wird).

BUCH 5

Prologus.

Phaedrus versucht sich immer stärker von Aisopos und dessen drückendem Gewicht freizumachen. Er hat ihm gegeben, was er mußte, nun schreibt er dessen Namen nur noch bei, um davon Vorteil zu haben. Zur Zeit des Phaedrus schreiben auch bildende Künstler klingende alte Namen an ihre Werke, um sie besser zu verkaufen. Die Gegenwart schätzt das Alte höher als das Moderne (dies erinnert an den Kampf des Horaz um die Anerkennung seiner Dichtung durch die Zeitgenossen). Als Beleg für solches Vorurteil wird 5, 1 erzählt.

2 Wörtlich: Dem ich schon längst (jede Anerkennung) gezollt habe, als ich ihm schuldig war.

6 Praxiteles, der große athenische Bildhauer, lebte um 400 v. Chr. Seine drei bekanntesten Werke sind der Hermes, die Aphrodite von Knidos und der Eros von Thespiai.

7 Myron von Eleutherai hatte seine Blütezeit um 430 v. Chr. Seine säugende Kuh auf dem Marktplatz von Athen ist besonders berühmt. – Zeuxis aus Herakleia, ein Zeitgenosse von beiden, gehört zu den größten Malern des griechischen Altertums.

5, 1: Aes. 523.

Demetrios von Phaleron hält Athen in seiner Macht. Das Volk huldigt ihm, charakterlos wie üblich. Selbst die führenden Männer (*principes*, in einer Art von interpretatio Romana gesagt) küssen die Hand des Unterdrückers, heimlich seufzend (auch hier erinnert die Darstellung an römische Bilder, wie sie später Tacitus gibt). Ganz am Ende kommen sogar Privatleute und unpolitische Menschen »angeschlichen«, unter ihnen der Komödiendichter Menandros. 12 ff. ist sehr lustig seine laxe Art beschrieben. Demetrios, der Menander schätzt, ihn aber nicht persönlich kennt, sieht diesen ganz hinten im Zug und ruft wütend, welcher Kinaede es wage, vor sein Auge zu treten. Auf die Auskunft, es sei der Dichter Menander, ändern sich Ton und Wortschatz schlagartig und grundlegend (das geht bis in die Syntax: 15 f. ist eine empörte steigende Periode mit atemlosem Enjambement; 18 ist die Rede durch *inquit* gebrochen, und der Komparativ am Ende läßt den Satz ebenso elegant emporsteigen wie die zunehmende Wortlänge *non potest formosior*); Menandros wird wegen seiner Eleganz gelobt.

  1 Phaedrus verwechselt vielleicht Demetrios von Phaleron (dem alten Hafenplatz Athens) mit Demetrios Poliorketes. Dieser errichtete in Athen eine illegitime Herrschaft. Von seinem Vater Antigonos geschickt, erschien er an der Spitze einer Flotte von 150 Fahrzeugen und verjagte Demetrios von Phaleron, der im Namen des Kassandros seit 317 in Athen regierte.
  9 Menandros (342–290) war der Meister der neuen attischen Komödie.
 10 Zum Aussehen des Menandros vgl. das durchaus passende Porträt im »Hause des Menandros« in Mytilene bei Charitonidis-Kahil-Ginouves, Les mosaïques de la maison du Ménandre à Mytilène, Bern 1970, S. 29 und Tafel 2.
 15 *cinaedus:* unnatürlicher Wollüstling.

5, 2: Aes. 524.

5, 3: Aes. 525; (Halm 425); Wiss. 1, 14; Ad. 66; Rom. 42.
  5 *iniuria* ist der Schlag als tätliches Unrecht, »Mißhandlung«; *contumelia* als schmähliche Behandlung, »Beschimpfung«.

5, 4: Aes. 526.
Phaedrus hat für sich selbst seit jeher die Nutzanwendung aus der Fabel gezogen und gefahrbringenden Gewinn vermieden. Der Leser wendet ein: Aber die Räuber sind doch im Besitz des Geraubten. Phaedrus argumentiert kriminalistisch: Die Erwischten sind in der Überzahl; wenigen nützt die Frechheit, vielen bringt sie Unheil.

5,5: Aes. 527.

Zum Titel: Es muß heißen: Der Bauer als Spaßmacher.

20 Der Mann bekommt Siegesschalen, wie etwa unsere Pokale.
Vgl. zum Ganzen die Erzählung bei Plutarch, Quaest. conv.
674 C.

5, 6: Aes. 528.

Die Fabel zeigt den Gegensatz zwischen Göttern und Fatum. Zugleich beweist sie, daß nicht jeder Glücksfund zum Finder paßt.
(Phaedrus spricht von der berechtigten Klage des Enttäuschten.)
Daß zwei Finder auftauchen, dient wohl nur der Belebung der
Fabel.

Rückert: Das Sprichwort »Wir finden Kohlen statt des Goldes«
(bei den Griechen ἄνθρακες ὁ θησαυρός) beruht auf dem Aberglauben, daß, wenn man beim Schatzgraben Fehler mache, das
Gold sich in Kohlen verwandele; es wird von solchen gebraucht,
die sich in ihrer Hoffnung getäuscht sehen. Unser deutsches »seine
Hoffnung ist zu Wasser geworden« dürfte ihm nahekommen.

5, 7: Aes. 529.

Phaedrus erzählt eine Geschichte, die er wohl selbst erlebt oder
gehört hat; eine Parallele zu Horaz, Sat. 1, 7, bietet der Wortwitz.

Der Flötenspieler Princeps, Begleiter des Pantomimen Bathyllus,
bricht sich auf der Bühne ein Schienbein; lieber hätte er seine
Flöten gebrochen (Wortwitz mit *tibicen* und *tibia:* »Flöte« und
»Schienbein«). Princeps fehlt einige Monate auf der Bühne; endlich bringt ihn ein Reicher für Geld und gute Worte dazu (18
pretio precibus), sich wenigstens wieder zu zeigen. Das Theater
ist gespannt; während der Vorstellung singt der Chor ein Lied,
das für den Zurückgekehrten neu ist: »Es lebt Dein Fürst (Princeps, Kaiser), Rom, freue dich, du bist gerettet!« Die Leute stehen zum Beifall auf (als Ehrung für den Kaiser) – Princeps wirft
Kußhände, weil er das Lied auf sich bezieht. Die Sache wird bekannt und Princeps von allen hinausgeworfen.

Die Geschichte zeigt das Interesse des Phaedrus am Schauspielleben in Rom (wie mehrere zuvor).

 4 Der Flötenspieler Lucius Cassius Princeps ist durch eine Inschrift bekannt.

 5 Bathyllos, ein Alexandriner, Freigelassener des Maecenas in
Rom, mit dem Kilikier Pylades, seinem Rivalen, als Begrün-

der der römischen Pantomimik berühmt, wurde noch in später
Kaiserzeit gepriesen.

7 Die Maschine (*pegma*) diente dazu, Schauspieler auf der Bühne
emporsteigen und verschwinden zu lassen.

23 Der Vorhang *(aulaeum)* stieg nicht, sondern fiel zu Beginn
des Schauspieles und wurde am Ende wieder hochgezogen.

28 Vgl. Sueton, Calig. 6.

5, 8: Aes. 530.
Der Kairos wird raschen Fluges gezeigt, auf Messers Schneide
balancierend, mit lockiger Stirn und nacktem (glattem) Körper.
Wer ihn faßt, muß ihn halten, den Entkommenen kann selbst
Zeus nicht zurückholen. Das bedeutet, daß die Gelegenheit zum
Handeln nur kurz ist.

1 Die Quelle der hier beschriebenen allegorischen Gestalt ist die
berühmte Statue des Kairos (günstiger Zeitpunkt) von Lysip-
pos. – *Pendens* heißt eigentlich »hängend, schwebend«; zu
in novacula vgl. das griechische Sprichwort ἐπὶ ξυροῦ ἀκμῆς
ἵστασθαι, »auf der haarscharfen Linie der Entscheidung
stehen«.

Ü: Lessing.

5, 9: Aes. 531; Wiss. 5, 10; Rom. 98.
Der Stier kommt in einem engen Durchgang wegen seiner breiten
Hörner kaum durch (es ist ein südlicher Stier mit viel breiteren
Hörnern als bei uns). Beflissen zeigt ihm das Kalb, wie er sich
drehen müsse, wird aber vom Stier abgefertigt.

5, 10: Aes. 532; Wiss. 5, 1; Ad. 62; Rom. 33.
Ein Hund wurde im Alter müde. Einmal ließ er ein Wildschwein
durchgehen und wurde vom Jäger getadelt; doch bellte der Alte
zurück: »Nicht an meiner Bereitschaft fehlt es, sondern an meinen Kräften.«
Phaedrus will damit wohl auf sein Alter und seine früheren
Fähigkeiten anspielen.

9 Wörtlich: Was ich war, lobst du, indem du jetzt verdammst,
was ich bin.

10 Philetus: Der Name kommt vom griechischen φιλητός, »geliebt«.

N: James.

ANHANG VON PEROTTI

App. 1: Aes. 533; Wiss. 4, 12; Ad. 46; Rom. 67.
Mit dieser Fabel beginnt die Reihe der Stücke, die den »Anhang von Perotti« (Appendix Perottina) bilden. Sie finden sich nur in den beiden Kopien von Perotti. Dieser scheint auch die Pro- und Epimythien weggelassen zu haben. Die Frage der Echtheit dieser Stücke ist noch nicht entschieden.

App. 2.
Es gibt zwei Arten von Lesern, wohlgesinnte und übelgesinnte. Am Beifall kann man sie gar nicht unterscheiden.

App. 3: (Halm 173).
Der Autor (wohl Phaedrus) meint, die Menschen müßten besser ausgerüstet sein und sollten alle Gaben und Stärken der Tiere besitzen (die Fähigkeiten sind schön aufgezählt: Die Abstrakta deuten auf Phaedrus als Autor). Zeus aber hat das mit gutem Grunde nicht getan: Die Menschen würden sonst die Herrschaft der Welt an sich reißen (das wird fast in horazischer Art gesagt).
Diese Fabel von der Ausstattung der Menschen und Tiere wurde von Crusius auf eine gemeinsame Quelle mit Plutarch περὶ ζῴων ἀλόγων zurückgeführt. Die Quelle ist vielleicht kynisch-stoischer Art, denn die Kyniker wiesen zuerst nachdrücklich auf die Tiere als die »natürlicher« lebenden Wesen hin (Thiele 1,570).

App. 4: Aes. 534.
Hermes wandert auf Erden und wird (vgl. Philemon und Baucis) von zwei Frauen (aber sehr ungastlich) aufgenommen. Die eine ist Mutter, die andere eine Dirne (3/4 in hübschem Gleichlauf). Hermes gewährt den Frauen (in strafender Absicht) einen Wunsch. Die Mutter will ihr Kind bald bärtig sehen, die Dirne wünscht, alles, was sie berühre, möge ihr folgen. Die Wünsche erfüllen sich (wie in volkstümlicher Literatur nicht selten) rachsüchtig wörtlich; beide Frauen sind bestraft.
Die Vorstellung des Dankes für Gastfreundschaft ist hier überdeckt von dem Gedanken der Strafe für geizige Gastlichkeit.

App. 5: Aes. 535.
Die Fabel könnte innerlich (und assoziativ?) mit App. 3 zusammenhängen; freilich müßte man über die ursprüngliche Anordnung der Fabeln Bescheid wissen.

Prometheus bildet die neuen Weltbewohner und gestaltet das Bild der Wahrheit. Dolus, sein Schüler, bildet, während der Meister abwesend ist, ein ganz ähnliches Bild, kann aber die Füße nicht ganz fertig machen. Belebt schreitet die heilige Wahrheit einher, die unfertige Gestalt bleibt hängen (18 f. ist der Gegensatz der beiden Gebilde gut herausgearbeitet; jeder der beiden Verse ist auf einen eigenen Ton gestimmt). Das Trugbild wird Lüge genannt; daß es »kurze« (eigentlich: keine) »Beine« hat, bestätigt der Dichter (die Fabel ist mit volkstümlichen Vorstellungen wie bei Herodot 6,86 zu vergleichen).
Zu Prometheus als dem Bildner des neuen Geschlechtes *(figulus saeculi novi)* vgl. E. R. Curtius, Europäische Literatur und Lateinisches Mittelalter, Bern ²1954, S. 527.

App. 6.
Diese beiden Verse wurden seit Ianelli vielfach als Epimythion zu App. 5 gezogen, doch sind sie mit eigenem Obertitel überliefert und passen nicht genau zu App. 5. – Sinn: Gelegentlich nützt es, einen Schein zu erzeugen; die Wahrheit kommt aber doch ans Licht.

App. 7.
Die Fabel schildert fünf mythologische Strafen in der Unterwelt und gibt zu jeder eine allegorisch-moralisierende Erklärung in Art der Diatribe (Ixion: Rota Fortunae; Sisyphos: unendliche Mühsal des Menschen; Tantalos: Bild des Geizigen; Danaiden: das Gegenbild Verschwendung; Tityos: Größe der Sorgen). Dabei fehlt es am Sinn für den Mythos als solchen; es werden fast nur Einzelheiten angesehen und moralisch ausgewertet.
Zu Ixion usw. vgl. Lukrez, 3, 978 ff.; Macr., Somn. 1, 10 f., 514 E. – Zu Tantalos vgl. Horaz, Sat. 1, 1, 68 f.; Teles, 24 f. Hense.

App. 8: Aes. 536.
Ein Befrager des Delphischen Orakels fragt Phoibos, was für die Menschen gut (*utilius*, wohl nach griechisch ἄμεινον) sei. Die Ankunft des Gottes wird fast grausig (beinahe wie bei Lucan) beschrieben. Die Wahrsagung erfolgt in Form einer Reihe von Mahnungen, die im Stil an die Worte der Sieben Weisen erinnern und zusammengenommen eine kleine Ethik ergeben. Am Ende bricht – wie bei Lucan – die rasende Seherin zusammen. Und nun kommt die Schlußpointe: Die Pythia ist wirklich rasend, denn sie hat ihre Worte in den Wind gesprochen.

Die »Fabel« ist schwer zu verstehen (6 habe ich Pytho auf die Seherin bezogen wegen 16; richtig?): Stilistisch erinnert sie an Vergil, Aen. 3, 90 f. und 6, 97 f., in der ganzen Stimmung und im Grauen des Eingangs an Lucan (vgl. bes. 4 *mugit* mit Lucan 5, 192). Sicher steht die Erzählung im Zusammenhang mit der Literatur *de defectu oraculorum*. Thiele (1, 572 f.) verweist auf die kynische Verachtung des Orakels; »derselbe Gedanke von der Unzulänglichkeit der Orakel findet sich in den Ausläufern kynischer Predigt« (was Thiele von der »Verhöhnung des delphischen Moral-Katechismus« bei Phaedrus sagt, bezweifle ich).

App. 9: Aes. 537.

2 Der Vers bedeutet, daß der Dichter sich wegen seiner Gedichte (nicht in diesen Gedichten) vielfach gerühmt hat; man kann auch sagen *se iactare in aliqua re*.

App. 10: Aes. 538.

Eine Anekdote vom großen Pompeius (der also in der früheren Kaiserzeit trotz seiner Gegnerschaft zu Caesar nicht unbedingt vergessen werden mußte). Einer seiner Soldaten, ein starker, aber weichlich aussehender Mann (damit wird 18 vorbereitet), stiehlt nachts dem Feldherrn Saumtiere mit wertvoller Ladung. Vor den Feldherrn geholt, schwört er mit einer selbstverfluchenden Geste, er sei es nicht gewesen. Pompeius, ein Mann, der nicht an Ränke gewöhnt ist, schickt ihn weg und glaubt nicht, daß dieser Weichling so waghalsig sein könnte. Nun kommt das Gegenstück: Ein wilder Feind fordert einen Römer zum Zweikampf auf; alles zögert, nur der verkannte Held geht zu Pompeius und fragt kokett und kurz »Darf man?« (Parodie auf altrömische, um Erlaubnis fragende Helden?). Der Soldat tötet schnell den Feind. Pompeius zeichnet ihn aus und sagt dann – ihn nachahmend mit der gleichen Selbstverfluchung wie oben –, er habe eben doch sein Gepäck gestohlen. Wie die Sache ausgeht, erfährt man nicht; der Mann wird seine Beute behalten haben.

App. 11: Aes. 539; Wiss. 3, 11; Rom. 58.

Hera preist ihre Keuschheit, doch Aphrodite spricht von der Macht der Lust; um zu zeigen, daß dieser keiner gewachsen ist, fragt sie das Huhn immer drängender, wieviel Futter man ihm geben müsse, damit es das Scharren aufhöre (steigender Dialog; reimend das Leitmotiv »Scharren« des Huhns). Das Huhn antwortet, es werde immer scharren, und Hera lacht über Aphrodites Späße, die auf die Frauen zielen.

App. 12: Aes. 540; Wiss. 4, 15; Rom. 61.

App. 13: Aes. 541.
Aisopos sieht einen Mann, der zufällig (*forte* gehört zu *victorem*) im Ringkampf gesiegt hat und prahlt. Da fragt er ihn, ob sein Gegner stärker gewesen sei, was jener verneint. Aisopos entlarvt ihn dann mit einer weiteren Frage, welche Auszeichnung er denn verdiene, wenn er einen Schwächeren besiegte. Erträglich sei er nur, wenn er zugebe, durch Zufall (*forte* ist betont nachgestellt) einen Stärkeren besiegt zu haben.
Besonders hübsch ist in der Fabel die anschleichende, fast sokratische Art des Aisopos dargestellt. Ist der Gegner dann gefangen, schnappt die Falle recht grob zu (6).

App. 14: Aes. 542.
Die Fabel zeigt sehr deutlich, daß es hier nur – ähnlich wie in biblischen Gleichnissen – auf das Tertium comparationis ankommt: Die Leier ist mit dem Genie vergleichbar, das nur wirken (wie die Leier tönen) kann, wenn es Echo und Schutz vor Elend findet. Um diese Wahrheit zu zeigen, nimmt man die Unwahrscheinlichkeit in Kauf, daß eine Leier im Grase liegt, ein Esel sie versucht und dazu noch die Erkenntnis seiner Unfähigkeit aufbringt. Vielleicht liegt in der Auswahl des Tieres (neben der Rücksicht auf das griechische Sprichwort »ein Esel auf der Lyra«) noch ein gewisser Witz.
Interpretation der Fabel von E. Römisch, Der Weg zur Dichtung im altsprachlichen Unterricht, in: Neue Einsichten, München 1970, S. 85 f.

App. 15: Aes. 543; (Halm 109); Rom. 59; (vgl. Petron 111).
Phaedrus erzählt die Geschichte von der Witwe von Ephesus.
Eine Frau hat ihren Mann lange Jahre (1 *aliquot*, betont) geliebt; als er stirbt, birgt sie ihn in einem Sarkophag (sie ist also reich). Von diesem ist sie nicht wegzubringen (3 *nullo . . . modo* reimend betont; 4 *in sepulcro – vitam* zeigt durch die Antithese ihr Verhalten besonders deutlich).
Das Grab liegt vor der Stadt, wohl an einer Straße; daneben sind Kreuze aufgestellt, an denen die Leichen von Tempelräubern hängen. Soldaten achten darauf, daß diesen die Ehre der Be-

stattung verweigert wird. Mitten in der Nacht bittet ein Wächter
die Magd um Wasser. Er sieht durch die halboffene Tür die abgehärmte, aber schöne Frau und verliebt sich in sie (18/19 sind ganz
auf wilde Leidenschaft gestimmt). Das Folgende malt aus, wie die
Frau sich allmählich dem Soldaten hingibt (20 ff. *mille causas . . .
cotidiana . . . paulatim . . . mox*). Der sorgsame (Ironie!) Wächter
verbringt seine Nächte nun im Grab; es fehlt jetzt aber eine
Leiche. Die keusche (Ironie!) Frau gibt jedoch den Körper ihres
Mannes als Ersatz her.

Phaedrus urteilt moralisierend: So nahm Schlechtigkeit die Stelle
des Ruhmes ein. Er erzählt die Novelle so, daß daraus ein Exemplum wird. Gemeinsam ist beiden Gattungen der mehr volkstümliche Ursprung, die Konstruktion der Geschichte auf eine
(freilich nicht ganz gleich ausgemünzte) Pointe (oder einen Witz)
hin, die Aufmerksamkeit auf das Gefühl, die Neigung zum
psychologisch-erotischen Thema (dies seit dem Parisurteil), das
Interesse am Verlassen der Norm, am Wagnis, der Sinn für Kritik.
Der Unterschied liegt in der moralischen Auffassung.

Die Novelle von der treulosen Witwe ist erhalten bei Petron,
Aisopos (109 Halm), Phaedrus, Romulus. Zugrunde liegt wohl
eine hellenistische Novelle, vielleicht aus den Milesiaka des Aristei-
des (durch Vermittlung des Sisenna). Solche novellenartigen Stoffe
fanden etwa seit Demetrios von Phaleron Eingang in Fabelsammlungen. Ähnlich ist auch die Geschichte bei Plutarch, De fluv.
22, 1. Der Stoff kehrt wieder in den Gesta Romanorum (18), bei
J. von Salisbury, in einer indischen Version und in Lessings Ein-
akter »Die Matrone von Ephesos«.

N: La Fontaine.

Vgl. E. Rohde, Über die Novelle von der treulosen Witwe, in:
Kleine Schriften II, S. 186; O. Pecere, Petronio. La novella della
matrona di Efeso, Padova 1975.

App. 16: Aes. 544.

 2 Der reiche Liebhaber war wohl häßlich und von geringer Ab-
kunft.

28 f. Das Mädchen hatte die Liebe des armen Liebhabers erwidert;
vielleicht zwangen die Eltern das Mädchen aus Habsucht, den
reichen Freier zu nehmen.

Die »Fabel« ist eine novellistische Aretalogie; zu einer solchen
gehört auch das Staunen der Augenzeugen (vgl. 24). Venus steht
hier (15) vielleicht für Isis-Aphrodite. Weinreich (31 f.) gibt Bei-

spiele für das Fortleben der Geschichte; vgl. auch G. Thiele, Phaedrus-Studien 2, in: Hermes 43 (1908) S. 371.

App. 17: Aes. 545.
Die Fabel zeigt wohl weniger, daß die Wahrheit oft schadet, sondern gibt eher eine witzige Aisopos-Geschichte wieder.

App. 18: Aes. 546.
Der Hahn hat Katzen als Tragbett-Träger; als der Fuchs den Stolzen sieht, warnt er ihn, denn die Miene der Träger verrate, daß sie eine Beute, nicht eine Bürde trügen. In der Tat wird der Hahn gefressen.
Besonders hübsch ist die Art, wie der Fuchs auf die »Mienen« der Katzen hindeutet, hübsch auch die bildhafte und karikaturistische Darstellung am Anfang.

App. 19: Aes. 547; (Halm 16); Wiss. 4, 4; Rom. 30.
Das Schwein liegt in Geburtsschmerzen danieder; der Wolf bietet seine Dienste als Geburtshelfer an. Das Schwein kennt die Wolfsart und lehnt ab. Hätte es eingewilligt, hätte es »im gleichen Schmerz« (wie bei der Geburt, vgl. 1 *gemeret*) sein Geschick beweint.

App. 20: Aes. 548.
Ein Sklave flieht vor seinem strengen Herrn, begegnet dem Aisopos und klagt ihm sein Leid (Aisopos tritt hier als weiser, väterlicher Freund auf): Schläge, Mangel an Speise; ist der Herr eingeladen (9 *vocatus* scheint Terminus technicus), muß er bis zum Morgen warten. Der Sklave will deshalb fliehen. Aisopos aber rät ab: wenn er etwas angestellt habe (und erwischt werde), werde es ihm noch schlimmer gehen. Die Fabel ist erschreckend durch den langen Katalog der Leiden des Sklaven; der Dichter versteht es, deren lückenlose Folge durch eine fortlaufende asyndetische Reihe sinnfällig zu machen. Auffällig die gebrochene, weiche Moral: Hier steht kein Aisopos, der listig zu kecker Abhilfe rät, sondern ein resignierender alter Mann (vgl. schon App. 17).

App. 21: Aes. 549; Halm 174.
Ein Mann stiehlt aus einem Viergespann ein vielfach preisgekröntes Pferd und verkauft es in die Mühle; zum Trinken heraus-

geführt, sieht es seine (drei) Gefährten, die auf dem Weg zum
Zirkus und zum Wettkampf sind.
Die Fabel erinnert durch ihre Hoffnungslosigkeit an App. 20.
Hier wird die Fabel unversehens Klage- und (vielleicht) Trost-
und Mahngedicht. Kunstvoll wird der Gegensatz der glücklichen
Pferde (4, 5, 7) und des armen Tieres (6, 8, 9) vorgeführt.

App. 22: Aes. 550.
Eine naturkundliche Einzelheit wird zum Anlaß eines Epimy-
thions; man meint, eine Vorstufe zum mittelalterlichen »Beispiel«
zu lesen.

App. 23: Aes. 551.
Die Fabel ist gut gebaut: Zuerst zweimal drei Verse voller Irrtum. Die zweite Hälfte der Fabel bringt – wieder etwa hälftig
unterteilt – Lösung und Fluch. Hübsch das wiederholte neckende
»Ave«. Eine ausgesprochene Lehre bietet die Fabel nicht (vgl.
App. 21).
  9 Man dressierte Raben dazu, Χαῖρε zu sagen; als Octavianus
    den Antonius bei Actium besiegt hatte, kam ein Mann zu
    ihm mit einem Raben, der sagen konnte: *Ave Caesar victor
    imperator.*

App. 24: Vgl. Aes. 280 = Babrios 3; Halm 17.

App. 25: Aes. 552.
Eine Schlange fängt eine Eidechse, doch diese hält zupackend
ein Zweiglein quer im Maul, so daß die Schlange nicht zubeißen
kann. Die drei Verse des Widerstands (3–5) sind von den Schlan-
gen-Versen (1, 2, 6) eingerahmt.

App. 26: Aes. 553; Ad. 55; Rom. 95.
5/6 zeigen in ihren Antithesen, wie die Krähe Gegner und Opfer
auswählt. Die Fabel verwendet ein naturkundliches Paradoxon
zur Erklärung eines anderen Vorganges.

App. 27: Aes. 554.
Ein nichtsnutziger Sklave, Verführer der Gattin seines Herrn, be-
schimpft Sokrates; dieser fertigt ihn mit einem Wortspiel scharf
ab. Die Fabel ist schön gebaut und faßt den ganzen Vorgang in
einer einzigen Periode zusammen, die in eine Pointe ausläuft.

Die Antithese am Ende wird nur durch die Verschiebung der Negation erreicht *(cui non debes places – cui debes non places).* Sokrates bildet hier nur eine »Marke«, die ebenso Aisopos heißen könnte.

App. 28: Vgl. Aes. 22; Babrios 50; Halm 35; Ad. 50; Rom. 73. Die Vorbemerkung gibt den Sinn der Fabel richtig wieder: leeren Worten soll man nicht trauen. Die Fabel ist außerordentlich konzentriert, anfangs in der Erzählung (1, 2), dann in der flehenden, beschwörenden Rede des Hasen, schließlich der Schlußrede des Hasen mit dem scharf hervorbrechenden Fluch (14) nach langgezogenem vorläufigem Dank-Bekenntnis.

App. 29: Aes. 555; Wiss. 4, 1; Rom. 60. Eine treulose Dirne schmeichelt einem Jüngling; dieser ist ihr – trotz des vielen Unrechts – doch wieder gut, und die Fallenstellerin sagt: »Mögen auch alle mit Geschenken werben, dich (5 *te* ist betont) schätze ich am höchsten.« Der Jüngling antwortet, im Andenken an vielfache Täuschung, er höre dies gerne, nicht, weil er sich darauf verlassen könne, sondern, weil es ihm angenehm sei. Die Szene ist von intimem Reiz und könnte der Neuen Komödie entstammen. Wichtig die Differenzierung der Charaktere: Die Dirne ist leichtsinnig-unzuverlässig, scheint aber doch auch gutmütig und schätzt den Jungen wenigstens. Der junge Mann ist der Frau verfallen und bleibt trotz aller Untreue bei ihr. Seine Einsicht rät ihm ab, seine Liebe zwingt ihn. Der Zwiespalt kommt in dem paradoxen, fast »tragischen« Schlußsatz zum Ausdruck.

App. 30: Vgl. Aes. 118; Halm 189. Auch hier wird ein naturkundliches Paradoxon moralisch ausgewertet (vgl. App. 22), freilich recht schief (ob die Fabel von Phaedrus stammt?). – Der merkwürdige Angriff auf die Griechen (2–4) ist wenig motiviert und paßt nicht recht zu Phaedrus.
 2 Im Griechischen heißt der Biber Kastor wegen der Heilwirkung des Bibergeils. Der Dioskure Kastor hilft den Frauen; so auch das Heilmittel des Bibers. Ähnliches wie hier wird vom Biber berichtet bei Ailianos (Tiergeschichten 6, 34) und Plinius, Nat. 8, 109. – Cicero (Scaur. 9) und Iuvenal (12, 36) setzen die Selbstverstümmlung des Bibers als bekannt voraus.

App. 31: Aes. 556.
Ein Schmetterling sieht eine Wespe vorbeifliegen und klagt über
das Schicksal, nach dem er einst (in einem früheren Leben) den
Gefährten überlegen war, während er jetzt zerbrechlich und
schwach ist. Die Wespe entgegnet, es komme nicht darauf an,
was man war, sondern auf das, was man ist. Die Nutzanwendung
war vermutlich darauf gemünzt, daß es nicht darauf ankomme,
was man von Geburt sei, sondern auf das, was man leistet. Die
Fabel könnte aus dem Problem des sozialen Aufstiegs hervorge-
gangen sein.

App. 32: Aes. 557.
Das sogenannte Erdmännchen (ein Vogel, der so heißt, weil er
sein Nest auf der Erde baut) flieht vor dem Fuchs in die Höhe.
Der Fuchs schmeichelt ihm mit großartiger Rhetorik (5–9) und
bittet ihn, herabzukommen. Der Vogel antwortet ironisch, der
Fuchs solle doch heraufkommen, lehnt also das Angebot ab.

NACHWORT

DIE FABEL

»Fabel« *(fabula)* bedeutet »Erzählung«; der griechische Ausdruck wechselt zwischen αἶνος (Erzählung, Gleichnis, Anspielung), λόγος, μῦθος oder ἀπόλογος. Der Rhetor Theon (Progymnasmata, Kap. 3) definiert die Fabel als eine »erfundene Geschichte, die eine Wahrheit abbildet«, und nicht viel anders lautet die moderne Definition: »Fabel ist die Erzählung einer Handlung, aus der eine allgemeine Wahrheit der Moral oder Lebensklugheit gewonnen werden soll« (Wienert). Ähnlich beschreibt auch Lessing das Wesen der Fabel: »Wenn wir einen allgemeinen moralischen Satz auf einen besonderen Fall zurückführen, diesem besonderen Falle die Wirklichkeit erteilen und eine Geschichte daraus dichten, in welcher man den allgemeinen Satz anschauend erkennt: so heißt diese Erdichtung eine Fabel.«[1] Die Fabel besitzt also grundsätzlich ein erzählendes und ein lehrhaftes Element. Wir sprechen zuerst von der Erzählung, die meist eine Erzählung von Tieren ist. Daß man Tiere als Sinnbilder menschlicher Eigenschaften und Handlungen ansehen kann, hat verschiedene Ursachen. Man denkt an ein ursprüngliches Verwandtschaftsgefühl zwischen Mensch und Tier,[2] verweist auf die Vermenschlichung der Tiere bei Naturvölkern und auf die Kinderart, mit Tieren Gespräche zu führen. Weiter steht der Fabelerzähler der geistigen Haltung nahe, die Metapher und Metonymie schafft. B. Snell[3] vertritt die Meinung, man habe in früher Zeit den Tiervergleich dazu verwendet, Eigenschaften eines Menschen

1. O. Crusius im Vorwort zu C. H. Kleukens, Buch der Fabeln (s. Literaturhinweise).
2. Vgl. L. Radermacher, Beiträge zur Volkskunde aus dem Gebiet der Antike, in: SB Wien 187, 3 (1918) S. 18 ff.
3. Vgl. Entwicklung einer wissenschaftlichen Sprache in Griechenland, Thessaloniki 1965, S. 10.

oder Funktionen seiner Organe zu verdeutlichen, um ein nicht Sinnlich-Gegebenes der Sprache zu erschließen. »Wer wie ein Luchs sieht, hat gute Augen, kann gut sehen, wer ein Fuchs ist, ist schlau, und so wird zumal das, was man später die geistige Eigenart eines Menschen ... nennt, durch den Tiervergleich umrissen, und in der Tierfabel werden menschliche Verhaltungsweisen beschrieben.«

Die Fabel ist wohl auch mit dem Mythos verwandt. W. Wundt[4] leitet sie überhaupt aus dem Naturmythos ab, dem Mythenmärchen, das zur Fabel werde und einen lehrhaften Charakter bekomme. Daneben wirken Rücksichten der Zweckmäßigkeit. Lessing meinte, man habe die Tiererzählung auch verwendet wegen der »allgemein bekannten Bestandheit [= Beständigkeit] der Charaktere«. So hat man von Tieren gleichnishaft erzählt, weil man damit einen Gedanken ohne weitere Voraussetzung allgemeinverständlich einkleiden konnte. Sicher griff man zur Tierfabel auch aus Gründen der Vorsicht. Luther sagt treffend: »Alle Welt hasset die Wahrheit, wenn sie einen trifft. Darum haben solche weise hohe Leute die Fabeln erdicht und lassen ein Tier mit dem andern reden.« Mahnung und Kritik hört man nicht gerne, und so war die Fabel ein guter Weg, jemanden gefahrlos auf etwas hinzuweisen.

Im ganzen entspricht der Erzählteil der Fabel mehr der Aufgabe des Erfreuens *(delectare)* durch die Dichtung. Der Aufgabe des Nützens *(prodesse)* dient ihr λόγος, der aber nicht immer ausgesprochen sein muß. Der Übergang ins Lehrhafte hebt die Fabel über das Märchen hinaus ins Geistige, Bewußte. Hierin ist sie mit dem Sprichwort, besonders mit dem Erzählsprichwort, verwandt.[5] Sie entspringt der Tätigkeit des Geistes, die aus dem Einzelfall eine allgemeine Wahrheit ableitet. Daher wünschte Lessing die Einführung der Fabel in den Schulunterricht, »weil es unleugbar ist, daß das Mittel, wodurch die Fabeln erfunden worden, gleich dasjenige ist, das allen Erfindern überhaupt

---

4. Elemente der Völkerpsychologie, Leipzig 1912, S. 270.
5. B. E. Perry, Fable, S. 25 (s. Literaturhinweise).

das allergeläufigste sein muß. Dieses Mittel ist das Prinzip
der Reduktion« (Lessing denkt hier an das Erfinden der
Fabel; der Hörer muß den Einzelfall wieder verallgemei-
nern).

Der Leser muß den Logos der Fabel erfassen. Die Fabel ist
nach Goethe »eine Art Induktion, welche in den glücklichen
Zeiten ... die einzige Weisheit war. Wollte man nämlich
andere belehren oder überreden, so zeigte man ihnen den
Ausgang verschiedener Unternehmungen in Beispielen.« So
muß man die Fabel auflösen, muß wie bei einem Gleichnis
das Tertium comparationis, das Ziel der Geschichte, erkennen. Dabei hilft uns die Vermenschlichung der Tierwelt,
hilft auch der Umstand, daß die Tiererzählung den Geset-
zen des Verstandes unterliegt. Im Grunde setzt das Verständnis der Fabel eigene Erfahrung voraus. Ob die Fabel
diese vermitteln kann, ist eine schwierige Frage; das Beste
muß der Leser hinzutun, die Anwendung des Gehörten auf
die eigene Welt.

Die Form der Fabel hat Lessing klar umgrenzt;[6] er sagt, die
Fabel bilde den »gemeinschaftlichen Rain der Poesie und Moral«, wobei er die Doppelnatur der Fabel berücksichtigt.
Diese Zwienatur bringt es mit sich, daß die Fabel – wenn
ein Epimythion beigegeben wird – auch zwei Stilarten hat,
eine erzählende und eine reflektierende. Doch gibt es viele
Fabeln ohne Lehre (trotz der Wendung *fabula docet*), und
man muß die Lehre erst selbst herausarbeiten. Zum Teil gab
es schließlich Fabeln (etwa seit 300 v. Chr.), in denen die
Moral dem zuletzt Sprechenden in den Mund gelegt wurde
(so bei Phaedrus 1, 26; 4, 18).[7]

Die Grenzlage der Fabel führt zu einem vielfachen Hin
und Her zwischen Prosa und Vers. Gibt man der Fabel
schwankhaften Inhalt und eine moralische Spitze, steht sie
in der Nähe der Novelle (daher auch Novellenstoffe bei
Phaedrus) oder des Schwankes, und die Komik, die einer

6. Vgl. auch E. Winkler, Das Kunstproblem der Tierdichtung; in:
Hauptfragen der Romantik, Heidelberg 1922, S. 280–306.
7. Vgl. B. E. Perry, Epimythion, S. 401 (s. Literaturhinweise).

Tiergeschichte leicht eignet, bringt sie in die Nähe der Parodie. Die Parodie steht am Anfang der antiken Kunst, die das Tierleben beobachtet, in der ironischen Form des »Frosch-Mäuse-Krieges«. Freilich wird man Fabel und parodisches Epos nicht unbedingt aus derselben Quelle ableiten. Auch mit der Satire ist die Fabel verwandt, will sie doch wie diese Unverstand und Irrtum beschämen.[8]

ZUR HERKUNFT DER FABEL

Nojgaard stellt die Urgeschichte der Fabel sorgsam dar, während Crusius meinte, daß es sinnlos sei, nach der Heimat der Fabel zu forschen. Bereits in sumerischen Texten des frühen 2. Jahrtausends finden sich Tierfabeln mit kurzer Erzählung und Schlußwort eines Beteiligten.[9] Jacob Grimm hatte die Fabel von einer ursprünglich indogermanischen Tiersage abgeleitet, gab jedoch diese Ansicht später auf. Der Versuch, die Entstehung der Fabel in Ägypten anzusetzen, ist ebenso fehlgeschlagen wie der Gedanke, die Juden als ihren Schöpfer hinzustellen, wenn auch im Talmud zwei aisopische Fabeln stehen und im Alten Testament (Richter 9, 8–20) die Fabel von der Wahl des Dornbusches zum König der Bäume vorkommt. Während sich in der griechischen Tradition angeblich keine Fabel aus indischer Quelle findet, gibt es viele Fabeln, die zuerst im Griechischen, später aber im Pancatantra oder anderen indischen Sammlungen erscheinen.

Wenig oder nichts weiß man über die im Altertum genannten phrygischen, karischen, kilikischen, kyprischen, lydischen λόγοι. Vielleicht sind aber Spuren von je einer lydischen und phrygischen »Fabel« erhalten: die Tantalos- und die Midas-Sage. In beiden Erzählungen scheint es um bestrafte

---

8. Zu den formalen Variationen der Fabel und ihren Stileigenschaften vgl. E. Leibfried, S. 27 f., 31 ff. (s. Literaturhinweise).
9. Vgl. R. Keydell in: Der kleine Pauly, Stuttgart 1967, Bd. 2, S. 487.

Gier zu gehen; wieweit dies aber Fabeln sind, ist fraglich.[10] Etwas deutlicher für uns sind die sybaritischen Geschichten, aus denen die Erzählung vom Weichling stammt, der auf Rosenblättern liegt und Schwielen bekommt. Man wird aber annehmen, daß die Griechen die Fabel von ihren vorderasiatischen Nachbarn übernahmen, die selbst auf der sumerischen, babylonischen und assyrischen Tradition fußten. Mit ihrer Vorliebe für Abstraktion, Regel und γνώμη haben sie die Fabel jedenfalls erobert und voll entwickelt.

Der historische Grund für die griechische Fabel ist der soziale Aufstieg der niederen Volksschichten, der Bauern und Bürger; die Fabel begleitet den »Bauernaufstand in der Moral«[11]. Man verwendete Märchen und Fabeln zu Angriffen auf die Adelswelt. So ist ein Teil der griechischen Fabel von Anfang an kämpferisch, etwa in der Fabel des Hesiodos (der ältesten, die wir besitzen) gegen die »Fürsten«. Besonders in Ionien wurde volkstümliches Erzählen zum Ausdruck der neuen Weltsicht gegenüber der versinkenden Adelswelt. Es ist kein Zufall, daß Aisopos (wie Phaedrus) aus dem Sklavenstande kam. Die soziale Kampfstellung mancher Fabel ist wohl auch der Grund für die oft auffallende Plattheit der Moral, für gelegentliche Enge des Gesichtskreises und die häufig gewählte Froschperspektive.

Mit gleicher Deutlichkeit ist aber zu sagen, daß dies nur ein Anlaß zur Entstehung der Fabel war und die Verabsolutierung ihrer soziologischen Ableitung nicht zulässig ist.[12]

---

10. Dazu P. Kretschmer, Einleitung in die Geschichte der griechischen Sprache, Göttingen [2]1970, S. 204.
11. K. Meuli, S. 73 (s. Literaturhinweise).
12. Vgl. die guten Bemerkungen bei E. Leibfried, S. 13 ff.; zu eng demgegenüber Th. Spoerri, Der Aufstand der Fabel, in: Trivium 1 (1942/43) S. 31 f. – H. C. Schnur wendet sich mit Recht gegen Dithmar. – Texte zur Fabeltheorie in: Fabeln, hrsg. von T. Poser, Stuttgart: Reclam 1975, S. 50 ff.

DIE GRIECHISCHE FABEL

Fabeln gab es schon früh in der griechischen Literatur.[13] So
steht bei Hesiodos die berühmte Fabel vom Habicht und
der Nachtigall (Erga 202 f.); bei Archilochos finden sich
Fabeln in polemischer Verwendung; ähnliches Gut verarbei-
ten Semonides von Amorgos und Stesichoros. Im 5. und
4. Jahrhundert bietet die Literatur mehrfach Fabeln, so bei
Aischylos (Frg. 231; Agamemnon 716 f.), Aristophanes
(Vögel 474 f.; Wespen 1401 f., 1427 f., 1435 f.), Herodotos
(1, 141), Platon (Alkibiades 123 A; Phaidon 60 C) und
Aristoteles (Rhetorik 2, 20). Von den Dichtern hat zweifel-
los Archilochos die Tierfabel am eindrucksvollsten gestaltet.
Als »Erfinder« der Tierfabel galt jedoch Aisopos, der Weise
aus dem Volke, der den Gelehrten und Reichen überlegen
war durch seinen Mutterwitz. Es steht aber nicht fest, ob
dieser Mann wirklich gelebt hat; schon Luther zweifelt:
»Daß mans aber dem Esopo zuschreibt, ist meines Erach-
tens ein geticht und vielleicht kein Mensch auf Erden Esopus
geheißen.«[14]
Nach antiker Überlieferung stammte Aisopos aus Phrygien;
er war von Geburt mißgestaltet und vielleicht eine Zeitlang
Sklave eines Mannes namens Xanthos und in Samos Sklave
eines gewissen Iadmon, der ihn später freiließ. Damals gab
Aisopos den Samiern in Form von Fabeln gute Ratschläge.
Er war ein Zeitgenosse der Dichterin Sappho, des Solon
und des Kroisos (vgl. Herodotos 2, 134). Kroisos sandte ihn
mit Geschenken nach Delphi; da er aber die Delpher
schmähte, weil sie nur von Opfergaben lebten, sollen ihn
diese nach einer falschen Anschuldigung von einem Felsen
gestürzt haben. Aisopos war jedenfalls bekannt als Ge-
schichtenerzähler, λογοποιός. Ob er seine Fabeln schriftlich

13. Vgl. die Geschichte der antiken Fabel bei A. Hausrath, RE 19,
1486 f. und R. Dithmar (s. Literaturhinweise).
14. Etliche Fabel aus Esopo verdeutscht. 1530.

abfaßte, ist kaum zu sagen. Der moderne Leser »kennt« Aisopos durch den Roman von Arnolt Bronnen.

Die sogenannte Aisopos-Legende (von Xanthos und seinem Sklaven Aisopos) war wohl schon vor Herodotos in einem griechischen »Volksbuch«, der Hauptquelle aller späteren Fabulisten, aufgeschrieben, und wenn Plutarchos in seinem »Gastmahl der Sieben Weisen« (etwa 100 n. Chr.) Aisopos mit Solon zusammentreffen läßt, geht das vielleicht auf das alte Volksbuch zurück. Dieses Werk bot außer den Fabeln auch Witze über Aisopos, Anekdoten und Novellistisches. Vermutlich wurden dort im Anschluß an ein Erlebnis des Aisopos (wie stets bei Phaedrus) die einzelnen Fabeln erzählt. Lessing bemerkt, daß die ältesten Fabeln an äußere Ereignisse und ein Erlebnis ihres Autors anknüpfen.[15] Das alte Volksbuch ist nicht erhalten. Vielleicht spiegelte es sich in einem (verlorenen) Drama »Aisopos« des Komödiendichters Alexis (4. Jahrhundert) und im (nicht erhaltenen) Epyllion »Aisopia« des Dichters Poseidippos (3. Jahrhundert).

Der Hauptstrom des Aisopos-Romanes wurde in seiner überlieferten Form später fixiert, vermutlich im späten Hellenismus. Erhalten sind drei Fassungen aus byzantinischer Zeit, von denen besonders die »Vita Aesopi« des Griechen Planudes aus dem 14. Jahrhundert Erwähnung verdient.

Neben Volksbuch und Roman gab es eigene Fabelsammlungen. So spielt Sokrates im Platonischen »Phaidon« mit dem Gedanken, Aisopische Fabeln in Verse zu bringen. Eine erste Sammlung von etwa hundert Aisopischen Fabeln in Prosa veranstaltete Demetrios von Phaleron im 4. Jahrhundert (Aisopia). Dieses Buch ist etwa seit dem 10. Jahrhundert n. Chr. verloren; Phaedrus und Babrios haben es wohl verwendet. Wenn Phaedrus von einem »Buch« spricht, meint er wahrscheinlich diese Sammlung. Fragmente einer Sammlung griechischer Prosa-Fabeln, deren jede wohl mit

15. s. Literaturhinweise, S. 90.

einem Promythion begann und mit einer Sentenz (γνώμη) endete, sind erhalten im Papyrus Ryland 493 (etwa 100 bis 150 n. Chr.); vielleicht sind dies Stücke aus dem Fabelbuch des Demetrios.

Später gehörte die Fabel zum rhetorischen Unterricht, wurde umgestaltet, ausgeschmückt, dialogisiert usw. Auch diese Verwendung setzt Fabelsammlungen in Buchform voraus. Die älteste und größte erhaltene Sammlung von aisopischen Prosa-Fabeln ist die Augustana-(Augsburger-)Sammlung, heute Codex Monacensis 564. Sie enthält 231 Fabeln und entstand etwa zu Beginn des 2. Jahrhunderts n. Chr. Auf der Augustana-Sammlung bauen spätere Ausgaben auf, so die sogenannte Vindobonensis und die Accursiana oder Planudea (zusammengestellt in: Corpus Fabularum Aesopicarum, hrsg. von A. Hausrath, 2 Bde, Leipzig 1956/57). Antike Fabelbücher waren wohl auch illustriert; vielleicht hängen die Holzschnitte des Steinhöwelschen »Äsop« von 1476 über Zwischenglieder von solchen Bildern ab.

In poetischer Form findet sich eine Fabel gelegentlich einmal bei Kallimachos; eine Fabelsammlung in dichterischer Form ohne äußeren Zusammenhang zwischen den einzelnen Fabeln gibt es erst seit Phaedrus. Ihm folgte Babrios mit griechischen Versen. Ihre Werke sind die frühesten Vertreter des »poetischen Nebenarmes« im Gegensatz zum Hauptstrom der prosaischen Fabeldichtung. Babrios setzte im 2. Jahrhundert n. Chr. ebenso wie Phaedrus zuerst alte aisopische Fabeln (etwa 60) in Verse um und fügte neue Fabeln (etwa 140) hinzu.

Prosafabeln schrieben auch die Rhetoren Maximos Tyrios, ebenso Ailianos, Libanios und sein Rivale Themistios, weiter Himerios und später Gregor von Nazianz und der Byzantiner Niketas Akominates. Wichtigster Vertreter dieser rhetorischen Fabel ist Aphthonios, der im 4. Jahrhundert 40 Fabeln in sehr kunstvollem Stil verfaßte. Nur diese Fabeln aus dem antiken Vorrat sind nicht dem Aisopos zugeschrieben.

RÖMISCHE FABELDICHTUNG VOR PHAEDRUS

Schon zu Beginn der römischen Literatur, die sich durch
eine hohe Zahl von Schriften belehrenden Inhalts auszeich-
net, gibt es Fabeln, so bei Ennius (Sat. incert. libr. 21
p. 207 V.), der die Fabel von der Haubenlerche erzählt, die
im Kornfelde nistet und beim Nahen der Erntezeit das
Nest räumt, als der Bauer nicht mehr Verwandte und Bekannte zur Arbeit einlädt, sondern selbst mit seinen Söhnen
ernten will. Der Satiriker Lucilius verwendet die Fabel zu
Angriff und scharfer Warnung. So erzählt er die Geschichte
vom Fuchs, der vor der Löwenhöhle zaudert, weil er die
Spuren nur hineinführen sieht (980.989 M.).
Berühmt ist die Fabel vom Magen und den Gliedern, die
für den Magen nicht mehr arbeiten wollen. Diese Geschichte
erzählt bei Livius (2, 32, 9 f.) der Patrizier Menenius
Agrippa den streikenden Plebejern, um sie zur Rückkehr
vom Heiligen Berge nach Rom zu bewegen (494 v. Chr.;
vgl. Aes. 130). Ebenso bekannt ist die von Horaz erzählte
Fabel von der Stadtmaus und der Landmaus (Sat. 2, 6,
79 ff.), durch die er sein Streben nach Unabhängigkeit darstellt.
Auch die römische Rhetorenschule verwendet Fabeln; so
schreibt Quintilian (1, 9, 2) vor, man solle übungshalber
Versfabeln in Prosa auflösen. Vermutlich wurden dabei
Epimythien beigefügt; in der römischen Literatur ist die
Beigabe von Epimythien auch bei rhetorischen Exempla
üblich. Ein Fabelbuch – in Prosa oder poetischer Form –
gab es in Rom vor Phaedrus nicht.

PHAEDRUS

Wir wissen wenig über Phaedrus. Als erster erwähnt wohl
Martialis sein Buch, der von »spöttischen Darstellungen des
kecken Phaedrus« (3, 20, 5: *improbi iocos Phaedri*) spricht,
wobei *ioci* das Wort ist, mit dem Phaedrus selbst seine

Dichtung kennzeichnet (z. B. 2, pr., 5). Das nächste Zeugnis bietet der spätantike Fabeldichter Avianus, der in seinem Brief an Theodosius schreibt: *Verum has pro exemplo fabulas et Socrates divinis operibus indidit et poematis suis Flaccus aptavit, quod in se sub iocorum communium specie vitae argumenta contineant. Quas Graecis iambis Babrius repetens in duo volumina coartavit, Phaedrus etiam partem aliquam quinque in libellos resolvit.* Hier erfahren wir, daß Phaedrus fünf Bücher Fabeln verfaßte. Weitere antike Zeugnisse besitzen wir nicht. Die Grammatiker zitieren Phaedrus nicht, weil seine Sprache nicht als Muster galt. Was wir sonst von Phaedrus wissen, erfahren wir aus seinem Werk. Er ist geboren in Thrakien (3, pr., 17); sein Name lautete griechisch wohl Phaidros, vielleicht umgangssprachlich Phaeder, denn so liest man auf Inschriften (z. B. CIL 3, 5802). Geboren ist Phaedrus etwa zwischen 15 v. Chr. und der Zeitenwende; nach dem Zeugnis der Handschriften war er später Freigelassener des Kaisers Augustus, lebte also zuvor in dessen Haushalt. Dieses Leben als Abhängiger wird in ihm den Sinn für die Fabel geweckt haben; nicht ohne Grund sagt er (3, pr., 33), der phrygische Sklave habe seinem Herzen durch Fabeln Luft gemacht, weil er es anders nicht wagte. In der Jugend genoß Phaedrus eine gewisse Schulbildung; so teilt er (3, epil., 34) als Erinnerung an seinen Unterricht einen Vers des Ennius mit. Er kennt auch, wie Zitate und Nachahmungen beweisen, die römischen Tragiker, Lukrez, Catull, Vergil, Horaz, Ovid, Publilius Syrus. Er starb etwa zwischen 55 und 65 n. Chr.

Das erste Buch des Phaedrus wird vor 31 n. Chr. verfaßt sein, das zweite Buch (wegen 2,5) erst nach 37, dem Todesjahr des Tiberius. Genaueres läßt sich nicht sagen. Buch 3 ist wohl unter Kaiser Caligula (37–41) geschrieben, denn im Prolog wendet sich Phaedrus an einen Gönner Eutychus, der vielleicht der bekannte Wagenlenker und Günstling des Caligula war. So könnte dieses Buch ums Jahr 40 erschienen sein. Particulo und Philetus, denen Buch 4 und 5 gewidmet sind, kennt man nicht; die Bücher erschienen aber wohl zwischen 40 und 55.

Phaedrus sagt im Prolog zu Buch 3 (38 ff.), eine seiner Fabeln habe ihm Unglück gebracht. Daraus schloß man, er habe durch eine Fabel in Buch 1 (oder 2?) den mächtigen Günstling des Tiberius erzürnt, sei durch diesen verbannt worden und erst nach dem Sturz des Seianus (31 n. Chr.) oder dem Tod des Tiberius (37 n. Chr.) zurückgekehrt. Vollmer meint aber, Phaedrus wehre sich hier nur gegen den Vorwurf, er stelle Lebende bloß, und habe Seianus (erst nach dessen Tod) in einer verlorenen Fabel auftreten lassen, um dessen Rechtsbeugungen aufzuzeigen. Das »Unglück« sei also keine gerichtliche Verfolgung, sondern habe nur aus kritischen Angriffen auf ihn bestanden. Buch 1 und 2 seien daher später, vielleicht erst kurz vor 50 n. Chr. verfaßt (von Bedeutung ist dabei die Übersetzung von 38 *foret* = *esset/fuisset*). Ich kann Vollmers Deutung nicht folgen; der Zusammenhang spricht für ein von Seianus ausgehendes Unheil; daß Phaedrus aber verbannt wurde, glaube ich nicht. Er hatte vielleicht Nachteile; die Verbannung hätte er sicher erwähnt.

Mit Vollmers Theorie hängt ein weiteres Problem zusammen: das Schweigen Senecas über die Dichtung des Phaedrus. Seneca schrieb im Jahre 43 n. Chr. in seiner Trostschrift an Polybius (Ad Polyb. de cons. 8, 3): *Non audeo te eo usque producere, ut fabellas quoque et Aesopeos logos, intentatum Romanis ingeniis opus, solita tibi venustate conectas.* Das heißt, die Fabeldichtung sei in Rom bisher nicht versucht worden (auch Quintilian – 1, 9, 2 – erwähnt Phaedrus nicht). Aber auch diese Stelle ist nicht eindeutig. Entweder meint Seneca, wie der Ausdruck *conectas* besagt, Sammlungen von Fabeln in Prosa und braucht dann Phaedrus nicht zu erwähnen, oder der Plebejer Phaedrus ist ihm keiner Erwähnung wert (was ich nicht glaube), oder Vollmer hat mit seiner Theorie recht, und Phaedrus hatte im Jahre 43 noch kein Buch mit aisopischen Fabeln veröffentlicht. Sicherheit wird man kaum gewinnen.

Mehr wissen wir über die Erhaltung des Werkes. Avianus überliefert, daß Phaedrus fünf Bücher schrieb. Diese sind erhalten, doch sind sie unvollständig. Buch 2 etwa mit heute 8 und Buch 5 mit heute 10 Fabeln waren bestimmt umfänglicher. Und wenn Phaedrus zu Beginn von Buch 1 (6) ankündigt, daß nicht nur Tiere, sondern auch Bäume sprechen werden, erfüllt sich die Ankündigung nur halb. Phaedrus schrieb etwa 150 Fabeln; erhalten sind im Codex P 49 Fabeln, zu denen 32 Fabeln der Appendix Perottina treten.

DIE FABELDICHTUNG DES PHAEDRUS

Phaedrus legte seiner Dichtung eine griechische Sammlung zugrunde, die er »Aesopus« nennt. Vielleicht war dies die Sammlung des Demetrios von Phaleron; allerdings sind manche Fabeln mit Erlebnissen des Aisopos verbunden, kommen also aus einer Lebensbeschreibung. Das alte Volksbuch scheint aber nicht verwendet, denn der Aisopos des Phaedrus ist weniger der alte Eulenspiegel als der attische Weise, der bereits im 5. Jahrhundert den ionischen verdrängte. Dieser Aisopos erinnert an Diogenes (3, 19), gehört gelegentlich zu den Freien und genießt die Achtung seiner Mitbürger.

Weiter ist die kynisch-stoische Diatribe benützt; so stammt die Fabel von Fuchs und Drachen (4, 21) wohl aus kynischem Gut, und in 4, 12 tritt nicht der Herakles des Prodikos auf, sondern die kynische Allegorie der rauhen Natürlichkeit (Kynisches findet sich vielleicht auch in 3, 3; 4; 7; 15; 17). Eine Reihe von Fabeln könnte einem Volksbuch mit Götterburlesken und einer Sammlung von Schwänken und Novellen entstammen. Auch Aretalogien finden sich und eigene Erlebnisse des Phaedrus. Manche Fabel könnte ein ausgeführtes Sprichwort sein, so 4, 24 (vgl. Horaz, Ars poetica 139), 5, 6 (vgl. Corp. Paroem. Gr. 1, 459) oder App. 14.

Phaedrus will als selbständiger Nachschöpfer das römische Gegenstück zum griechischen Aisopos liefern und versteht sich wie viele römische Schriftsteller als Imitator und Aemulator der Griechen. Zunächst schrieb er aisopische Fabeln in Versen (1, pr., 1), doch schon im Prolog zu Buch 2 (9 f.) nimmt er sich Erlaubnis zu eigener Zutat (vgl. 2, epil., 12 f.); später scheidet er (4, pr., 11) eigene Fabeln als ›fabulae Aesopiae‹ von übernommenen ›fabulae Aesopi‹. So hat er, immer freier werdend, die Fabel zum selbständigen Zweig römischer Dichtung erhoben. In seiner Ausgabe (LXXXV, 1 f.) schreibt Perry folgende Nummern der eigenen Erfindung des Phaedrus zu: 1, 16; 17; 27 – 2, 1 – 3, 1; 5; 11; 13 – 4, 11 – 5, 10 – App. 20.

Phaedrus erweitert aber auch sein Programm: statt der lehrhaften Fabelwelt will er später (3, pr., 50) Leben und Wesen der Menschen darstellen. Es wäre zu untersuchen, wie Phaedrus die griechischen Vorlagen verändert (vgl. die Liste bei Perry LXXXVII und die Vorwürfe bei Ribbeck, S. 31, die weitgehend auf Lessing fußen); er ist nicht so unselbständig und gedankenlos, wie Lessing es darstellt. So lassen sich die Gründe Lessings für die angebliche Verschlechterung der Fabel 1, 4 (Hund im Wasser) gegenüber dem Griechischen Zug um Zug entkräften. Ebenso ist zu erforschen, wie bei Phaedrus neben rein Griechischem auch Griechisch-Römisches und (nur) Römisches steht.

Römischem Wesen entsprach sicher der Gebrauch der Promythien, die sogleich die Orientierung des Lesers ermöglichen. In den Promythien folgt Phaedrus seinen Vorlagen recht genau, wie Parallelen bei Babrios beweisen. Epimythien mit Promythien zusammen erscheinen mit zunehmender Häufigkeit. Auch das paßt zur Tendenz des Phaedrus, der den Kern der Sache begrifflich festlegen möchte und auch innerhalb der Fabel dem Leser die Deutung der Handlung nicht freistellt. Mit Recht sagt Römisch: »Phaedrus rechnet nicht mit einem Vorbehalt des Lesers.« Seine Fabel soll pädagogisch wirken, und so nennt er gelegentlich die Adressaten (1, 7, 3 *hoc illis dictum est* etc.). Ein finsterer

Sittenprediger ist er allerdings nicht, auch kein Pessimist, eher ein Realist. Er wußte auch, daß hinter der beinah kindlichen Erzählform oft satirischer Sinn steckt. Daß er seine Fabeln aber mit genauer Anspielung auf bestimmte Personen und Verhältnisse schuf, glaube ich nicht. Nichts zwingt dazu, hinter Wolf und Kettenhund etwa Arminius und seinen Bruder Flavus zu sehen. Die aggressive Tendenz mancher Fabel erklärt sich aus dem ursprünglich revolutionären Ziel einiger griechischer Fabeln. Doch hat Phaedrus seine eigenen Lebenserfahrungen in die Fabeln eingebracht und ließ sich von Ereignissen und Personen seiner Zeit anregen; ein Tendenzdichter war er nicht.

SPRACHE UND VERS DER FABELN DES PHAEDRUS

Phaedrus faßt seine Fabeln knapp und klar; die Handlung strebt zielsicher auf Schluß und Epimythion zu. Bei aller Anmut im Detail ist die Sprache streng auf den Zweck der Fabel gerichtet. Vielleicht stammt die Forderung nach Konzentration aus der Rhetorenschule (dort übte man auch die Änderung von Fabeln durch Einführung anderer Handlungsträger u. ä.), doch scheint sie dem Dichter besonders zu entsprechen. Phaedrus erzählt die Fabeln kürzer als in der griechischen Überlieferung und schreibt sich die Kürze als Verdienst zu (2, pr., 12; 4, epil., 5 f.). So fallen bei Phaedrus etwa fünfzigmal Verben des Sagens bei der Einführung von Reden weg.

Die Sprache entspricht der gebildeten Umgangssprache der Zeit, wozu auch der Gebrauch griechischer Fremdwörter gehört. Der Stil ist gemischt aus dem χαρακτὴρ ἀφελής (einfachen Stil), der zur Fabel gehört, und dem χαρακτὴρ ἀνθηρός (anmutigen Stil) der Erzählung. Manchmal weicht der knappe Fabelstil breiter Schilderung, manchmal steigt er auf zur Parodie tragischer Diktion (vgl. 4, 19, 22 ff.; App. 8, 4).

Bemerkenswert ist die Dichte der Sprache (besonders in den

Pro- und Epimythien) und die Stimmung von Einzelversen auf scharfe Eindrücke. Dieser dient die Prägnanz der Wortwahl.

Mit dem Streben nach Variation hängen die kenning-artigen Umschreibungen (vgl. die »Edda«: Zaumschüttler = Roß) zusammen wie *laniger* für Schaf usw.; solche Umschreibung findet sich übrigens auch bei Babrios. Vielleicht liegt hier auch Erinnerung an sogenannte »Hüllwörter« vor. »Es lebte ... bei den Völkern eine Scheu, ... Gott-Tiere mit Namen zu nennen; denn mit der Namennennung begann die Macht des Tieres über den Berufer. Im Slavischen heißt der Bär, das gefürchtete heilige Tier, Honigesser.«[16] Phaedrus liebt auch Abstrakta (vgl. 1, 3, 16 *tua ... calamitas*; 1, 4, 5 *decepta aviditas*) und gebraucht nicht selten das (mehr volkstümliche) Deminutiv. Geschickt wird etwa die Doppelbedeutung von *concipere* (empfangen und beginnen) zu einem Wortwitz ausgenützt (1, 18, 7): Die Empfängnis ist zugleich Unheil.

Dem Schmuck der Sprache dienen Alliteration (1, pr., 7 *fictis ... fabulis*) und reimartige Fügungen (1, pr., 3 f. *movet – monet*), der Deutlichkeit die Neigung, den wichtigsten Begriff an den Versbeginn zu setzen (1, pr., 3 *duplex*, 5 *calumniari*). Substantiv und Adjektiv werden nicht selten getrennt (1, 8, 6 *illud extraherent malum*, 9 *periculosam fecit medicinam*, 10 *pactum flagitaret praemium*).

Phaedrus verwendet nicht selten Zitate und geformtes Gut aus anderen Dichtern, so aus Ennius, Vergil, Horaz und Publilius Syrus. Die Stellen sind in den Anmerkungen belegt.

Besonders klar ist der Tempusgebrauch des Phaedrus. Er besitzt zudem ein feines metrisches Gefühl.[17] Als Vers

---

16. O. Meisinger, Vergleichende Wortkunde, München 1932, S. 94.
17. Eine Darstellung seiner Metrik findet sich bei Havet S. 147 f. und F. Crusius, Römische Metrik, bearbeitet von H. Rubenbauer, München 1955, S. 67 f.; weitere Literatur bei Guaglianone XXIV, 2; D. Korzeniewski, Zur Verstechnik des Phaedrus, in: Hermes 98 (1970) S. 438 bis 458. – Wichtig auch Fr. Marx, Molossische Wortformen, Leipzig 1922, S. 137 f.

wählt er den etwas veralteten volkstümlichen Senar, den er nach Art der alten Szeniker (jedoch strenger) baut, womit er sich an die Mimendichter anschließt, die ihm auch sonst verwandt sind. Sonst war der Senar in der Dichtung durch den griechisch gebauten Trimeter abgelöst.

Überall im Vers mit Ausnahme der letzten Silbe sind Spondeen und Jamben gemischt. Im fünften Fuße überwiegt der Spondeus. Überall auch kann man den Anapäst an Stelle des Spondeus setzen. Korzeniewski zeigt, wie Phaedrus die Auflösung im Vers als Stilmittel der Charakterisierung, zur Herausarbeitung von Handlungshöhepunkten und zur Erregung von Spannung anwendet.

Die Verse sind sauber und gefällig gebildet; im ganzen stehen sie der Weise des Publilius Syrus am nächsten. Wo Phaedrus den erhabenen Stil der Tragödie nachahmt oder parodiert, schreibt er reine Trimeter wie Seneca. Im Trimeter müssen der dritte und siebente Halbfuß aus kurzen Silben bestehen, während sie im Senar aus einer Länge oder zwei Kürzen bestehen können.

Die weitaus häufigste Zäsur ist die Penthemimeres (z. B. *Aesopus auctor quam materiam repperit*); ihr folgt die Hephthemimeres *(quod arbores loquantur non tantum ferae).* Daß Phaedrus mit seinen Versen ein volkstümliches Maß getroffen hat, beweist die Tatsache, daß einer seiner Senare (3, 17, 12) in einer lateinischen Inschrift wieder auftaucht.

ZUM FORTLEBEN DER FABELDICHTUNG

Phaedrus wird zuerst genannt von Martial (3, 20, 5), der ihn auch an einigen Stellen nachahmt (vgl. 11, 69, 9 *fulmineo spumantis apri sum dente peremta* – Phaedrus 1, 21, 5; Martial 7, 44, 7 *si victura meis mandantur nomina chartis* – Phaedrus 4, epil., 5). Dann gibt es noch eine spätere Inschrift, die auf Kenntnis des Phaedrus schließen läßt (CEL

186 Bücheler): *quare vita morti propior fit cottidiae* stammt wohl aus Phaedrus 3, epil., 10 *nam vita morti propior est cotidie.*

Seine Wirkung entfaltet Phaedrus erst in der Spätantike. Avianus erwähnt ihn und ahmt ihn nach. Dieser schrieb selbst 42 Fabeln in elegischem Versmaß, die er dem Theodosius Macrobius, dem Verfasser der bekannten Saturnalien, widmete. Der christliche Dichter Prudentius scheint in seinem Cathemerinon (7, 115) Phaedrus nachzubilden (*alvi capacis vivus hauritur specu*; vgl. Phaedrus 4, 6, 10), ebenso der Dichter des Querolus (vgl. Havet zu Phaedrus 1, 5, 11 und App. 6, 13).

Im 5. Jahrhundert entstanden aus dem noch unversehrten Werk des Phaedrus Prosatexte, von denen der sogenannte »Romulus« der bekannteste ist. Aus diesen Sammlungen kann man Lücken in unserem Bestand von Phaedrusfabeln inhaltlich auffüllen.[18] Romulus bietet 83 lateinische Fabeln in 4 Büchern Prosa. Der Name des Urhebers (Phaedrus) wird aber nicht genannt, sondern die Fabeln sind dem »Aesop« zugeschrieben. Diese Sammlung wird Hauptquelle der fruchtbaren Fabeldichtung des Mittelalters, ja, in dieser Form herrschte Phaedrus bis zum Ausgang des 16. Jahrhunderts.

Neben der Sammlung des Romulus sind zwei Prosaparaphrasen erhalten, der Codex Wissemburgensis (jetzt Codex Gudianus Lat. 148 in Wolfenbüttel) aus dem 10. Jahrhundert mit 62 Fabeln in Prosa, daneben die wichtigste Paraphrase, die des Presbyters Ademar in einer illustrierten Handschrift (Codex Vossianus Leidensis var. arg. 19, hrsg. von G. Thiele, Der illustrierte Aesop, Codices Graeci et Latini photographice depicti, Suppl. 3, Leiden 1905). Sie bietet 67 Fabeln, davon 11 Paraphrasen erhaltener Fabeln des Phaedrus; 20 Paraphrasen geben wohl verlorene Phae-

18. Vgl. G. Thiele, Der lateinische Äsop des Romulus und die Prosafassung des Phaedrus, Heidelberg 1910 und vorher L. Hervieux, Les fabulistes Latins depuis le siècle d'Auguste, ²1892.

drusfabeln wieder, 31 stammen aus Romulus, beim Rest ist
die Herkunft fraglich.

Die Byzantiner kannten Phaedrus; Syntipas 21 (Fab. Aes.
337; Halm 164) ist aus Phaedrus 1, 23 übersetzt. Auch die
frühbyzantinische Rezension der Aesopica (Vindobonensis)
benützt ihn. – Die arabische Version der sogenannten Bidpai-
Fabeln (Kalilah wa Dimnah) wurde um das Jahr 1080 von
einem gewissen Symeon Seth ins Griechische übertragen.
Dieses Fabelbuch, das auf das indische Pancatantra zurückgeht, übte jedoch keinen Einfluß auf die griechische Aiso-
pos-Literatur aus. Das Pancatantra selbst, 83 Erzählungen,
die z. T. Fabeln sind, entstand in Indien zwischen dem 2. Jahrhundert vor und dem 6. Jahrhundert nach Chr.; es zeigt,
wie gut man damals die aisopischen Fabeln schon kannte.
Das indische Hitopadesa ist z. T. nach dem Pancatantra
gebildet.

Das Mittelalter wurde weitgehend durch die Sammlung des
Romulus beherrscht. Im Kreis Karls des Großen (bei Paulus
Diaconus) spielte die Fabel eine Rolle, später in der sogenannten Ecbasis Captivi.[19] Die Prosaparaphrasen gehörten zum Lesestoff der Schulen. Fabeln finden sich auch in
der geistlichen Predigt, etwa bei Geiler von Kaisersberg;
eine Fabel (vom Wolf als Schafhüter) steht beim »Herger«,
einem »Fahrenden« (um 1150). Avianus wurde ebenfalls
gelesen, doch gab es auch Fabelbücher mittelalterlicher
Autoren. Marie de France schrieb im 12. Jahrhundert den
»Ysopet« (Kleiner Aesopus), der 100 Fabeln, weitgehend
nach Romulus, enthielt. Fabeln verfaßten auch Walter
Anglicus, John von Schepey und Alexander Neckam.

Der älteste deutsche Fabeldichter ist wohl der »Stricker«
(um 1250), die erste deutsche Fabelsammlung der »Edelstein« des Ulrich Boner (um 1324); von dessen 100 Motiven
stammen 22 aus Avianus und 52 aus einem wieder in Verse
umgesetzten Romulus. Im Osten folgt auf Boner der Dich-

19. Vgl. H. Badstüber, Die deutsche Fabel von ihren Anfängen bis zur
Gegenwart (s. Literaturhinweise).

ter Heinrich von Mügeln, im Norden der sogenannte Gerhard von Minden, dessen mittelniederdeutsche Sammlung um 1370 aufgezeichnet ist und zum Teil auf »Romulus« zurückgeht. Im fränkischen Westen kommt nach Boner der »Kochbuchdichter«, der den Namen »König vom Odenwald« trägt.

Allgemeiner bekannt wurde die Fabelsammlung, die der byzantinische Mönch Maximus Planudes zusammen mit der Lebensbeschreibung des Aisopos im 14. Jahrhundert nach Italien brachte.

Im 15. Jahrhundert sammelte der Humanist Perotti eine Anzahl von Fabeln des Phaedrus; erhalten sind zwei Exemplare, N (1465–70 geschrieben von Perotti selbst; heute in Neapel, Bibl. Nat. IV F 58) und V (vor 1517 aus N kopiert; heute im Vatikan, Cod. Vat. Urb. 368). Sie bieten 32 Fabeln, die unsere Phaedrushandschriften nicht enthalten, freilich nicht immer vollständig, denn Perotti ließ wohl die Pro- und Epimythien weg. Daß die Fabeln der Appendix Perotti – so nennt man die Sammlung – alle von Phaedrus stammen, ist nicht zu beweisen; einiges scheint wenig zu passen. So erkennt man den Griechenfreund kaum wieder in dem Scherz über die Armut einer Sprache, die den Biber Kastor nennt (App. 30, 2 f.). Andere Teile der Sammlung passen dagegen gut zu Phaedrus (10 weitere Fabeln neben der Appendix Perotti bietet J. P. Postgate in seiner Phaedrus-Ausgabe, Oxford 1919).

Seit Boners »Edelstein« gibt es immer wieder Fabeldichtung in der deutschen Literatur. Befruchtet wurde sie durch die Aesop-Verdeutschung »Esopus« (150 Fabeln) des Ulmer Arztes Heinrich Steinhöwel (1476) und die Übersetzung des Pancatantra ins Deutsche durch A. Pforr (1480, auf Wunsch des Grafen Eberhard von Württemberg). Hinzu trat in der Vorreformationszeit die Sammlung lateinischer Humanistenfabeln, die bei Dorpius in Löwen erschien (1514) und noch häufig gedruckt wurde, seit 1520 vermehrt um 233 Fabeln. Im Jahre 1410 entstand die Übersetzung der Fabeln aus

dem Buch »Speculum sapientiae« des Bischofs Cyrillus durch
Ulrich von Pottenstein, die aber erst 1490 erschien.

Luther übersetzte aisopische Fabeln und pries ihren Nutzen;
am 23. April 1530 schrieb er an Melanchthon, er wolle drei
Tabernakel bauen: *Psalterio unum, Prophetis unum et
Aesopo unum.* Im gleichen Jahr begann Luther seine Übersetzung, doch wurde diese erst nach seinem Tode gedruckt.
1534 erschien auf Grund des »Dorpius« die kleine Fabelsammlung des lutherischen Theologen und Liederdichters
Erasmus Alberus. Später bot Burkard Waldis in seinem
Werk 400 Fabeln (1548). Auch Hans Sachs schrieb Fabeln
(1538).

Erst im Jahre 1596 wurde die Fabelsammlung des Phaedrus
gedruckt; die Ausgabe stammte von Pithou und fußte auf
dem berühmten Codex P.

Bedeutenden Erfolg hatte im Jahre 1668 Jean de La Fontaine (1621–95) mit seinen 237 Versfabeln, die auf der
Fabelsammlung des Babrios, aber auch auf Phaedrus und
Avianus und sogar auf dem Bidpai fußen. La Fontaine
stellt typische Charaktere dar, zeigt ihr Verhalten und vermittelt so praktische Lebens- und Menschenkenntnis. Sein
Ausdruck ist elegant, seine Bilder beeindrucken. La Fontaine
zeigt, daß nicht Vernunft das Leben regiert, sondern daß
darin Egoismus, Eitelkeit und Angst herrschen. So bietet er
eine große Satire, wie Taine in seinem Essay »Sur La Fontaine et ses Fables« (1853) sagt. Auch André Gide lobt La
Fontaine: Seine Kunst bestehe darin, die bestürzenden
Wahrheiten, die Nietzsche mit pathetischer Eloquenz ver-
kündete, leicht und spielerisch zu formulieren. La Fontaine
hat 21 Fabeln aus Phaedrus in sein Werk übernommen. – Die
bedeutendsten englischen Fabeldichter der Epoche sind Gay
und Moore. Prachtvolle Fabeln gestaltete auch Abraham a
Sancta Clara.

Für das aufklärerische 18. Jahrhundert war die Fabel besonders wichtig. Allein in Deutschland erschienen zwischen
1700 und 1800 rund 100 Ausgaben des Phaedrus und etwa

15 deutsche Übersetzungen. Das Jahr 1794 brachte eine Travestie von Dieffenbach (Frankfurt 1794). Nun aber dominierte eher die freie Erfindung von Fabeln, weniger die aisopische Tradition. In der literarischen Theorie betonte vor allem Gottsched das lehrhafte Element der Fabel; Bodmer und Breitinger schätzten die Fabel hoch, da sie das Verständige mit dem Wunderbaren verbinde.

Viele Dichter der Zeit pflegten die Genre, unter ihnen Hagedorn, Pfeffel, Gleim, Uz und Gottsched selbst. Besonders reizvoll sind Ch. F. Gellerts (1715–69) »Fabeln und Erzählungen« in zwei Teilen (1746–48). Er bietet in seinen kurzen Verserzählungen jedoch nur wenig antikes Gut.

Lichtwer schrieb »Vier Bücher Äsopischer Fabeln« (1748) mit insgesamt 100 Stücken, doch ließ Ramler in einer von ihm besorgten Ausgabe das Wort »aesopisch« weg, weil er meinte, Lichtwers Fabeln ähnelten eher den Fabeln des Phaedrus.

Rousseau verbietet in seinem »Émile« die Lektüre von Fabeln, weil er von ihr eine moralisch destruktive Wirkung befürchtet.

Für die Erforschung und Formung der Fabel hat wohl G. E. Lessing am meisten getan. Er tadelt, daß die Fabel durch die lustige Schwatzhaftigkeit La Fontaines und seiner Nachfolger zu einem poetischen Spielwerk verdorben wurde. Seine eigenen Fabeln paßt er eher dem griechischen Vorbild des sogenannten Aesop an und verdichtet sie zu höchster Knappheit. Seine 90 Fabeln sind zur Hälfte Bearbeitungen klassisch-antiker Fabeln nach dem Aesop, nach Phaedrus und anderen, zur Hälfte eigene Erfindungen. Gesammelt erschienen Lessings Vers- und Prosafabeln im Jahre 1753 im ersten Band seiner Schriften unter dem Titel »Fabeln und Erzählungen«; die meist später entstandenen reinen Prosafabeln kamen 1759 unter dem Titel »Fabeln« (3 Bücher) heraus.

Lessing urteilte nicht günstig über Phaedrus; er sagt: »Ich

muß es nur gestehen: ich bin mit dem Phaedrus nicht so recht zufrieden.« Er warf ihm vor, er habe in seinen Fabeln oft das griechische Original vergröbert und verschlechtert. Doch macht Lessing dem Phaedrus nicht selten Vorwürfe, die unberechtigt sind. Er wollte übrigens auch eine Ausgabe des Phaedrus machen; vorbereitende Anmerkungen sind in Lessings Breslauer Papieren enthalten. Am Schluß seiner Abhandlung über die Fabel (1759) gab Lessing durch einen Vergleich von Phaedrus-Fabeln mit dem griechischen Original die Probe einer heute noch fehlenden Interpretation des Phaedrus.[20]

Neben Lessings Fabeln sind die von Goethe, der übrigens als Knabe, etwa 1759, Phaedrus-Fabeln ins Deutsche übersetzte, weniger bekannt, und doch finden sich bei ihm aus den Jahren 1772–74 besonders schöne Stücke, so etwa:
Die Eiche sprach: »Ich gleiche Dir, Zeder!« – »Tor«, sagte die Zeder, »als wollt' ich sagen, ich gleiche Dir.«
Zwei Birken stritten, wer der Zeder am nächsten käme. »Birken seid ihr«, sagte die Zeder.
Ein Wald ward ausgehauen, die Vögel vermißten ihre Wohnungen, flatterten umher und klagten: »Was mag der Fürst für Absichten haben? den Wald! den schönen Wald! Unsere Nester.« Da sprach einer, der aus der Residenz kam, ein Papagei: »Absicht, Brüder? Er weiß nichts drum.«
Zu Anfang des Jahrhunderts tritt der Klassiker der russischen Fabel, J. A. Krylow, hervor, der nach La Fontaine und Phaedrus dichtete. Fabeln für Kinder schrieb der thüringische Pfarrer W. Hey; zu diesen schufen O. Speckter und L. Richter Zeichnungen. Ferner sind zu nennen F. Haug, F. Rückert, H. Heine, L. Bechstein, G. Th. Fechner, H. Ch. Andersen, W. Busch, F. Grillparzer, A. Strindberg und F. Nietzsche. Fabeldichter in neuerer Zeit sind M. von Ebner-Eschenbach, Th. Etzel, H. H. Ewers, J. Ringelnatz, F. Kafka, B. Brecht, W. von Stockhausen, H. Risse, W. Schnurre, R. Kirsten, J. Thurber, H. Arntzen, G. Anders, K. Doderer.

20. Fabeln. Abhandlungen zur Fabel, hrsg. von H. Röllecke, Stuttgart 1970 (Reclams UB Nr. 27 [2]).

Die vorläufig letzte Nachbildung aus Phaedrus steht bei
Ibsen in »Peer Gynt« (5. Akt), wo die Geschichte vom Tier-
stimmen-Imitator (5, 5) verwendet ist.

ZU TEXT UND ÜBERSETZUNG

Die Überlieferung

Die Überlieferung des Phaedrus ist dargestellt in der Ausgabe von Guaglianone (Turin 1969). Der Archetypus unserer Handschriften stammt von einer Kopie älterer Handschriften ab, bei denen Blattverluste und Umstellungen von
Blättern angenommen werden. Von dem vermuteten Archetypus hängt zuerst die Handschrift P ab. Diese Haupt-
handschrift ist im 9. Jahrhundert in Karolingischen Minus-
keln geschrieben; die Editio Princeps des Phaedrus von
Pierre Pithou (1539–96) im Jahre 1596 beruht auf ihr.
Nach Pithou heißt sie P = Pithoeanus. Später kam der
Codex in die Bibliothek des Marquis Lepeletier de Rosanbo,
wo er der Wissenschaft weitgehend entzogen blieb. Er
wurde jedoch im Jahre 1893 von Ulysse Robert palaeogra-
phisch abgedruckt. Heute ist die Handschrift in der Pier-
pont Morgan Library in New York (M. S. 906); sie wurde
im Jahr 1969 von Guaglianone neu verglichen. Ich habe sie
für diese Ausgabe nochmals nach einer Photokopie der Morgan Library durchgesehen.

P überliefert auch (neben R) die Titel der Fabeln, doch ist
schwer zu sagen, ob diese von Phaedrus selbst stammen.
Die Handschrift P bietet nicht alle überlieferten Fabeln,
wie überhaupt keine Handschrift des Phaedrus den Text
vollständig enthält. Weiter kennt man eine Handschrift R,
die 1608 in Reims entdeckt wurde (R = Remensis); sie ver-
brannte im Jahre 1774, doch sind mehrere Teil-Collationen
erhalten (von Nicolaus Rigalt u. a.). R war P sehr ähnlich
und stammt vermutlich aus der gleichen Quelle. Einen Teil
der Fabeln (8) enthält auch die Handschrift D (Charta
Danielis), einst im Besitz von Pierre Daniel (etwa 1530 bis

1603). Sie stammt aus dem Kloster von Fleury und wurde im 9. oder 10. Jahrhundert geschrieben. Heute liegt sie als Cod. Reg. Lat. 1616 im Vatikan. Sie enthält die Fabeln 1, 11–13; 17–21.[21]

Für die Appendix haben wir zwei Handschriften, einmal N, geschrieben von Perotti etwa im Jahre 1470; weiteres über diesen Codex sowie den Codex V = Vatic. Lat. Urb. 368, die zweite Handschrift, wurde bereits auf S. 225 gesagt. N ist noch einmal abgeschrieben im Codex Orville 524, der jetzt in Oxford liegt. Die Handschrift galt als verloren, wurde aber jetzt wieder von Guaglianone benützt.

Zur Herstellung des Textes muß man von den Zeugen P, R, D, N, V ausgehen.

Phaedrus-Ausgaben

Die erste Ausgabe stammte von P. Pithou (Troyes 1596) und stellte eine hervorragende Leistung dar. Es folgten die Ausgaben von Ritterhausen (Leiden 1598), N. Rigault (Paris 1599), E. Nevelet (Frankfurt 1610), A. Pagenstecher (Duisburg 1662), P. Burmann (Amsterdam 1698), R. Bentley (Cambridge 1726; auch im Anhang zu seinem Terentius, Amsterdam 1727 und in einer Ausgabe mit Anmerkungen Bentleys, hrsg. von F. H. Bothe, Leipzig 1803). Der Kommentar von Petrus Burmann sammelt wertvolle Hinweise aus anderen Kommentaren und stellt die ausführlichste Erläuterung des Phaedrus bis zum heutigen Tage dar; er erschien in einer Anzahl von Auflagen, zuletzt in der Neubearbeitung von Schwabe (1879). Im Jahre 1675 erschien eine Ausgabe *in usum Delphini* von P. Danet. Als wichtige Ausgaben seien ferner genannt die Editionen von D. van Hoogstraten (Amsterdam 1701), J. K. Santeroc (Marburg 1721), J. G. Walch (Leipzig 1735), G. Brotier (Paris 1783), J. H. Schulze (Braunschweig 1791), J. B. Gail (griechisch-lateinisch, Paris 1799).

Das steigende Interesse an Phaedrus mögen folgende Zah-

21. Vgl. F. M. Cary, The Vatican Fragment of Phaedrus, in: TAPA 57 (1926) S. 96 f.

len zeigen: Zwischen 1600 und 1650 erschienen rund 10 Ausgaben, zwischen 1650 und 1700 rund 30, während es zwischen 1700 und 1750 rund 100 waren. Hier zeigt sich der Sinn des 18. Jahrhunderts für lehrhafte Dichtung.

Das 19. Jahrhundert brachte besonders die Ausgaben von C. Janelli (Neapel 1809), J. C. Orelli (Zürich 1832), L. Müller (Leipzig 1877 und ö.), A. Riese (Leipzig 1885), U. Robert (Paris 1893). Nützlich sind die Erläuterungen von F. E. Raschig (Berlin 1871) und J. Siebelis / F. Polle (Leipzig 1889).

Die gründlichste Aufarbeitung des Überlieferten mit einer Erläuterung zu Phaedrus bot Louis Havet in seiner Ausgabe, Paris 1895 (14. Auflage 1923); in unserem Jahrhundert folgen die Editionen von D. Bassi (Turin 1917), J. P. Postgate (Oxford 1919), A. Brenot (Paris 1924; Nachdruck Paris 1969), F. Della Corte (Genua 1945), F. Ramorino (Turin 1959). Besonders hervorzuheben sind die Ausgabe von Babrios und Phaedrus in der Loeb-Library (mit englischer Übersetzung und guter Einleitung und Erläuterung) von B. E. Perry (London 1965) und die kritische Ausgabe von A. Guaglianone (Turin 1969).

Phaedrus-Übersetzungen

Phaedrus wurde zuerst ins Spanische übersetzt (1632); Frankreich folgte 1647, England 1689, Deutschland 1696, Italien 1735, Dänemark 1736, Polen 1770, Portugal 1785.

Die erste deutsche Übersetzung trägt folgenden Titel: »Des Phaedri fünf Bücher seiner Fabeln ... nach Ordnung der Construction, Sinn und Wortverstand verdollmetschet ... durch Daniel Hartnaccium« (Frankfurt und Leipzig 1696). Weitere deutsche Übersetzungen stammen von J. V. Vianen (mit Kupferstichen aus der Hoogstratenschen Ausgabe, Augsburg 1707), Milander (1712), Francken (1716), Rühl (1719) usw.

Aus dem 19. Jahrhundert stammen die Übertragungen von H. J. Kerler (Stuttgart 1838), J. Siebelis (Stuttgart 1857), A. v. B(uzzi) (Leipzig 1857, in fünfhebigen Jamben). Über eine weitere Übersetzung des 19. Jahrhunderts, die in der vorliegenden Ausgabe verwendet ist, wird noch zu reden sein.

Fünfhebige Jamben verwendete auch E. Saenger in seiner Übersetzung (Leipzig: Reclam 1929; wieder gedruckt und hrsg. von J. Werner, Leipzig, zuletzt 1961).

Phaedrus ist auch berücksichtigt in den »Aesopischen Fabeln«, zusammengestellt und übertragen von A. Hausrath (München 1944), in den »Antiken Fabeln«, eingeleitet und übertragen von L. Mader (Zürich 1951), in »Schöne Fabeln des Altertumes«, ausgewählt und übertragen von H. Gasse (Leipzig 1954) und in »Fabeln der Antike«, herausgegeben und übersetzt von H. C. Schnur (München 1978).

Englische Übersetzungen stammen u. a. von Ch. Smart (London 1831), R. Hackforth (Cambridge 1952) und B. E. Perry (London 1965); italienische von E. Bianchi (Florenz 1926), M. Caroli (Neapel 1929), G. Capasso (Salerno 1934), E. Bossi (Bologna 1964), A. Marsili (Pisa 1966); A. Richelmy mit einem Vorwort von La Penna (Turin 1968); französische von J. Lemaistre de Sacy (Paris 1647), E. Panckoucke (Paris 1839), J. Chauvin (Paris 1889), P. Constant (Paris 1938) und A. Brenot (Paris 1924 und ö.); zwischen 1750 und 1785 erschienen drei dänische Übersetzungen; ins Ungarische übersetzt wurde Phaedrus von J. Terényi (Budapest 1961) und von Tita-Moraru (Bukarest 1966).

Die hier vorgelegte Übersetzung stammt von Friedrich Fr. Rückert und erschien mit einer »im November 1877« datierten Vorrede im Jahre 1879 als Nr. 1144 in Reclams Universal-Bibliothek. Ich halte sie für die am besten gelungene deutsche Versübersetzung des Phaedrus, die u. a. auch die unter der gleichen Nummer im Jahre 1929 offenbar als Ersatz erschienene Reclam-Ausgabe von E. Sänger übertrifft. Wer der Übersetzer Friedrich Fr. Rückert gewesen ist, kann heute nicht mehr festgestellt werden. Man könnte aufgrund der hohen Qualität der Übersetzung eine Identität mit dem Dichter Friedrich Rückert vermuten, aber die

chronologischen Fakten (z. B. Vorrede 12 Jahre nach Rückerts
Tod in Wien datiert) sowie die Tatsache, daß eine Phaedrus-
Übersetzung Friedrich Rückerts nirgends zu belegen ist, spre-
chen gegen diese Vermutung.

Der Text von Friedrich Fr. Rückert wird nach der alten
Reclam-Ausgabe in modernisierter Orthographie und Inter-
punktion nachgedruckt. Interessante Erläuterungen Rückerts
wurden in die vorliegenden Anmerkungen übernommen.
Zählung und Reihenfolge der Fabeln richten sich nach der
modernen Edition des lateinischen Originals. Auffallend an
Rückerts Ausgabe ist die Tatsache, daß er sämtliche Fabeln
des Originals, die Obszönes auch nur andeuten, durch eigene
Fabeldichtungen ersetzt hat. In diesen Fällen habe ich den
Originaltext in eigener Prosaübersetzung wiedergegeben,
wobei ich mich gewöhnlich der griechischen Formen bei
Eigennamen bediene. In den Rückert-Texten selbst wurden
aber die lateinischen Formen belassen, um den Versfluß nicht
zu stören.

LITERATURHINWEISE

Die wichtigsten lateinischen Phaedrus-Ausgaben und die deutschen Übersetzungen sind auf S. 230 besprochen. Ausführlichere Bibliographien zu Phaedrus bieten M. Schanz und C. Hosius, *Geschichte der römischen Literatur*, Bd. 2, München ⁴1967, und L. Hermann, *Phèdre et ses fables*, Leiden 1950, und A. Guaglianone in seiner Phaedrus-Ausgabe, S. XXVIII f. Reichliche Literatur zur Fabel im allgemeinen ist enthalten in den unten aufgeführten Werken von R. Dithmar und K. Doderer. Im einzelnen sei verwiesen auf:

Achelis, Th. O.: Die hundert äsopischen Fabeln des Rinucci de Castiglione. In: Philologus 83 (1928) S. 55–60.

Alfonsi, L.: Parva moralia in Fedro. In: Latomus 23 (1964) S. 21–29.

Badstüber, H.: Die deutsche Fabel von ihren Anfängen bis zur Gegenwart. Wien 1924.

Bertini, F.: Il monaco Ademaro e la sua raccolta di favole fedriane. Genf 1975.

– Un perduto manoscritto de Fedro fonte delle favole medievali di Ademaro. In: Helicon 15/16 (1975/76) S. 390–400.

Bertschinger, J.: Volkstümliche Elemente in der Sprache des Phaedrus. Bern 1921.

Bieber, D.: Studien zur Geschichte der Fabel in den ersten Jahrzehnten der Kaiserzeit. Diss. München 1905.

Briegel-Florig, W.: Geschichte der Fabelforschung in Deutschland. Diss. Freiburg i. Br. 1965.

Brunner-Traut, E.: Altägyptische Tiergeschichte und Fabel. Darmstadt ⁴1974.

Bursians Jahresberichte. Bd. 240. 1933. [Bericht über Phaedrus von Port.]

Carlsson, A.: Fabeln der Völker aus drei Jahrtausenden. Heidelberg 1959.

Castaigne, E.-J.: Trois fabulistes: Ésope, Phèdre et La Fontaine. Paris 1889.

Christes, J. / Nickel, R. / Schindler, W.: Phaedrus: Die Fabel. In: Aditus III. Lehrerhandbuch. Würzburg 1975. S. 1–43.

Crusius, O.: Babrios. In: RE 2. Sp. 2655–67.

– Ein Lehrgedicht des Plutarch. In: Rheinisches Museum 39 (1984) S. 581 bis 606.

Currie, Lac L. H.: Phaedrus the Fabulist. In: Aufstieg und Niedergang der römischen Welt 32 (1984) S. 497–513.

Diels, H.: Altorientalische Fabeln in griechischem Gewande. In: Internationale Wochenschrift für Kunst und Wissenschaft 4 (1910) S. 993–1002.

Dithmar, R.: Fabeln, Parabeln und Gleichnisse. München 1970.

– Die Fabel. Geschichte. Struktur. Didaktik. Paderborn 1971.

Doderer, K.: Fabeln. Formen, Figuren, Lehren. Zürich 1970.

Eicher, S.: Die Prosafabeln Lessings in seiner Theorie und Dichtung. Bonn 1974.

Eschbach, M.: Die Fabel im modernen Deutsch-Unterricht. Paderborn ²1972.

Finch, Ch. E.: The Morgan Manuscript of Phaedrus. In: American Journal of Philology 92 (1971) S. 301–307.

Firnkes, M.: Phaedrus als Autor in der Mittelstufe. In: Handreichungen für den Lateinunterricht in den Jahrgangsstufen 8–11. Bd. 2: Dichtung. Donau-wörth 1984. S. 71–118.

Fischer, A.: Das Verhältnis der Fabeln des Phaedrus zur aesopischen Fabel-sammlung. Programm Klosterneuburg 1905.

Fritsch, A.: Phaedrus als Schulautor. In: Latein und Griechisch in Berlin 29,3 (1985) S. 34–69.

Funccius, N.: Pro Phaedro eiusque fabulis apologia. Leipzig 1747.

Griset, E.: Per la cronologia ed il significato delle favole di Fedro. Turin 1925.

Grubmüller, K.: Meister Esopus. Untersuchungen zu Geschichte und Funk-tion der Fabel im Mittelalter. Zürich 1977.

Guaglianone, A.: Fedro e il suo senario. In: RSC 16 (1968) S. 91–104.

Halliday, W. R.: Indo-European Folktales and Greek Legend. Cambridge 1933.

Hartmann, J.: De Phaedri fabulis. Leiden 1890.

Hausrath, A.: Fabel. In: RE 12. Sp. 1704–36.

– Phaedrus. In: RE 19. Sp. 1475–1505.

– Untersuchungen zur Überlieferung der Aesopischen Fabeln. In: Jahrbücher für Klassische Philologie. Suppl. 21 (1894) S. 245–312. [Zit. als: Hausrath, Untersuchungen.]

– Das Problem der aesopischen Fabel. In: Neue Jahrbücher 1 (1898) S. 305–322. [Zit. als: Hausrath, Problem.]

– Achiqar und Aesop. Heidelberg 1918.

– Zur Arbeitsweise des Phaedrus. In: Hermes 71 (1936) S. 70–103. [Zit. als: Hausrath, Arbeitsweise.]

Hegenbarth, J.: Die Diebe und der Hahn. Fabeln des Äsop und äsopische Fabeln des Phädrus. Mit Federzeichnungen. Berlin 1966.

Herrmann, L.: Phèdre et La Fontaine. In: Journée d' Études 36 (1963/64) S. 75–90.

Hervieux, L.: Les fabulistes latins depuis le siècle d'Auguste jusqu'à la fin du moyen age. Bd. 1. Paris ²1893. Nachdr. Hildesheim 1970. S. 6–239.

Hirsch, F.: Phaedrus. In: Lernziel und Lateinlektüre. Stuttgart [o. J.].

Karadagli, T.: Fabel und Ainos. Studien zur griechischen Fabel. Hildesheim 1981.

Keller, O.: Untersuchungen über die Geschichte der griechischen Fabel. In: Jahrbücher für Klassische Philologie. Suppl. 4. Leipzig 1861–67. S. 307–418.

Kleukens, C. H.: Das Buch der Fabeln. Leipzig ²1920.

Knapp, F. P.: Das lateinische Tierepos. Darmstadt 1979.

Küppers, J. W.: Die Fabeln Avians. Studien zu Darstellung und Erzählweise spätantiker Fabeldichtung. Bonn 1977.

Leibfried, E.: Fabel. Stuttgart 1967.

Lessing, G. E.: Gesammelte Werke. Bd. 4. Berlin 1955. [Abhandlungen über die Fabel.]

Lindner, H.: Bibliographie zur Fabel. In: Zeitschrift für französische Sprache und Literatur 85 (1975) S. 247–259.

– Fabeln der Neuzeit. München 1978.

Lorenzi, A. de: Fedro. Florenz 1955.

Marchesi, C.: Fedro e la favola latina. Florenz 1923.

Markschies, H. L.: Lessing und die aesopische Fabel. In: Wissenschaftliche Zeitung der Karl-Marx-Universität Leipzig 4 (1954/55) S. 129–150.
– Artikel Fabel. In: Reallexikon der Deutschen Literaturgeschichte. Bd. 1. Berlin ²1958. S. 434 f.
Massaro, M.: Variatio e sinonimia in Fedro. In: Invigilata Lucernis 1 (1979) S. 89–142.
Mayer, A.: Studien zum Aesoproman und zu den aesopischen Fabeln im Lateinischen Mittelalter. Programm Lohr 1916/17.
Meuli, K.: Herkunft und Wesen der Fabel. In: Schweizerisches Archiv für Volkskunde 50 (1954) S. 65–88.
Nojgaard, M.: La Fable Antique I. Kopenhagen 1964.
Oberg, E.: Phaedrus-Kommentar. Stuttgart 2000.
Oesterley, H.: Romulus, die Paraphrase des Phaedrus und Aesopus Latinus im Mittelalter. Berlin 1870.
Ott, K. A.: Lessing und La Fontaine. Von dem Gebrauche der Tiere in der Fabel. In: GRM N. F. 9 (1959) S. 235–266.
Pecere, O.: Petronio. La novella della matrona di Efeso. Padua 1975.
Perry, B. E.: The Origin of the Epimythium. In: TAPA 71 (1940) S. 391–419.
– Aesopica I. Urbana (Ill.) 1952.
– Fable. In: Studium Generale 12 (1959) S. 17–37.
– Demetrius of Phalerum and the Aesopic Fables. In: TAPA 93 (1962) S. 287–346.
Peters, W.: Phaedrus. Een Studie over Persoon, Werk en Taal. Nijmegen 1946.
Pisi, G.: Fedro traduttore di Esopo. Florenz 1977.
Prinz, K.: Zur Chronologie und Deutung der Fabeln des Phaedrus. In: Wiener Studien 43 (1922/23) S. 62–70.
Pugliarello, M.: Le origini della favolistica classica. Brescia 1973.
Recke, F.: Probe einer metrischen Übersetzung einiger Fabeln des Phaedrus, Programm Mühlhausen i. Th. 1864.
Ribbeck, O.: Geschichte der Römischen Dichtung. Bd. 3. Stuttgart 1892.
Rieks, R.: Homo, Humanus, Humanitas. München 1967.
Römisch, E.: Macht und Moral. In: AU 7,3 (1964) S. 58 ff.
– Der Weg zur Dichtung im altsprachlichen Unterricht. In: Neue Einsichten. München 1970. S. 82–100.
– Lekturemodelle. Phaedrus 1,13. In: Klassische Philologie. Beiträge zur Lehrerfortbildung. Wien 1973. S. 101–120.
Sassen, H. v.: De Phaedri sermone. Diss. Marburg 1911.
Schmidt, P. L.: Politisches Argument und moralischer Appell. Zur Historizität der antiken Fabel im frühkaiserzeitlichen Rom. In: Deutschunterricht 31,6 (1976) S. 74–88.
Schnur, H. C.: Lateinische Fabeln des Mittelalters. München 1979.
– Fabeln der Antike. München 1978.
Shakleton Bailey, D R.: Phaedriana. In: American Journal of Philology 99 (1978) S. 451–455.
Speckenbach, K.: Die Fabel von der Fabel. In: Frühmittelalterliche Studien 12 (1978) S. 178–229.
Spoerri, Th.: Der Aufstand der Fabel. In: Fabelforschung. Hrsg. von P. Hasubeck. Darmstadt 1983.

Staege, M.: Die Geschichte der deutschen Fabeltheorie. Diss. Basel 1929.

Staiger, E.: Grundbegriffe der Poetik. Zürich ³1956.

Sternberger, D.: Figuren der Fabel. Berlin 1950.

Swoboda, M.: De Phaedri Aesopi aemulatore. In: Eos 52 (1962) S. 323–326.

Tacke, A.: Phaedriana. Diss. Berlin 1911.

Thiel, H. van: Sprichwörter in Fabeln. In: Antike und Abendland 17 (1971) S. 105–118.

Thiele, G.: Phaedrus-Studien. In: Hermes 41 (1906) S. 562 f.; 43 (1908) S. 337 f.; 46 (1911) S. 370 f.

– Die vorliterarische Fabel der Griechen. In: Neue Jahrbücher 11 (1908) S. 377–400.

– Der Lateinische Aesop des Romulus und die Prosa-Fassungen des Phaedrus. Heidelberg 1910.

Thiemann, B.: Fabel und Emblem. Gilles Corrozet und die französische Renaissance-Fabel. München 1974.

Thomson, J. A.: The Art of the Logos. London 1935.

Trencsényi-Waldapfel, I.: Eine äsopische Fabel und ihre orientalischen Parallelen (Adler und Fuchs). In: Untersuchungen zur Religionsgeschichte. Amsterdam 1966.

Using, U.: Studien zur griechischen Fabel. Lund 1930.

Vandaele, H.: Qua mente Phaeder fabellas conscripserit. Paris 1897.

Vollmer, F.: Beiträge zur Chronologie und Interpretation der Fabeln des Phaedrus. In: SB Bayer. Akad. 1919. S. 9–24.

Weddigen, O.: Das Wesen und die Theorie der Fabel und ihre Hauptvertreter in Deutschland. Leipzig 1893.

Weinreich, O.: Fabel, Aretalogie, Novelle. Heidelberg 1931.

– Epigramm und Pantomimus. Heidelberg 1948.

Wienert, W.: Die Typen der griechisch-römischen Fabel. Helsinki 1925.

Williams, R.: The Literary History of a Mesopotamian Fable. In: Phoenix 10 (1956) S. 70–77.

Windfuhr, M.: Deutsche Fabeln des 18. Jahrhunderts. Stuttgart 1960.

Wünsche, A.: Die Pflanzenfabel in der Weltliteratur. Leipzig 1905.

Zander, C.: Phaedrus solutus vel Phaedri fabulae novae. Lund 1921.

Zieme, P.: Äsop in Zentralasien. In: Das Altertum 17 (1971) S. 40–42.

Indices zu Phaedrus
Eichert, O.: Vollständiges Wörterbuch zu den Fabeln des Phaedrus. Hannover 1877. Neudr. 1970. – Scharbach, A. 1877. – Cinquini, M. Mailand 1905. Neudr. 1964. – Cremona, C.: Lexicon Phaedrianum. Hildesheim 1980. – Vgl. den Index in der Ausgabe von Guaglianone.

Neuere Literatur in: M. von Albrecht: Geschichte der römischen Literatur. Bd. 1. München 1994. S. 794–97.

INHALT